Stephen M. Johnson

Nach der Trennung wieder glücklich

ETB
ECON Taschenbuch Verlag

Übersetzt von Dieter Kuhaupt

ECON Taschenbuch Verlag GmbH, Düsseldorf
Lizenzausgabe Januar 1985
© 1977 by Stephen Johnson
© der deutschen Ausgabe by ECON Verlag GmbH,
Düsseldorf und Wien 1981
Umschlaggestaltung: Ludwig Kaiser
Titelfoto: Krista Boll, Michael Fiala
Druck und Bindearbeiten: Ebner Ulm
Printed in Germany
ISBN 3 612 20041 0

Für meine Freunde

Inhalt

Dritter Teil
Was macht das Liebesleben? 147

Meinen Mitarbeitern ...

Dieses Buch ist meinen Freunden gewidmet, die mir mit Rat und Tat zur Seite gestanden und mir geholfen haben, es zu schreiben. Die meisten müssen ungenannt bleiben: Jedem einzelnen bin ich für seine besondere Hilfe dankbar. Den Hauptanstoß zu diesem Unternehmen hat wohl mein Freund und Kollege Jeff Steger gegeben, der mir meine eigene Übergangskrise ins Ledigenleben bewältigen half. Dieses Buch will dem alleinstehenden Leser ähnliche Hilfestellung geben, wie Jeff, und andere wie er, mir gegeben haben. Manche dieser anderen hatten direkten Anteil an Entstehung und Ausarbeitung der hier vorgetragenen Gedanken. Dank an jene, denen ich laut »vordenken« durfte und die mit eigenen Anregungen nicht sparten; besonders Peter Alevizos, Judy Bancroft, Mark Condiotte, Bob Eimers, Larry King und Susan Phillips. Viele Freunde lasen Teile des Manuskripts, übten hilfreiche Kritik, machten Vorschläge. Besonderer Dank gebührt den wenigen, die sich die Mühe machten, es ganz zu lesen und ausgiebig zu rezensieren: Andy Christensen, Suzanne Gaughen, Peggy Cronlund, meiner talentierten Manuskriptbearbeiterin, sowie Robert und Toni Zeiss, die auch bei der Ausarbeitung des Grundkonzepts und bei den Recherchen mit mir zusammengearbeitet haben.

Die wärmste Anerkennung gilt Beatrice Rosenfeld, meiner Redakteurin, die mehr als alle anderen diesem Buch zum Leben verholfen hat. Redakteure redigieren nicht nur; die besten unter ihnen sorgen wie ein guter Hirte für das Buch. Bea war die beste aller guten Hirtinnen und ist mir eine hochgeschätzte Freundin geworden.

Ein Großteil des Buches entstand während eines Aufenthaltes

in Südkalifornien, wo meine Freunde Robert Liberman und Jim Simmons mir die kongeniale Umgebung und die praktische Hilfe boten, die für seine Fertigstellung nötig war. Und daß von Anfang bis Ende technisch alles glattging, darum kümmerte sich, wie immer, meine Freundin Gwen Kingsley. Sie arbeitet als meine Sekretärin.

Ferner standen mir mit Anregungen zur Seite: mein Vater und meine Mutter sowie Bette, eine Freundin, mit der ich einmal verheiratet war.

Bestätigt sei schließlich noch meine geistige Schuld an Albert Ellis, dessen Gedanken mein Leben und meine Arbeit tief beeinflußt haben. Ich kenne ihn persönlich kaum, und doch rechne ich ihn, auf eine besondere Weise, zu meinen Freunden.

Stephen M. Johnson

Im Buch des Lebens stehen am Schluß keine Lösungen.

Einführung

Dies ist ein Buch für Alleinstehende und für diejenigen, die es werden wollen. Daher befaßt es sich mit einer ketzerischen Lebensweise voller Verheißungen, die oft mehr verspricht, als sie hält. In mancher Hinsicht zwar ist das Junggesellenleben »in« geworden. Sein Image von Unabhängigkeit und Freiheit hat – mit zunehmender gesellschaftlicher Rückendeckung und im Zuge der allgemeinen Emanzipationsbestrebungen – an Reiz gewonnen. Doch gehen diese Visionen vom schönen Junggesellendasein meist nicht sehr weit und erschöpfen sich in vagen Wunschbildern – oft kaum mehr als der prickelnden Vorstellung, irgendwann einen neuen Partner zu finden und sich wieder zu verlieben, oder dem Sich-Ausmalen der flüchtigen Freuden einer oberflächlich-spielerischen Existenz mit ewig neuen Reizen. Wunschträume, die auf die still Verehelichten phantasiebeflügelnd wirken mögen, aber untauglich sind als Basis für einen konstruktiven, sinnvollen Neuanfang. Es gibt vom Junggesellendasein viele bruchstückhafte Vorstellungen, aber kaum, wenn überhaupt, realistische oder vollständige Modelle.

Fest steht, daß immer mehr Menschen sich lösen und eigene Alternativ-Lebensformen suchen. Von 1962 bis 1974 etwa stieg die Scheidungsziffer (US-Zahlen) unaufhörlich an und lag 1974 um einunddreißig Prozent höher als 1970. Ebenfalls 1970 ging zum erstenmal in sechzehn Jahren die Zahl der Eheschließungen zurück. 1975 kamen auf hundert Eheschließungen achtundvierzig Scheidungen. (In der Bundesrepublik Deutschland kann man einen vergleichbaren Trend feststellen, dabei muß allerdings gesagt werden, daß aufgrund des neuen Familienrechts vom 1.1.1977 bereits in diesem und im darauffolgenden Jahr sowohl die Zahlen der Ehescheidungen als auch der Eheschließungen zurückgingen. 1979 zeichnet sich dann aber bereits wieder ein Aufwärtstrend ab. Beispiel: von 10 000 bestehenden Ehen wurden 69 im Jahr 1976 geschieden, 48 im darauffolgenden Jahr, 21 im Jahr 1978, 51 dann 1979.) Diejenigen aber, die Alternativ-Lebensstile anstreben, tun das allein – ohne die gesellschaftlichen Institutionen, das Netz von Gewohnheiten, die Legitimität, die Unterstützung, die ihnen einen Halt geben könnten. Wir leben in einer Zeit tiefgreifenden gesellschaftlichen Umbruchs, in der die überkommenen Modelle nur noch zum Teil brauchbar und neue Modelle für Gegenwart und Zukunft erst in Umrissen definiert sind; wir befinden uns insofern auf schwankendem Boden, als uns heute eine ganze Reihe von Möglichkeiten offensteht, wir aber wirkliche Erfahrung nur mit einer einzigen haben, der *festen Zweierbeziehung,* die auf Ehe hinausläuft. Wer – freiwillig oder unfreiwillig – mit anderen Lebensformen experimentiert, braucht Hilfe. Ich weiß das, weil ich es selbst probiert und als klinischer Psychologe anderen, die es auch probierten, zu helfen versucht habe. Ich schreibe dieses Buch, weil ich glaube, einiges beitragen zu können zur Entwicklung alternativer *Arbeitsbeschreibungen* für das Leben als Alleinstehender.

Mein Buch basiert hauptsächlich auf meinen Erfahrungen als Sozialwissenschaftler und klinischer Psychologe in der Erforschung von Scheidungs- und Umstellungsproblemen auf das »Leben allein«. Mit Kollegen aus Oregon und Kalifornien habe ich Lern- und Therapieprogramme für diejenigen entwickelt, die sich mitten in der Umstellung auf das Leben als Alleinstehender befinden. Als Geschiedener habe ich eine solche Phase auch durchgemacht. Was ich dabei – am eigenen Leibe und bei anderen – gelernt habe, ist in dieses Buch eingegangen: soziologische Statistiken, Fallbeispiele aus meiner Praxis, ferner einige persönliche Grundanschauungen, die aus der Summe meiner beruflichen und menschlichen Erfahrung erwachsen sind.

Eine dieser Grundanschauungen spricht aus Charlie Browns Klage: »Im Buch des Lebens stehen am Schluß keine Lösungen.« Ich habe dies dem Buch als Motto vorangestellt, weil ich sagen will: Man erwarte von mir kein Patentrezept für alles. Wenn Sie, der Leser, alleinstehend sind oder es werden wollen, gibt Ihnen dieses Buch hoffentlich ein paar nützliche Gedanken und Ratschläge. Sollten einige davon für Sie persönlich nicht relevant sein, dann beiseite damit; nehmen Sie einfach, was Sie gebrauchen können, und ignorieren Sie den Rest – jedenfalls vorläufig. Was man in petto hat, kann später noch nützlich werden.

Die hier vorgebrachten Ideen richten sich gleichermaßen an Männer und Frauen, wobei die heute bestehenden Rollenunterschiede zwar als existent vorausgesetzt, aber nicht ideologisiert oder als feststehend betrachtet werden. Im Gegenteil: Das, was man hier findet, soll – hoffe ich – der Freiheit förderlich sein, die daraus erwachsen kann, daß man sich von der Herrschaft fixierter Lebensrezepte aller Art zu lösen beginnt. Mein Buch ist so nichtsexistisch, wie ich es machen konnte, ohne mich selbst zu belügen oder über die Gesellschaft, zu der es einen Kommentar darstellt, in Unwahrheit zu verfallen. Freilich: Mein eigenes Sich-Lösen von fixierten Lebensrezepten ist noch im Gange, und das mag sich hier und da bemerkbar machen. Ich hoffe, daß ich die betreffenden Stellen noch aufspüre und daß Sie – diesen Stellen zum Trotz – dennoch mitbekommen, was ich sagen will.

Das Buch gliedert sich in drei Teile, deren Reihenfolge natürlich vorgegeben zu sein scheint durch die Ereignisse im Leben des Alleinstehenden. Gegenstand des ersten Teils: die Probleme des Sich-Trennens von einer alten Beziehung und Lebensform. Weil wir in einer Pärchen-Kultur leben, hat fast jeder jetzt ledige Erwachsene vor nicht allzu langer Zeit eine feste Beziehung verlassen. Den Entschluß zur Trennung zu fassen und sie gut zu vollziehen, wird somit die erste Aufgabe für das Ledigendasein. Daß man an dieser Aufgabe – seelisch oder praktisch – scheitert, zählt zu den häufigsten Ursachen dafür, daß in Trennung Lebende es nicht schaffen, sich voll zu einem lohnenden Alleinleben mit all seinen Möglichkeiten durchzuringen. Die ersten Kapitel des Buches befassen sich daher mit Trennungsproblemen und ihrer Überwindung.

Wer über die ersten Liebesgeplänkel der Pubertät hinaus ist, wird eine »Vergangenheit«, eine Geschichte verflossener Beziehungen haben. Ebenso jeder andere Alleinstehende, den er trifft. Und man hat in diesem Spiel einen kleinen Vorteil, wenn man sich bewußt ist, daß frühere Beziehungen im Leben jedes Menschen immer mehr oder weniger nachwirken und die Art und Weise beeinflussen, wie Alleinstehende sich mit- und gegeneinander verhalten. Einsicht in die Dimensionen nicht nur der eigenen, sondern auch fremder Trennungsdilemmas wird einem in jeder Phase des Alleinseins eine Hilfe sein.

Im zweiten Teil des Buches geht es dann um das eigenständige Leben in der »ersten Person Einzahl«. Junggeselle sein kann viel mehr sein als nur ein Wartesaal-Dasein zwischen Pubertät und Heirat oder zwischen zwei Ehen. Es kann ungeahnte Möglichkeiten bieten, persönlich zu wachsen und zu reifen. Es kann Anstoß zum Erlernen neuer, schöner, befriedigender Lebenskünste geben. Ein Ledigenleben, gut gelebt, kann nicht nur seinen Lohn in sich selbst tragen, sondern auch die beste Grundlage für alle anderen Alternativ-Lebensformen legen. Mit dem notwendigen Maß an Autonomie kann man sich auch wieder anderen Alternativen zuwenden – freiwillig, weil man sie besser findet, nicht gezwungen, weil man sie zum Überleben braucht.

Leider wird die Solo-Existenz oft zum Gefängnis, in dem einem die Decke auf den Kopf fällt, einer Lebensform, die einengt statt befreit. Ist dieser Punkt mal erreicht, kann einen das überstürzt in Bindungen hineintreiben, die man im Grunde gar nicht will. Zu dieser Enge herabsinken kann das Junggesellenleben aus vielen Gründen, hauptsächlich aber deshalb, weil es nur mangelhafte Arbeitsbeschreibungen für das Alleinleben gibt; »Legitimität« und Rückhalt für diese amorphe Lebensrolle gibt es nur in geringem Maß. Daher betrachten sie Alleinlebende auch oft nur als »halbe Existenz«, als Übergangsstadium. Sie arbeiten nicht daran, diese Rolle zu meistern, und verwenden all ihre Kraft darauf, so schnell wie möglich wieder daraus wegzukommen. So nehmen sie ihre Vorteile gar nicht wahr und legen die Rolle ab, ehe sie sie richtig gespielt haben.

Teil III des Buches befaßt sich mit den verschiedenen Stadien des Aufbaus sinnvoller heterosexueller Beziehungen: von Kennenlernen-Problemen bis zur Definition und neuer Bindungen in

Primärbeziehungen. Obschon das, was hier steht, in erster Linie dazu dienen soll, alternativen *Allein*lebensformen den Weg zu bahnen und sie »legitimer« zu machen, ist mein Buch nicht grundsätzlich ehe- und zweierbeziehungsfeindlich. Es ist geschrieben worden im klaren Bewußtsein, daß die große Mehrheit der Menschen in unserem Land (was Primärbeziehungen betrifft) noch immer die Zweierbeziehung als die erstrebenswerteste Lebensform betrachtet. Was an Forschungsergebnissen vorliegt, läßt erkennen, daß viele Geschiedene, bei denen man doch Ehemüdigkeit oder -feindlichkeit vermuten sollte, dann doch wieder heiraten – meist nach relativ kurzer Zeit. Zwar tritt das »eheähnliche Verhältnis«, das Zusammenleben ohne Trauschein, bei einer signifikanten Zahl von Alleinstehenden offenbar mehr und mehr an Stelle der Ehe; doch irgendeine Form ehelichen Zusammenlebens ist für die große Mehrheit immer noch das Ideal. Und auch wer solche engen Bindungen nicht befürwortet, will meist doch nicht ganz allein bleiben; will Beziehungen, die Substanz haben, in denen man sich »zu Hause« fühlt. Weite Strecken des Buches haben daher zum Thema, wie man solche Beziehungen anknüpft und aufrechterhält.

Daß dabei vorwiegend von heterosexuellen Beziehungen die Rede ist, liegt einzig daran, daß die meisten Menschen sie bevorzugen und ich beruflich damit Erfahrung habe. Es ist im Grunde ein Buch über das Leben mit sich selbst und anderen; die Geschlechterwahl ist, was die Kerngedanken des Buches betrifft, unerheblich.

Die Gliederung des Buches bringt es mit sich, daß nicht jeder Abschnitt für die persönliche Situation jedes Alleinstehenden von Belang ist. Trennungsprobleme und den Übertritt zum »autonomen Erwachsensein« hat man vielleicht längst bewältigt und will sich nun ausschließlich mit dem Junggesellenleben oder anderen Alternativen befassen. Oder man steckt gerade mitten in den Widrigkeiten einer aufgezwungenen Trennung oder Scheidung und kann oder will sich überhaupt noch nicht vorstellen, einmal allein zu leben oder neue Beziehungen einzugehen. Aber: Wenn Sie, der Leser, alleinstehend sind, werden Sie mit allen hier diskutierten Problemen so oder so konfrontiert werden, entweder bei sich selbst oder bei anderen Alleinstehenden, die Sie kennenlernen. Und die zunächst unwichtig erscheinenden Kapitel können Ihnen in der Rückschau auf bereits bewältigte Aufgaben und in der Vorschau auf noch kommende von Nutzen sein. Ich wünsche Ihnen beim Experiment mit dem »Leben allein« jedenfalls allen Erfolg und hoffe, daß die Ideen, denen Sie hier begegnen, zumindest hier und da einiges Positive beitragen.

ERSTER TEIL

Scheiden tut weh – Trennungs-Management

Wie man Lebewohl sagt

Die Lösung

Sich loszureißen von jemandem, den man geliebt hat, Lebewohl zu sagen dem, was man kennt und an dem man vielleicht immer noch hängt, Abschied zu nehmen vom Vertrauten und mit unbekanntem Ziel auf Reise zu gehen – die Trennung –, gehört zu den härtesten Aufgaben, die das Leben stellt. Veränderungen fallen immer schwer, besonders aber der Abbruch menschlicher Bindungen, die dem Leben Sinn geben. In die Brüche gegangene Liebesträume sind traurig, und Tränen, mit denen man ihre Vergänglichkeit beweint, sind nicht vergeudet.

Aber: Leben *heißt* Veränderung. Der verbreitete Beständigkeitsmythos – der ein Sich-Einlassen auf Ehe, Liebe (oder sonst etwas) zum Kontrakt mit lebenslanger Unveränderlichkeitsgarantie erklärt – ist destruktiv. Er trägt ein Gutteil dazu bei, daß Menschen scheitern, und verbarrikadiert obendrein die Einsicht in die Gründe ihres Scheiterns. Außerdem verhindert er, daß sie das Herausfordernde, das Verheißungsvolle an Veränderungen zu schätzen lernen.

Wem Trennung bevorsteht, dem steht Veränderung ins Haus. Einen Teil der Veränderungen kann man eine Zeitlang aufschieben, aber damit werden nur neue, noch unwillkommenere provoziert. Veränderung ist unumgänglich, und man muß sie entweder innerhalb seiner jetzigen Beziehung oder außerhalb in Angriff nehmen. Dieses Kapitel will Ihnen bei der letzteren Alternative helfen, und zwar unabhängig davon, ob der Trennungsbeschluß von Ihnen kam oder Ihnen vom Partner aufgezwungen wurde. Die Prinzipien für den guten Vollzug einer Trennung gelten für alle Primärbeziehungen gleichermaßen – Liebesaffären, eheähnliche Verhältnisse, Ehen. Bei der Ehe wird die Trennung komplizierter und die Zahl der zu treffenden Entscheidungen größer sein (Scheidungsprozeß, Kindersorgerecht usw.), grundsätzlich ist der Ablauf aber der gleiche.

In den meisten Fällen bereitet sich eine Trennung von langer Hand vor. Man wirft Bindungen zu Menschen, die man geliebt hat, nicht bedenkenlos von heute auf morgen ab. Den meisten Ehescheidungen zum Beispiel gehen Jahre des Unglücks und der Unschlüssigkeit voraus. Manche Paare versuchen in diesen Jahren an ihrer defekten Beziehung zu arbeiten, aber die meisten »wursteln« einfach weiter, stumm duldend, aber wenig unternehmend, in der Hoffnung, daß sich irgendwann doch noch alles zum Besseren wendet – bis die Beziehung heillos zerrüttet ist.

Die Gründe, warum man auseinandergehen will, lassen sich empirisch in drei Hauptkategorien einteilen. Kategorie eins: Man gibt die Hoffnung auf, daß sich die Beziehung jemals soweit wiederherstellen läßt, daß sie befriedigt. Viele dieser Menschen lieben ihren Partner noch und wären überglücklich, wenn die Beziehung noch zu retten wäre, meinen aber, daß es keinen Sinn mehr hat, und irgendwann kommt die Zeit, wo sie das Handtuch werfen. Typische Vertreter dieser Kategorie sind Frauen von hoffnungslosen Alkoholikern, die ihren Mann lieben, aber irgendwann mit ihrer Kraft am Ende sind.

Kategorie zwei: Man verliert einfach die Motivation, noch irgend etwas zur Verbesserung der Beziehung zu tun. Man weiß, daß sie sich bei einiger Anstrengung in mancher Hinsicht noch »reformieren« ließe, aber der gute Wille dazu, das nötige Engagement, ist nicht mehr da. Solche Leute sind sich meist schon lange bewußt, daß dieses Engagement abhanden gekommen ist, und haben versucht, ihre erloschene Begierde wieder zu entfachen, aber vergeblich. Allzuoft freilich teilen sie ihre lang ertragene Verdrossenheit dem Partner weder mit, noch unternehmen sie irgendwelche Reformanläufe, bevor sie den Trennungsentschluß fassen. Das kann für den Partner, der geglaubt hat, daß »alles in Ordnung« ist, eine böse Überraschung sein, und seine Bestürztheit, seine Angst und Wut angesichts der Trennungsankündigung sind verständlich. Wer schlicht die Hoffnung aufgegeben hat, kann kaum noch mehr sagen als: »Ich liebe dich nicht mehr« oder »Ich will einfach Schluß machen, tut mir leid.« Diese Art von Trennungsentschluß ist sehr häufig und meist unerschütterlich. Wenn eine Primärbeziehung unbefriedigend ist und einer der Partner nicht mehr den Willen hat, sie zu verbessern, stehen die Aussichten schlecht.

Kategorie drei kommt vor allem in Ehen vor, in denen die Partner sich langsam, aber sicher auseinandergelebt haben, und in Liebesbeziehungen und eheähnlichen Verhältnissen, in denen die Partner grundsätzliche Unverträglichkeiten entdecken. Man kann mit einem anderen leben und ihn lieben, der so total anders ist, daß tiefgreifende Anpassungen und Kompromisse von beiden Partnern verlangt werden. Es ist möglich; aber ist es der Mühe wert? Irgendwann merkt man: Es lohnt sich nicht. Eine rationale, »erwachsene« Entscheidung, vielleicht mit Trauer über das verbunden, was man verliert, aber ein Sieg für die Vernunft.

Zum besseren Verhältnis des Trennungsmotivs – des eigenen oder desjenigen des Partners – versuche man also festzustellen, welche der drei Grundkategorien auf die eigene Situation zutrifft bzw. ihr nahekommt. Wie später noch detailliert erläutert, umfaßt das »Trennungs-Management« den wichtigen Schritt, daß man für sich und andere eine Erklärung der Trennungsgründe zurechtlegt. Aber setzen wir zunächst voraus, daß die Trennungsentscheidung gefallen ist; ob gut, ob töricht, sei dahingestellt, sie ist gefallen. Was dann?

Will in einer Beziehung einer der Partner unwiderruflich »Schluß machen«, gibt es nur eines: sich so schnell, so vollständig, so freundlich wie möglich zu trennen. Nach Auflösung der Beziehung ein neues Leben aufzubauen wird viel Zeit und Mühe kosten. Um als Individuum zu »wachsen«, muß man sich auf eine neue Lebensweise umorientieren. Gelingt es nicht, sich – ist das Ende unvermeidlich geworden – vollständig zu trennen, zögert das die Umorientierung nur hinaus und verschlechtert meist diejenigen Aspekte der Beziehung, die man zu erhalten hoffte, noch mehr.

Martha und Bill lebten noch fast ein Jahr zusammen, nachdem

Bill den Wunsch geäußert hatte, die Ehe aufzulösen. Daß sie zusammenblieben, dafür gab es zahlreiche und anscheinend einleuchtende Gründe. Martha stand in der Ausbildung und wollte fertig werden. Mit Unterstützung Bills hätte sie es auch auf eigene Faust schaffen können, hätte sich aber finanziell einschränken und einen niedrigeren Lebensstandard in Kauf nehmen müssen. Bill wollte Martha bis zum Examen helfen; sie hatte seinerzeit als Kellnerin gejobbt, damit er studieren konnte; es lag ihm noch etwas an ihr, und er hätte sich schuldig gefühlt, wenn er sie jetzt verlassen hätte. Er mochte es auch gern, daß sie ihm den Haushalt führte und für ihn kochte – nur den Rest seines Lebens mit ihr verbringen, das wollte er nicht mehr. Warum konnten sie nicht einfach als »Wohngemeinschaft« noch eine Zeitlang zusammenleben? Er würde sein Leben haben, sie ihres; eine freundliche, reife, zivilisierte Beziehung.

Martha stellte klar, daß sie Bill liebte und mit ihm verheiratet bleiben wollte, aber auch seine Wünsche respektieren würde. Im stillen hoffte sie auf Umbesinnung bei ihm – vielleicht war es nur eine Phase, die er durchlief, vielleicht würde er, nachdem er sich ein bißchen »anderweitig ausgetobt« hatte, schätzen lernen, was er an ihr hatte. Die Alleinverantwortung für die Trennung wollte Bill nicht tragen, und er hoffte, daß Martha irgendwann einsehen würde, daß es das beste für sie sei, auseinanderzugehen und sich scheiden zu lassen.

Beiden waren diese Motive jedoch nur undeutlich bewußt, und Martha, manchmal aktiv bestrebt, Bill zurückzugewinnen, war besonders »gut« zu ihm. Dadurch fühlte er sich in die Enge getrieben, und immer, wenn er sich ihre Aufmerksamkeiten gefallen ließ, bekam er Schuldgefühle. Schon bald machte ihn jede Freundlichkeit, die von ihr kam, reizbar und zugleich schuldbewußt wegen seiner Reizbarkeit. Außerdem wollte er sie nicht »ermutigen« und verhielt sich abweisend oder zugeknöpft, um seinen eigenen Trennungswunsch zu verstärken. Von Zeit zu Zeit freilich kehrte er zu freundlichem Gebaren zurück – daß sie Freunde blieben, war schließlich Grundlage seiner Idee von der vorübergehenden Wohngemeinschaft gewesen –, und Martha wunderte sich und schöpfte neue Hoffnung. Sobald Bill das merkte oder auch nur vermutete, zog er sich natürlich wieder zurück.

Martha ihrerseits wußte nie, wie sie Bills Verhalten deuten oder auf ihn reagieren sollte. Was tun: weiterhoffen – oder ihm zeigen, daß sie auch ohne ihn ganz gut leben konnte? Andere Männerkontakte vermeiden, um der drohenden Trennung keine »Nahrung« zu liefern – oder ihm gerade beweisen, daß sie für andere Männer begehrenswert war? Schließlich gab sie die Hoffnung und damit ihre Nachgiebigkeit auf, begann zurückzuschlagen. Manchmal, wenn das geschah, erinnerte er sie daran, daß er ja ihre Ausbildung finanzierte und nur zu diesem Zweck noch mit ihr zusammenlebte. Und sie – wütend über diesen Mistkerl, für den sie als Kellnerin geschuftet hatte, damit er studieren konnte – tobte, das sei er ihr auch schuldig, und mehr …

Schlag provozierte Gegenschlag, und am Ende brauchte dieses einstmals liebende und vernünftige Paar Rechtsanwälte, um eine Menge kleinlicher Forderungen und Gegenforderungen zu regeln. Im Laufe eines Jahres hatten sie ihre Beziehung zugrunde gerichtet, sich finanziell für den Rechtsstreit verausgabt und standen dem Alleinsein sozusagen völlig unvorbereitet gegenüber.

In ihrer Un-Ehe waren viele Dinge geschehen, die beiden weh taten, das Haupthindernis bei ihrem Versuch, noch eine Weile unter einem Dach zu leben, war aber der Fortfall einer *gemeinsamen Kommunikationsgrundlage* gewesen. Das Interagieren mit denen, mit denen wir zusammenleben, ist immer komplex; gibt es aber für die Auslegung von Handlungen und Worten keinen gemeinsamen Nenner mehr, wird es fast unmöglich.

Daß man die »eigentlich fällige« Trennung hinauszögert, dafür werden viele Erklärungen angegeben; die meisten laufen hinaus auf drei nicht allzu gute Gründe. Der erste Grund – er kann beiden Parteien gemeinsam sein – ist einfach Angst: Angst vor den Anforderungen der Trennung und des Eintritts in ein neues »Leben allein«. Zweitens hofft der trennungsunwillige Teil oft, daß der trennungswillige Teil irgendwie durch Zauberei noch seine Meinung ändert. Zum dritten scheut der Partner, der die Trennung will, dann letztlich doch vor dem entscheidenden, ehrlich beängstigenden Schritt zurück. Er will die Alleinverantwortung für diese schwierige Entscheidung nicht tragen. Mehr oder weniger bewußt hofft manchmal der trennungswillige Partner, den anderen soweit »bearbeiten« zu können, daß der Trennungsbeschluß am Ende gemeinsam fällt. Die Hoffnung des Teils, der die Trennung nicht will, erweist sich fast immer als fruchtlos; und die Hoffnung des initiierenden Teils, obschon nicht immer fruchtlos, ist sicherlich destruktiv. Wenn – wie fast immer – die Beziehung schlechter wird, dann mindern sich auch die Chancen, daß der scheidungswillige Partner noch seine Meinung ändert. Und mag auch der initiierende Partner alles Recht haben, den anderen durch Bearbeitung, vielleicht auch Terror, umzustimmen: Diese Art, mit der Situation fertigzuwerden, ist inhuman. Andere Leute unglücklich zu machen ist ein elendes Geschäft. Man werde sich also klar, woran man arbeiten will – an Aufrechterhaltung oder Lösung der Beziehung –, und komme dann zur Sache.

Obschon nicht gerade ein Ausnahmefall, ging Bills und Marthas schlecht bewältigte *Lösung voneinander* doch ins Extrem. Die meisten Paare haben Verstand genug, sich zu trennen, wenn das Ende unausweichlich geworden ist. Sie gehen auseinander, lassen jedoch (manchmal) zahllose kleine, aber zähe Verbindungsfäden zwischeneinander bestehen und hemmen dadurch den Aufbruch ins neue Leben. Ein Fallbeispiel:

Linda und Bob trennten sich fast unmittelbar, nachdem sie mehr oder weniger gemeinsam den Entschluß gefaßt hatten, ihre Ehe zu beenden. Bob ging aus dem Haus, nahm nur ein paar Sachen mit und zog in eine winzige möblierte Wohnung, die einem heruntergekommenen Motelquartier glich. Er hätte sich etwas Größeres, Gemütlicheres leisten können, aber Wohnkomfort hatte ihm nie viel bedeutet, und außerdem wußte er: Die Scheidung wird teuer. Er wollte Frau und Kind kein Unrecht widerfahren lassen und fühlte sich edel in seinem Großmut, der darin bestand, Linda im teuren Eigenheim weiterwohnen, sie den besten Wagen und ein Gutteil des Einkommens behalten zu lassen. Drei Jahre – seit der Geburt ihres Sohnes – hatte Linda nicht mehr gearbeitet. Sie würde wieder berufstätig werden müssen, das wußte sie, aber das machte ihr Angst, und sie war sich auch unklar, welche Art Job sie wieder wollte. Bobs Großzügigkeit erlaubte ihr, die Entscheidung immer wieder aufzuschieben. Nach sechs Monaten Trennung ging sie endlich zum Anwalt, um die Scheidung einzureichen; dieser riet ihr, die Stellensuche noch weiter hinauszuzögern. Er wußte aus Erfahrung: War sie berufstätig, konnte sich das nachteilig auswirken, wenn er Kindesunterhalt und Alimente für sie aushandelte.

Im Geldverdienen und im Umgang mit Geld war Bob immer gut gewesen, in der »Handhabung seiner selbst« ein absoluter Anfänger. Er kam oft vorbei, um seinen Sohn zu besuchen, Geld zu bringen, seine Post, Kleider oder sonstige vergessene Kleinigkeiten zu holen. Da er nicht kochen konnte, bot ihm Linda – mit Schuldgefühlen wegen seiner Selbstaufopferung – ein-, zweimal die Woche eine Mahlzeit an. Da er »sowieso« kam, brachte er manchmal auch gleich seine Wäsche zum Waschen mit, sah nach dem Familienwagen, ging Lindas Rechnungen für sie durch.

Ein Arrangement, das sich ganz gut anzulassen schien, nur wurde es Linda zunehmend unbehaglicher. Von Privatsphäre konnte keine Rede sein, da Bob jederzeit hereinschneien konnte. An ihre Ehe dachte sie immer noch mit nostalgischen Gefühlen – wenn sie auch wußte, daß sie irreparabel zerstört war –, und das fortwährende Erinnertwerden an ihn durch die Morgenpost, den Schrank voller Kleider, seine Überraschungsbesuche, das nervte sie. Nicht nur der Mangel an Privatsphäre begann sie zu ärgern, sondern das Gefühl, als Köchin und Waschfrau ausgenutzt zu werden. Auch die Kontrolle, die Bob unvermindert noch über sie ausübte, indem er ihre Haushaltsbuchführung machte und in alles hineinredete – angefangen von der Berufswahl bis hin zur Kindererziehung –, ärgerte sie. Diesem Ärger Luft zu machen war natürlich schwierig, denn er zahlte ja noch ihren Unterhalt, und zwar auf das generöseste.

Für Bob wurde das Arrangement allmählich verflixt kostspielig, und seine edlen Gefühle wichen dem Ärger, als er merkte, daß sein Monatseinkommen unter den neuen Umständen nicht hinreichte, alle drei zu ernähren. Er sah, daß er zur Deckung der Unkosten die ersten Wertpapiere verkaufen mußte, daß er nicht das Geld, die Wohnung, den Wagen hatte, um sich oder neuen Frauen das zu bieten, was er für notwendig hielt. Und daß er, wenn er seinen Sohn besuchen ging, andere Männer in seinem Hause vorfand, das ging ihm gewaltig gegen den Strich. Schließlich raffte er sich zur Tat auf, ging zum Anwalt, und der sagte ihm rundheraus: »Sie haben da eine Alimentenjägerin an der Hand. Dem müssen wir einen Riegel vorschieben, wenn wir Ihre Zukunft sichern wollen.«

Acht Monate nach ihrer ersten Trennung, die keine war, mußten Linda und Bob sich erneut trennen, sprich: ganz voneinander lösen, eine bittere und schwierige Sache, die sie leichter hätten haben können, wenn sie gleich am Anfang Ernst gemacht hätten. Natürlich war es nicht einfach für Bob, nun autonom zu werden und sich als Alleinstehender zurechtzufinden, und für Linda, sich Arbeit zu suchen und das schöne Haus aufzugeben; aber das Hinauszögern hatte alles nur schlimmer gemacht. Eines lernten sie in diesen acht Monaten: wie man sich *nicht* trennt.

Dieses Sich-nicht-richtig-lösen-Können in den ersten Monaten stellt den wohl häufigsten und hemmendsten Fehler dar, den Paare, die sich trennen, begehen. Selbst die simplen Dinge, etwa daß Bob seine Postanschrift nicht änderte und nicht gleich all seine Sachen mitnahm, gaben Linda unerwünschte Erinnerungen und gaben Bob den Vorwand für unnötige Kontakte. Bob zeigte überdies das erstaunlich häufige *»Ich komm mal vorbei«-Syndrom,* das in der Hauptsache beim männlichen Teil auftritt. Diese unplanmäßigen und unangemeldeten Besuche schaffen (meist) Ärger, weil sie die Privatsphäre des Ex-Partners stören und ihn der Herrschaft über sein Leben berauben, die so notwendig ist, wenn man Eigenständigkeit gewinnen will.

Oft bleiben Paare nach dem Auseinandergehen noch in gewisser Weise verbunden, weil sie eine Reihe *funktionaler Abhängigkeiten* aufrechterhalten. Linda fuhr fort, für Bob zu kochen und zu waschen, Bob fuhr fort, ihren Unterhalt zu bestreiten, ihre Rechnungen zu erledigen, nach ihrem Wagen zu sehen. Es mag nach praktischer und nützlicher Arbeitsteilung aussehen, hemmt aber nur den Umstellungsprozeß und hält die Betroffenen in einem unguten Schwebezustand zwischen gebunden und ungebunden. Bislang unbekannte Verantwortung auf sich zu nehmen ist eine der größten Herausforderungen dieser Umstellung, und sie zu bewältigen gehört zu ihrem schönsten Lohn. Man kann das hinauszögern – aber warum und zu welchem Preis?

Man hält nach der Trennung oft an diesen funktionalen Abhängigkeiten fest, teils, um sich immer noch sehen zu können, teils, um einander weiter zu beherrschen, teils einfach, um den anderen zu bespitzeln. All diese Motive – das erste inbegriffen – sind abträglich, zum Teil deshalb, weil sie verborgen liegen oder verborgen gehalten werden. Früher oder später treten sie zutage und treiben dann weitere Keile zwischen die Beteiligten. Wenn Sie diese funktionalen Abhängigkeiten zu Ihrem Partner aufrechterhalten – aus welchen Gründen? Gibt es nicht bessere Wege, zu erreichen, was Sie wollen? Oder, wenn Sie auf Bespitzelung und Herrschaft aus sind: Brauchen Sie das wirklich?

Nicht selten kommt es vor, daß Paare den Trennungsprozeß unterbrechen und sich bei besonderen Anlässen wieder treffen, Geburtstage, Weihnachtsfest usw., in der Hoffnung, einiges von dem wiederzuerlangen, was sie verloren haben. Verständliches Denken, aber Wunschdenken in meinen Augen. Daß Paare, die auseinandergegangen sind, sich versöhnen und zurückfinden zur alten Schönheit der Beziehung, ist möglich; aber es ist höchst unwahrscheinlich, daß es so einfach vonstatten geht. Gewöhnlich enden solche Begegnungen katastrophal. Sie dienen oft dem zweifelhaften Zweck, die Trennungswilligkeit des Paares im nachhinein zu verstärken, nachdem die unrealistischen Träume von einer Liebesrenaissance unerfüllt geblieben sind. Wer glaubt, ein solches Wiedersehen herbeiführen zu müssen, bitte; er wundere sich nicht, wenn es ein totaler Reinfall wird. Echte Versöhnung ist eine viel ernstere und schwierigere Sache, die man am besten mit dem festen Willen angeht, daß es anders werden soll, nicht, daß es wieder so werden soll wie früher.

Wenn ich hier die Notwendigkeit so betone, sich »abzunabeln«, rede ich nicht dem totalen Abbruch aller Kontakte das Wort. Besonders wenn Kinder vorhanden sind, wird auch nach der Trennung weiterhin Kontakt und Zusammenarbeit nötig sein. Und vielfach kann man die positiven Aspekte der alten

Beziehung als Fundament für den Aufbau einer guten, dauerhaften Freundschaft weiterbenutzen. Anzuraten aber: strikte Funktionentrennung und ein formelles System für die Einleitung und Aufrechterhaltung von Kontakten. Meist ist eine Zeit, in der man sich erst einmal zurückzieht – möglichst wenig Kontakt, fast erzwungene Isolation voneinander –, Voraussetzung für den Aufbau einer Freundschaft, die sich unterscheiden soll von der vergangenen Liebesbeziehung.

Ein paar Fragen zu Ihrem derzeitigen Trennungsstatus können helfen festzustellen, ob strikteres Voneinander-Lösen ratsam ist oder nicht:

Hemmen die Kontakte, die Sie mit dem Partner haben, irgendwie die Entwicklung Ihrer Autonomie und die Aneignung von Fähigkeiten, die Sie als selbständiger Erwachsener brauchen?

Schließen die Kontakte auf irgendeine Weise aus, daß Sie Freunde kennenlernen, daß Sie sexuelle Beziehungen, Liebesbeziehungen anknüpfen?

Wirken die Begegnungen deprimierend oder aufwühlend auf Sie; müssen Sie übermäßig viel daran denken?

Wenn Sie in allen Punkten mit Nein antworten können, gut; ist ein Ja – oder nur ein Vielleicht – dabei, dann wäre es ratsam, die Kontakte einzuschränken, zumindest vorübergehend. Das Sich-Lösen – wie hier definiert – ist für eine gelungene Trennung unerläßlich, aber Lösen heißt nicht brutaler Abbruch. Es heißt Veränderung, und es heißt Verlust; beides muß bei einer Trennung früher oder später in Kauf genommen werden.

Was geschieht aber, wenn keiner der Partner nun ganz sicher ist, ob man auseinandergehen soll? In der Theorie gibt es darauf eine einfache Antwort, die aber in der Praxis stets enorme Schwierigkeiten macht: Die Beteiligten müssen alles tun, was ihrer Meinung nach eine Entscheidung herbeiführt. Obschon es unklug ist, hier überstürzt zu handeln, liegt es jedoch im Interesse beider Partner, daß man so schnell wie möglich zu einem klaren Entschluß kommt. Unter Umständen wird man »ausprobieren« müssen, das heißt zeitweise zusammen- und zeitweise getrennt leben. Oft ein ärgerlicher, belastender Prozeß, der, wenn er sich zu sehr in die Länge zieht, alle Schönheit der ursprünglichen Beziehung verderben kann; ein Prozeß aber auch, den ich bei meinen Versuchen, schwankenden Individuen durch ihre Trennungsdilemmas zu helfen, zunehmend schätzen gelernt habe. Liebesbeziehungen haben ein zähes Leben, und manch einem muß mehr als einmal vorgeführt werden, daß sie tot sind; erst dann gibt er auf.

Zitiert sei der Fall von Ralph und Susan. Sie hatten ein Jahr zusammengelebt, als es in ihrer Beziehung zu kriseln begann. Wie in vielen eheähnlichen Verhältnissen hatten sie nie über den *Sinn* ihres Zusammenlebens miteinander gesprochen. Sie sahen es beide völlig unterschiedlich, wie ich von Anfang an merkte, als ich mit ihnen sprach. Ralph hatte sich voll in der Beziehung engagiert, für ihn war es faktisch eine Ehe. Er arbeitete schwer, um für Susan und ihr sechsjähriges Kind zu sorgen, und träumte davon, mal ein großes Haus auf dem Land für die Familie zu kaufen. Das Kind hatte er sehr liebgewonnen. Nach allen Maßstäben – außer de jure – war er verheiratet.

Anders bei Susan. Sie war das Verhältnis viel beiläufiger eingegangen als Ralph, ohne Zukunftspläne. Sie liebte Ralph, und das war genug. Doch das Zusammenleben mit ihm verlor zunehmend an Reiz. Er schien nur noch zu arbeiten, war nicht mehr spontan, romantisch, ein Partner, mit dem es Spaß machte. Kurz, er wurde zum »typischen Ehemann«, langweilig, arbeitsam, pflichtbewußt. Susan, eine attraktive, gesellige Frau, Experimenten aufgeschlossen, ließ sich mit einem anderen Mann ein und verließ Ralph. Das war für ihn ein Schock, und er reagierte genau wie Bob nach seiner Trennung: suchte Verbindung zu halten, die Freiheit seiner Frau zu beschneiden. Susan mochte solche Manöver nicht und wies Ralph bei jedem Annäherungsversuch ab; aber er konnte sich damit nicht abfinden, und sie unternahm auch nie die notwendigen Schritte für eine endgültige Trennung.

Ralph suchte unsere Klinik auf und bekam ein bißchen Trennungstraining. Schleichtaktiken wie etwa Überraschungsbesuche, um nach dem Kind zu sehen, unterließ er von da an und traf sich mit Susan nur noch auf Verabredung zu vergnüglichen Aktivitäten. Im Lauf der Zeit schlug Susan selbst immer stärker solche »Dates« vor, und sie begannen, wirklich miteinander zu sprechen und Spaß miteinander zu haben wie in den Frühstadien ihrer Beziehung. Sich selbst und ihr Verhältnis zueinander, das alte und das neue, verstehen sie jetzt viel besser. Beide haben Kontakt zu Dritten, leben getrennt, und was die Zukunft bringen wird, wissen sie nicht genau. Das soll uns auch nicht weiter interessieren – sie haben aus dem, was gegeben war, das Beste gemacht. Vom alten Modus des Zusammenlebens haben sie sich gelöst und sind eine neue, andere Beziehung eingegangen. Daß sie es geschafft haben, ist ungewöhnlich, aber nicht übermenschlich. Die Lösung aus ihrem alten Beziehungsgefüge machte es ihnen möglich, ein neues aufzubauen.

In der Einführung zu diesem Buch habe ich dem Leser nahegelegt, das zu überschlagen, was für ihn persönlich nicht relevant scheint. In puncto Sich-Lösen allerdings habe ich die Erfahrung gemacht, daß viele Ex-Partner sich hier für die große Ausnahme von der Regel halten – für alle anderen mag es relevant sein, für sie selbst nicht. Damit befinden sie sich, auf lange Sicht, fast ausnahmslos auf dem Holzweg. Kontakte mit dem ehemaligen Partner mögen unumgänglich, vielleicht sogar wünschenswert sein – aber irgendeine Form der Funktionentrennung und Neudefinierung der Beziehung ist nahezu immer notwendig, sollen die Kontakte den gewünschten Sinn für alle Beteiligten haben.

Andererseits – vielleicht will man ja seinen Ex-Partner sowieso zeitlebens nie wiedersehen und fühlt sich von der Problematik der zaudernden Paare nicht betroffen. Vielleicht würde einen das Wiedersehen zu sehr quälen oder in Wut versetzen, als daß man es ertragen könnte; vielleicht will man (im besten Fall) den Partner meiden oder (im schlimmsten Fall) hart strafen für das, was er einem angetan hat; vielleicht will man sogar alle materiellen Besitztümer loswerden, die gemeinsam erworben wurden, oder so weit wie möglich wegziehen, einen weiten Bogen um die Orte schlagen, die Erinnerungen auslösen. Ist das der Fall, dürfte die erste Phase des physischen Sich-Lösens, wie bisher angesprochen, nicht schwerfallen. Trennung, Einschränkung oder Abbruch der Kontakte, Beendigung aller funktionalen Abhängigkeiten wird dann als das einzig Vernünftige, ja Denkbare erscheinen. Und es ist ein Anfang. Wie aber steht es mit dem *seelischen* »Abnabeln«? Jede Stunde, die man mit dem Ex-Partner verbringt, ist die genaue Antithese dazu. Wieviel Zeit verbringt man noch mit ihm in *Gedanken?* Die nächste und letzte Phase des Sich-Lösens soll dann zu dem Punkt führen, wo die Gefühle für den Partner sich irgendwo zwischen liebevollem Interesse und freundlicher Gleichgültigkeit bewegen. Ist die Lösung endgültig vollzogen, gibt es keine Anschuldigungen mehr, keine Schuldgefühle, auch das Strafbedürfnis ist erloschen.

Diese zweite, höhere Loslösungsphase braucht Zeit, das ist klar; das erste Kapitel befaßt sich zunächst mit der Vorphase bis dahin. Jene aber, denen die erste, »physische« Lösung am leichtesten und zugleich am schwersten fällt, jene, die alle Kontakte abbrechen *müssen,* weil sie den Schmerz nicht ertragen, den sie bringen, jene sind es oft auch, die sich mit der endgültigen seelischen Lösung am schwersten tun. Um das Problem soll es im zweiten Kapitel gehen. Ich führe hier zunächst die Begriffe Primär- und Sekundärlösung ein und bitte Sie, sich selbstkritisch zu fragen: Wie weit habe ich mich schon vom Partner lösen können? Warum verschwende ich noch Kraft auf eine Beziehung, die zu Ende ist? Was kann ich tun oder lassen, um den nächsten Schritt zu einem entkrampfteren Sich-Lösen zu tun?

Auch wenn Sie derjenige Teil sind, der die Trennung nicht wollte, ist es sinnvoll für Sie, sich erst einmal vom Partner zu lösen und sich auf eigene Füße zu stellen. Man hat dann die berühmten »zwei Möglichkeiten«: Entweder es kommt zur Aussöhnung oder nicht. Wenn nicht, ist es sowieso das beste, sofort mit der Umstellung aufs Alleinleben zu beginnen. Wenn doch, dann hat man sich nichts vergeben. Man hat wahrscheinlich sogar zwei wichtige Dinge gewonnen. Erstens: Man hat sich bewiesen, daß man selbständig leben kann. Man hat die Vorzüge der alleinstehenden Existenz kennengelernt – vielleicht so gut, daß man dabei bleibt. Eine eventuelle Aussöhnung geschieht dann im Wissen, daß man ohne den Partner leben kann und sich *freiwillig* wieder auf die Beziehung einläßt. Zweitens: Man hat den Partner nicht durch klettenhafte Unselbständigkeit noch weiter vergrault, sondern ihm Gelegenheit gegeben, einen zu vermissen.

Klettenhaft hörige, unselbständige Menschen sind meist unattraktiver als selbständige, souveräne Menschen. Ob es also zur Aussöhnung kommt oder nicht: es ist besser, sich zunächst zu lösen, unabhängig zu werden. »How can I miss you when you won't go away« – wie kannst du mir fehlen, wenn du nicht fortgehst, heißt es in einem Country-Song. Wie soll man sich eine Meinung zum Junggesellenleben bilden, wenn man nie praktische Erfahrung damit gesammelt hat?

Im allgemeinen ist es gut, den Partner wissen zu lassen, ob man eine Aussöhnung will oder nicht – unter dem bewußten Vorbehalt immer, daß das die *augenblickliche* Position ist, die sich im Lauf der Zeit und mit neuen Erfahrungen ändern kann. Ob Sie der trennungswillige oder der trennungsunwillige Teil sind, es hilft immer, die eigenen Bedingungen für ein eventuelles Wieder-Zusammengehen klarzustellen. Würden Sie zum Beispiel verlangen, daß der Partner sich mit einer Beratung einverstanden erklärte; oder würden Sie bestimmte Verhaltensänderungen bei ihm zur Bedingung machen? Würden Sie einer Aussöhnung nur »auf Probe« zustimmen? Was müßte Ihr Partner tun, um Sie zurückzubekommen? Bewußtmachung der eigenen Position und der Bedingungen, die man stellt, hilft einem, das Gefühl zu wahren, Herr des eigenen Schicksals zu sein. Besonders wenn man der trennungsunwillige Teil ist, tut man gut daran, seine eigene Position zu formulieren, so daß die Aussöhnung – falls sie kommt – dann das Produkt auch des eigenen Entschlusses, nicht nur das des Partners ist.

Wenn in Trennung lebende Paare, die mich konsultieren, sich aussöhnen wollen, spreche ich nicht grundsätzlich dagegen, rate ihnen aber – aus den genannten Gründen –, sich zunächst so zu verhalten, *als sei* die Trennung endgültig. Ein Fallbeispiel: Hal, fünfundvierzig Jahre, leidenschaftlicher Ehemann und Vater, dessen Frau ihn nach zwanzig Jahren Ehe bat, das Haus zu verlassen. Ihre Unzufriedenheit und ihr Trennungswunsch kamen für ihn völlig überraschend, aber ihr Entschluß stand fest, und das ließ sie ihn wiederholt und auf jede denkbare Weise wissen. Er akzeptierte es nicht – es durfte nicht sein. Trotz aller Gegenindizien war er überzeugt, daß sie ihn früher oder später würde wiederhaben wollen. Statt in eine eigene Wohnung zu ziehen, zog Hal zu seiner Mutter, weil er »für die kurze Zeit« eine eigene Existenz aufzubauen für sinnlos hielt. Seinen Freunden ging er aus dem Wege, weil Gespräche darüber »die Situation nur zementieren« würden und er nicht wollte, daß seine Frau dachte, er spreche schlecht von ihr. Kontakte zu anderen Frauen kamen natürlich erst recht nicht in Frage.

Zum Anwalt wollte er nicht, obwohl seine Frau den größten Teil des gemeinsamen Vermögens beanspruchte und die umfangreichen Verpflichtungen ihm allein aufhalsen wollte. Seine Kinder besuchte er, aber da er einen so niedergeschlagenen Eindruck machte, zeigten sie kein großes Interesse an ihm. Den Dingen, die ihm Freude machten, ging er nicht mehr nach, weil er nicht fähig war, etwas allein zu genießen. Er wurde zum Einsiedler, sprach nur noch mit seiner Mutter, die ihn leider in vielen seiner Ansichten bestärkte. Wegen schwerer Depressionen wurde er zu uns an die Klinik verwiesen. Zeit und ein bißchen Konfrontationstherapie brachten ihn soweit, daß er sich endlich aufraffte zu handeln, als sei die Trennung endgültig. Er legte den Ehering ab und tat wieder, was ihm Freude machte, verwandelte sich zurück zum geselligen Menschen, lernte Frauen kennen, und die depressiven Symptome verloren sich. Mit seiner Frau versöhnte er sich nicht wieder – ja, noch bevor die Scheidung in Kraft trat, waren ihm erhebliche Zweifel gekommen, ob er sich überhaupt noch versöhnen *wollte,* selbst wenn er Gelegenheit bekommen hätte. Durch sein Leben als Alleinstehender hatte er nichts verloren als seine Abhängigkeit und seine Depressionen.

Übergangsriten

Es gibt ein Ritual, das jeder, der sich trennt, durchlaufen muß – ein Ritual, das die meisten nur mit Angst und Widerstreben angehen, das aber – im Normalfall – überraschend stark beruhigt, Sicherheit gibt. Es bildet das Tor zu einem neuen Leben, und vollzieht man es geschickt, kann sich das sehr positiv auswirken, besonders in den ersten Monaten nach der Trennung. Es ist einfach: Man muß die Beziehung sozusagen offiziell zu Grabe tragen; man muß Freunden und Familie von der Trennung erzählen; man muß die eigene Rolle umdefinieren – nicht mehr als Hälfte eines Paares, sondern als Individuum, allein.

Bei allen seelischen Nöten der Trennungszeit, die einen womöglich lähmen: Diese Riten zu vollziehen, und zwar bald, ist notwendig, vor allem deshalb, weil die meisten Leute nicht wissen, wie man sich gegenüber in Trennung – oder »schlimmer«: in Scheidung – lebenden Personen verhält. Wie man sich verhält, wenn unsere Freunde oder Familienangehörigen durch andere wichtige Lebensveränderungen oder -krisen gehen, das bekommen wir beigebracht. Rituale existieren für Geburt, Abschluß der Kinderzeit, Examen, Verlobung, Hochzeit, Tod. Für diese Anlässe gibt es gesellschaftlich sanktionierte Reglements – man weiß, was man tun, sagen, fühlen soll. Für Trennung und Scheidung gibt es solche Verhaltensregeln nicht. Da ein Standardritual fehlt, muß man sich selber eines schaffen; dies Do-it-yourself-Ritual wird weder für einen selbst noch für Freunde und Familie leicht sein, aber gerade darum ist es besonders notwendig. Freunde und Angehörige sind in Trennungsangelegenheiten wißbegierig, besorgt-interessiert, möchten gern helfen; es ist ihnen aber peinlich, danach zu fragen, und wie sie helfen können, wissen sie noch viel weniger. Deshalb muß man es ihnen sagen. Weil in Trennung oder Scheidung Lebende das nicht wissen – oder weil sie nur sehr schwer darüber sprechen können –, schieben sie es oft hinaus. Das führt dann zur sozialen Isolierung gerade zu einer Zeit, wo sie mitmenschliche Unterstützung und Hilfe am dringendsten brauchten.

Phils Fall ist typisch. Phil, ein Akademiker mit vielen sozialen Kontakten, verließ seine Frau nach zwölf Jahren Ehe. Als Trennungsinitiator hatte er Schuldgefühle, und er scheute sich, mit seinen Freunden über die Trennung zu sprechen. Er zog in ein kleines Apartment, zeigte sich kaum mehr in Gesellschaft, arbeitete auch beruflich weniger als sonst. Mehrere Monate hatte er kein Telefon in seiner neuen Wohnung, wohin er sich mit seinen Büchern, seinen Gedanken und seinem Schuldkomplex verkrochen hatte. Unter den vielen Dingen, die ihn in dieser Zeit quälten, war das Gefühl, die meisten Freunde hätten ihn verlassen. Zum Glück stellte er später fest, daß die Freunde nur verlegen gewesen waren und nicht gewußt hatten, wie sie sich ihm nähern sollten, und daher gewartet hatten, daß Phil den ersten Schritt tat; als er nichts unternahm, warteten sie eben einfach weiter. Seine ersten Monate des Alleinseins und das Trennungsritual selbst wären viel leichter gewesen, hätte er die »Übergangsriten« gleich richtig angepackt.

Je eher man als neu Getrennter die Übergangsriten einleitet, desto schneller wird man zum Wiederaufbau eines befriedigenden Soziallebens, das Kontinuität besitzt und einiges verspricht, imstande sein. Hat man mit dem Partner in Wohngemeinschaft gelebt und wohnt jetzt getrennt, sollte man die Übergangsriten zumindest schon eingeleitet haben. Hat man nicht zusammen gewohnt, werden die Riten unkomplizierter und auch weniger notwendig sein.

Was sagt man den Leuten? Am besten sagt man zunächst jeder wichtigen Person aus seiner Umgebung, daß man sich vom Partner getrennt hat, daß man kein »funktionierendes Paar« mehr ist. Auch wenn es alle schon aus anderen Quellen wissen: Jeder sollte es von Ihnen selbst hören, damit Sie beide die Erfahrung machen, zu wissen, daß der andere es weiß. Für die meisten Bekannten genügt eine ganz kurze Mitteilung. Engen Bekannten, Berufskollegen usw., mit denen man nicht darüber diskutieren möchte, kann man sagen: »Haben Sie gehört? Ja, meine Frau/mein Mann und ich haben uns getrennt und wollen uns scheiden lassen. Nur damit Sie es wissen. Es wird nicht einfach sein, aber wir meinen beide, es ist auf lange Sicht die beste Lösung.« Will der andere darüber ein Gespräch anfangen, liegt es an Ihnen, ob Sie darauf eingehen wollen oder nicht. Wenn nicht, kann man es durchaus etwa so abblocken: »Wissen Sie, es hat mich ziemlich mitgenommen, und im Augenblick spreche ich nicht gern darüber. Vielleicht später. Es ist gut zu wissen, daß ich mit Ihnen darüber reden könnte, wenn ich annehme, es könnte mir helfen. Na, jedenfalls wissen Sie jetzt Bescheid, und ich hoffe, daß sich zwischen uns nichts ändert.«

Verwandte und engere Freunde werden natürlich eine Erklärung erwarten, womöglich auch einen Bericht über den Hergang der Ereignisse, die zur Trennung führten. Einige sicher in der Haltung »Das habe ich ja kommen sehen«. Wieviel oder wie wenig Sie ihnen mitteilen wollen, liegt ganz bei Ihnen. Wenn Sie über gewisse Dinge nicht sprechen wollen, sagen Sie das. Vielleicht werden Sie den Neugierigen mehrmals einen Dämpfer aufsetzen müssen – tun Sie das ohne Zögern. Lassen Sie sich nicht von der Position abdrängen, die Sie ausgearbeitet haben, es sei denn, Sie beschließen selbst, sie zu ändern.

Vorbereitendes »Zurechtlegen«, wie man diese Information präsentieren will, bringt mehrere Vorteile. Erst einmal hilft es einem selbst besser zu verstehen, was in der Beziehung schiefgelaufen ist und was den letzten Anstoß zur Trennung gab; das ist wohl mit der wichtigste Schritt, den neu Getrennte für sich tun müssen. Die eigene »Version« der Dinge mag sich im Lauf der Zeit ändern, aber solcherart Bewußtmachung hilft meist, wieder Boden unter den Füßen zu bekommen. In der Formulierung für sich selbst – die man für Außenstehende vielleicht teilweise wird zensieren wollen – sollte man zunächst versuchen festzustellen, wodurch die Beziehung belastet wurde: Gründe dafür sollten nicht nur beim Partner, sondern genauso bei sich selbst gesucht werden. Dann kann man aufgrund dieser Untersuchung abwägen, wo das schwerste Problem lag, welches den Trennungsgrund bildete. Ein eigenes subjektives Bild vom Hergang wird sich herauskristallisieren. Wie lange war die Beziehung schon gestört? Wann hat man selbst, wann hat der Partner zum erstenmal ernsthaft an Trennung gedacht? Was gab schließlich den Ausschlag?

Hat man sich seine *Trennungsgeschichte* einmal gründlich klargemacht, ist es relativ leicht, daraus eine angemessene und annehmbare »Version« für Außenstehende abzuleiten. Ihre Länge kann beträchtlich schwanken. In meinen Trennungsberatungsgruppen zum Beispiel stelle ich immer als erste Aufgabe die Ausarbeitung von »Trennungsgeschichten«. Jedes Gruppenmitglied erzählt seine Story, zunächst mit sechs Minuten Redezeit, muß sie dann auf zwei Minuten und schließlich – als Version für neugierige Freunde – auf fünfundvierzig Sekunden oder weniger reduzieren. Am Ende der Sitzung wird eine wirksame Nur-vier-Sekunden-Story angeboten: »Ach. Du weißt es noch nicht. Es ging nicht mehr.«

Verglichen mit den Anforderungen, die die Trennung stellt, scheint dies – das Arrangement und Vorbringen der Trennungsgeschichte – manchmal nebensächlich, und doch gehört es, als einleitender Schritt, wesentlich zum Umstellungsprozeß. Unterläßt man es, faßt man weniger leicht wieder Fuß, legt seiner Entwicklung Steine in den Weg und riskiert den Verlust anderer wichtiger Beziehungen. Es gehört zu den wenigen Dingen, die sofort nach einer Trennung erfolgen sollten.

Freunde, Verwandte, Bekannte müssen nicht nur informiert werden, sondern auch erfahren, was von ihnen erwartet wird – von sich aus wissen sie es nicht. Im allgemeinen wird man lediglich darum bitten, daß die Dinge weiterlaufen wie bisher – Ausdruck der Hoffnung, daß sich die Beziehung zu ihnen nicht ändert –, manchmal aber auch mehr erbitten wollen. Auch dies ist ganz opportun und oft ein sehr guter Gedanke. Man kann das Bedürfnis äußern, mit einem Freund oder mehreren Freunden die Trennung und das neue Leben »durchzupalavern«; man kann engen Freunden gegenüber andeuten, daß man sich von Zeit zu Zeit einsam fühlt und sie öfter als früher anrufen und besuchen möchte; man kann sie vorübergehend um praktischen Beistand in Lebensbereichen bitten, in denen man (noch) unerfahren ist, oder um Hilfe bei der Suche nach passenden Begleiter(innen) des anderen Geschlechts. Solche Wünsche sind – in Maßen – vollkommen legitim, und man sollte nicht zögern, sie zu äußern. Es herrscht oft erstaunlich große Hilfsbereitschaft dem gegenüber, der schwere Lebenskrisen durchmacht, und dazu zählen Trennung und Scheidung zweifellos. Man hat in dieser Zeit alles Recht, den Kredit an Freundschaft, den man bei anderen hat, in Anspruch zu nehmen.

Andererseits: Wundern Sie sich nicht, wenn Ihr »Konto« bei manchen nicht so hoch ist, wie Sie gehofft haben. Freunde und Verwandte helfen nicht immer – aber ist das eine neue Erfahrung? Es steht Ihnen frei zu fragen; Freunden und Verwandten bleibt die Entscheidung ebenfalls überlassen, Ihrem Wunsch nachzukommen oder nicht. Manche Freunde nehmen sicher gern teil an Ihrer Entwicklung und den zugehörigen »Wehen«; andere fühlen sich vielleicht von den notwendigen Veränderungen, die Sie durchmachen werden, bedroht. Gewisse Freunde und Verwandte werden engeren Kontakt zu Ihnen begrüßen, andere werden ablehnend reagieren, weil sie meinen, daß es eigenen Bedürfnissen in die Quere kommt, die eben wichtiger sind. Wenn sowohl Sie als auch der Ex-Partner gleichzeitig Anforderungen an ein und denselben Personenkreis (Freunde, Verwandte) stellen, fühlt sich dieser wahrscheinlich überfordert und kann überhaupt nichts mehr tun. Außerdem haben diejenigen, die mit Ihnen beiden auf gutem Fuß bleiben wollen, es verständlicherweise nicht gern, wenn Sie kommen und Ihren alten Partner nach Kräften schlechtmachen. Sie wollen weder Partei ergreifen, ja, noch nicht einmal diesbezüglich den Anschein erwecken, weil sie die Freundschaft Ihres Ex-Partners nicht verlieren wollen; sie wissen, daß Versöhnung nicht ausgeschlossen ist und daß in diesem Fall ihre Freundschaft belastet würde, hätten Sie vorher Ihre tiefsten Feindseligkeiten offenbart; oder sie wollen einfach nicht zwischen zwei Fronten stehen. Diese Vorbehalte offen mit den Freunden zu diskutieren, ihnen einen Blankoscheck zu geben, daß sie nicht Partei ergreifen müssen, sie zu bitten, »halt« zu sagen, wenn Sie im Gespräch überschießen, das erleichtert sie oft ungeheuer und ermöglicht ihnen, ohne schlechtes Gewissen Kontakt zu Ihnen und dem Ex-Partner zu pflegen.

Es zeigt sich also: Wenn Freunde und Verwandte die Forderungen, die Ansprüche, die an sie gestellt werden, nicht erfüllen, heißt das nicht unbedingt, daß sie einen persönlich bzw. dies was vorgefallen ist, ablehnen. Eine derartige Enttäuschung sollte philosophisch hingenommen werden; wahrscheinlich ist es einfach so, daß die eigenen Bedürfnisse und die des Freundes oder Verwandten im Augenblick nicht übereinstimmen und man sich fürs erste an andere Personen halten muß.

Natürlich gibt es Fälle, in denen Familie und alte Freunde jemanden, der eine Beziehung – speziell eine Ehe – auflösen will, schneiden oder offen verstoßen. Auch dies muß man gelassen hinzunehmen suchen und sich klarmachen, daß das dem Verstoßenen zwar unter Umständen Schwierigkeiten bringt, aber nicht eigentlich sein Problem ist. Man wird gewissen Fremderwartungen nicht gerecht – das ist alles. Daran kann man schwerlich etwas ändern, es sei denn, man beugt sich ihnen. Oft sind es die Eltern, die am bösesten, hysterischsten auf das Kaputtgehen einer Ehe reagieren. Irgendwann aber finden sie sich gewöhnlich mit der neuen Realität – Trennung und Scheidung – ebenso ab, wie bereits früher mit anderen – beklagten, aber unabänderlichen – Ereignissen im Leben ihrer Kinder.

Ablehnung durch Freunde äußert sich meist subtiler und ist daher schwerer zu parieren. Wenn Sie den Freunden gegenüber die Übergangsriten eingeleitet und ihnen nach besten Kräften geholfen haben, besagtes »Verhaltensreglement« Ihnen gegenüber zu entwickeln, dann haben Sie Ihr Teil getan. Zeigen sie sich weiterhin peinlich berührt oder gehen Ihnen aus dem Wege, ist das ihre Sache. Es ist nicht das Ende der Welt, und ganz bestimmt heißt es nicht, daß Sie sich als Mensch nun unwert, unmoralisch, schlecht vorkommen müssen.

Generell gilt bei solchen Ablehnungen auch, das Verhalten anderer nicht überzuinterpretieren. Leute, die sich trennen, glauben häufig, sie seien der Mittelpunkt des Universums und jedermann denke und spreche nur von ihnen. Jedes kleine Schuldgefühl wird hinausprojiziert und kehrt als Verdammnis der Umwelt zurück. Unbeholfenheit, Verlegenheit, das sind Reaktionen, mit denen man im Trennungsfall rechnen muß. Man vermute nicht Ablehnung, wo nur Unsicherheit herrscht.

In diesem Zusammenhang ist es auch nützlich, sich kurz zu verdeutlichen, auf welche Weise der in Trennung und speziell in Scheidung Lebende eine Bedrohung für die Mehrheit darstellt, die in einer Zweierbeziehung lebt. Einmal: In jeder Beziehung ist die Trennung grundsätzlich »angelegt«. Wie Sie bereits wissen, ist es eine unangenehme, den Status quo gefährdende Alternative, und mit Trennungsgedanken assoziiert man die negativsten Aspekte seiner Liebesbeziehung. Durch Ihre Trennung wird die Möglichkeit für Ihre Freunde und Verwandten nun »handgreiflicher«; und führen Sie am positiven Beispiel auch noch vor, wie man sie gut bewältigt, wird sie noch attraktiver, erwägenswerter. Ihre Trennung stellt daher eine Bedrohung für anderer Leute Status quo dar, und zwar wahrscheinlich desto stärker, je schlechter die betreffende Ehe ist. Viele moderne Ehen, so schätzt man, sind in erheblichem Maße zerrüttet – was sich zu Ihren Ungunsten auswirkt. Denn in dem Maße, in dem Sie das Junggesellenleben mit all seinen Vorzügen vorführen, stellen Sie eine herausfordernde, konfliktschaffende Alternative zu einer schlechten Ehe dar. Deshalb tun Sie gut, die Freuden des Ungebundenseins Ihren verheirateten Freunden nur vorsichtig dosiert mitzuteilen, solange Sie nicht sicher sind, ob und wie sie solch »frohe Botschaft« verkraften können.

Manchmal natürlich wird der frischgebackene Alleinstehende auch auf eine direktere Art als Bedrohung empfunden. Besonders geschiedene Frauen klagen darüber, daß Ehefrauen in ihnen automatisch eine Bedrohung, eine Rivalin sehen: Und es kommt bei frischgebackenen Junggesellinnen ja auch nicht selten vor, daß der Mann einer guten Freundin sich an sie heranmacht.

Was tun? Gedankenlose oder unloyale Freunde kann man fallenlassen, froh womöglich, daß man sie los wird. Man kann aber – einsichtsvoller – ihr Verhalten auch zu verstehen suchen und, sagen wir, maßvolle Anstrengungen machen, daß die Freundschaft erhalten bleibt. Ihrer menschlichen Fehlbarkeit eingedenk, kann man sich bewußtmachen, daß sie sich lediglich ihren Bedürfnissen und ihrer Weitsicht entsprechend verhalten. Was wie Ablehnung, was wie hochnäsige Distanz aussieht, ist wahrscheinlich eher Ausdruck von Unsicherheiten, Ängsten, eigenen Bedürfnissen. Vielleicht kommen Sie nicht umhin, einige Freundschaften »auf Eis« zu legen, bis Ihr Lebensstatus für die Betreffenden weniger bedrohlich geworden ist bzw. sie ihre eigenen Probleme bewältigt haben. Auch früher sind Sie doch schon von anderen enttäuscht worden – machte das den anderen total zur »Unperson«? Wichtig ist, daß man sich *selbst* nicht herunterputzt und minderwertig vorkommt aufgrund des Verhaltens anderer. Aus Selbstschutz pflege man zunächst die loyaleren Freundschaften und halte Ausschau nach neuen Freunden, mit denen man mehr gemeinsam hat.

Konkrete Vorschläge zur Erhaltung von Freundschaften fragilerer Art:

1. Die Übergangsriten genau einhalten und den Freunden sagen, was man von ihnen wünscht.
2. Sie zu bisher schon gewohnten Freizeitbeschäftigungen einladen und ihnen zeigen, daß man *selbst* seinen neuen Status bejaht und in diesem neuen Status weiter mit ihnen Umgang pflegen kann und möchte.
3. Sie wissen lassen, daß sie nicht Partei ergreifen müssen. Ihnen sagen, wenn angebracht, daß sie durchaus auch Freund des Ex-Partners bleiben können, wenn sie Wert darauf legen.
4. Die Freunde – sofern es sie überfordert – nicht allzuviel an den Freuden und Leiden des Junggesellenlebens teilhaben lassen.
5. Falls die Freunde einen als direkte Bedrohung ihrer Beziehungen und Ehen empfinden, betonen, daß man neue heterosexuelle Beziehungen »außerhalb ihres Kreises« anstrebt.
6. Schließlich: sich bewußt machen, daß Leben Veränderung bedeutet; daß Beziehungen, die gut liefen, nicht unbedingt in alle Ewigkeit weiter gut laufen müssen. Im Zuge der eigenen Entwicklung muß man Leuten, die diese Entwicklung nicht verstehen oder bejahen, unter Umständen irgendwann ade sagen. Das mag traurig sein, noch trauriger aber wäre es, in seiner Entwicklung zu stagnieren.

Die seelische Seite der Trennung:
Tohuwabohu der Gefühle

Trennungsverrücktheit

Ein bißchen durcheinander zu sein ist für frisch Getrennte ganz normal, und hochgradig durcheinander zu sein auch nichts Seltenes. Wer gerade eine Trennung hinter sich hat und sich nicht ein bißchen verrückt fühlt, der hat einfach Glück oder ist ein ungewöhnlich kühler Kopf-Mensch. Oder er hat mit der praktischen Seite noch zu viel zu schaffen, als daß ihm die Myriaden Gefühle zu Bewußtsein kämen, die die meisten Menschen in seiner Situation gelegentlich zu überrennen drohen. Dieses Kapitel richtet sich an die »verunsicherte Mehrheit« – Beschreibung und Auslotung des Kaleidoskops der Emotionen, das die Trennung gewöhnlich begleitet; ein paar Verständnishilfen für diese konfusen Gemütswallungen; die beruhigende Versicherung, daß sie durchaus das »Normale« darstellen und auf ihre Art therapeutisch wirken können; und schließlich Methoden, wie man aus seiner persönlichen Spielart von Trennungsverrücktheit möglichst viel Gewinn und möglichst wenig Verlust zieht.

Es wirkt Wunder, wenn ich bei der Trennungsberatung meinen Klienten erst einmal versichere, daß dieser heftige, verwirrende Gefühlsaufruhr nicht die Ausnahme, sondern die Regel ist. Das Gefühl, von unerwarteten, ungewohnten, erschreckenden Emotionen übermannt zu werden, ist normal; die Angst, neue – und selbst die alten – Aufgaben nicht mehr bewältigen zu können, ist normal; die Angst, die Gewalt über sich zu verlieren, ist normal; die Angst, durchzudrehen, verrückt zu werden, ist normal. Es handelt sich freilich um ein Durchgangsstadium, das nur in sehr seltenen Fällen schwere seelische Störungen zurückläßt; und in diesen Ausnahmefällen ist die entscheidende, ausschlaggebende Ursache meist, wenn auch nicht immer, die Angst selbst.

Daß sich die Gefühle nach der Trennung nur auf *ein* Extrem beschränken – himmelhoch jauchzend oder zu Tode betrübt –, kommt selten vor. Bei der Mehrheit bewegen sie sich abrupt zwischen beiden Extremen hin und her. Zuzeiten mag der Betreffende von Erleichterung beherrscht sein, daß er ein unmögliches Leben hinter sich hat; zu anderen Zeiten plötzlich von tiefer Hilflosigkeit und Verzweiflung, zutiefst verunsichert, was das neue Leben bringen mag. Freude an der Freiheit des Alleinseins wechselt mit dem lähmenden Gefühl von Verlust, Einsamkeit und Leere, für das es kein Heilmittel zu geben scheint. Eine endlose Reihe rasch umschlagender Empfindungen: Wut, dann Schuldgefühle, Rausch, dann Niedergeschlagenheit, drückende Einsamkeit, dann Befreiung und Ruhe. Warum bringt uns das so aus der Fassung? Zum Teil deshalb, weil wir gelernt haben, uns als statische, unveränderliche Wesen zu sehen, die wir nicht sind. Diese Stabilität ist angeblich Zeichen von Reife und Erwachsensein. Deshalb gilt Labilität leider als Zeichen, daß etwas nicht in Ordnung ist, und wir fühlen unsere Identität ins Wanken geraten.

Diese Berg- und Talbahn der Gefühle, manchmal erfrischend, sogar schön, kann in hohem Grade beängstigend wirken. Dem »Fahrgast« sei gesagt: Es ist nicht ausgeschlossen, daß ihm schlecht wird, jedoch höchst unwahrscheinlich, daß er abstürzt. Er halte sich deshalb an jedem Geländer fest, das er um sich findet, und suche sich im übrigen zu entspannen, im Bewußtsein, daß er zwar nicht jederzeit aussteigen kann, daß die Bahn aber irgendwann halten *muß*. Wer sich soweit zu entspannen vermag, daß er gewahr wird, was mit ihm geschieht, kann eine Menge lernen. Eine seelische Berg- und Talfahrt, die anstrengend sein mag, aber verständlich ist – und normal. Ihre Mechanismen zu durchschauen hilft, sie durchzustehen.

Der Hauptgrund, daß man derart von einem Extrem ins andere stürzt, ist simpel: Veränderungen fallen immer schwer, besonders solche, die vom Bekannten, Vertrauten ins völlig Unbekannte gehen. Die Veränderungen, die mit der Trennung einhergehen, sind tiefgreifend. Zwangsläufig ändert sich das Verhältnis zu den Freunden, den Verwandten, den Kindern (sofern vorhanden). Wohnort, finanzielle Verhältnisse, Berufstätigkeit, die Art, wie man seine Freizeit verbringt, all das ist oft radikalen Veränderungen unterworfen. Die alten Lebens- und Umweltbezüge zerreißen oder entfallen ganz, oft tritt kein greifbarer Ersatz an ihre Stelle. Unbekannte Aufgaben werden einem plötzlich aufgezwungen. Und vielleicht hat man nur höchst schleierhafte Vorstellungen davon, wie man sich die benötigten Fertigkeiten aneignen soll. Neue heterosexuelle Beziehungen rücken in greifbare Nähe; aber als Mensch, der lange in einer Zweierbeziehung gewesen ist, hat man die Kunst des »Dating« schon fast verlernt und ahnt überdies, daß sich die Regeln mittlerweile geändert haben. Wie die neuen Regeln lauten und wie sie sich zuschneiden lassen auf die eigene Persönlichkeit, den eigenen Stil, mag anfangs wie ein wohlgehütetes und potentiell beängstigendes Geheimnis anmuten. Leben ist Veränderung. Aber so viel Veränderung auf einmal ist schwer zu verkraften.

Neue Forschungsergebnisse zeigen, daß mit jeder Veränderung ein erhöhtes Risiko körperlicher oder seelischer Erkrankung einhergeht; und kulturvergleichende Untersuchungen über den Streß verschiedener Lebensveränderungen haben gezeigt: Die streßreichste Veränderung – einhellig von Tausenden Befragten bezeugt – ist die Trennung vom Partner. Die Veränderungen, mit denen man nach dem Auseinanderbrechen einer Beziehung gewöhnlich konfrontiert wird, bringen also tatsächlich die Gefahr mit sich, daß körperliche oder seelische Krankheitssymptome auftreten.

Immer mehr Verbreitung findet unter den Gesundheitsforschern der verschiedenen Disziplinen das, was man ein »kumulatives Streßmodell« für physische und psychische Erkrankungen nennen könnte. Sehr einfach gesagt, geht es davon aus, daß Streßreize (umweltbedingte, psychologische, biologische etc.) auf den Körper kumulative (sich ansammelnde) Wirkung haben. Gehen die Reize in irgendeinem Bereich oder in allen Bereichen über einen – individuell unterschiedlichen – Grenzwert hinaus, gibt der Organismus an seiner schwächsten Stelle nach.

»Aber«, so protestieren Sie vielleicht, »ich wollte Hilfe finden und finde Abschreckung. Daß ich ›gefährdet‹ bin, braucht mir keiner extra zu sagen.« Ich sage es Ihnen, damit Sie erkennen, daß Ihre Situation es ist, nicht Sie, die mehr oder weniger »verrückt« ist – daß jeder in Ihrer Lage gestreßt und anfällig wäre.

Noch wichtiger: Ich sage es Ihnen, um Sie zu motivieren, in dieser Risikozeit besonders gut auf sich achtzugeben. Wenn Sie wüßten, daß Sie zehnmal erkältungsanfälliger sind als andere Leute, was würden Sie tun? Bei klarem Verstand doch wohl: viel ruhen, richtig essen, warme Kleidung tragen, Kontakt mit Erkälteten peinlich vermeiden und auch sonst alles tun, was die Chance, sich anzustecken, herabsetzt. Ähnlich hilft nach dem kumulativen Streßmodell jede Handlung, die in irgendeinem Bereich streßmindernd wirkt, Schlimmeres verhüten bzw. die psychologische Wiederherstellung nach Krisen beschleunigt. Besonders in Bereichen, in denen Sie persönlich anfällig sind, hilft jede streßmindernde Handlung Sie schützen.

So wirkt jedes *kleine* Hindernis, das man bewältigt, psychologisch stärkend. Niederlagen sind unvermeidlich, aber viele Siege sind möglich. Gleichwohl, in dieser streßreichen Zeit muß man besonders gut auf sich achtgeben – sich selber der beste Freund sein.

Das Wissen, daß zuviel Veränderung gesundheitsgefährdend sein kann, sollte Sie auch motivieren, die Zahl der Veränderungen in erträglichen Grenzen zu halten. Machen Sie von allen Stabilitätsstützen Gebrauch, die Ihnen zur Verfügung stehen. Zwar sind Sie in einem grundlegenden Veränderungsprozeß begriffen, aber ein gewisses Gefühl von Kontinuität und Verwurzelung ist für das psychologische Gleichgewicht der meisten Menschen doch notwendig. Freundes- und Verwandtenkontakt, ein Weiterpflegen von Lieblingsbeschäftigungen und Passionen, die früher einen Teil ihrer selbst ausmachten, das sind »Anker«, die Halt geben für Gegenwart und Zukunft.

Das Kaleidoskop der Gefühle, die man nach der Trennung durchlebt, läßt sich auch von einem zweiten, anderen Gesichtspunkt her erklären. Eine unglückliche Zweierbeziehung ist nämlich die beste Schule zur Unterdrückung der eigenen Gefühle; oft wird sie jahrelang nur noch durch Preisgabe aller Selbstreflexion aufrechterhalten. Sich den eigenen Gefühlen zu verschließen, sie zu verdrängen, ist auf gewisse Weise bequem, kann sich aber rächen. Aus Loyalität zum Partner oder zu Verwandten versagt man es sich, den negativen Gefühlen, die man hegt, Ausdruck zu geben. Endet die Beziehung, dann fallen auch die aufgezwungenen Schranken, und die Heftigkeit der negativen Gefühle, die zutage treten, kann erstaunlich, kann überwältigend sein.

Dennoch: Auch positive, liebende Gefühle zum Partner können vorhanden sein; unter Umständen mehr, als man ahnt, verdrängt von den negativen Seiten der Beziehung, auf die man sich konzentriert hat. Kurz, die neuen Umstände lassen alle möglichen Gefühle hervorbrechen, ohne die Hemmungen und Voreingenommenheiten, die zuvor eine Barriere bildeten. Verwirrt mag sich der Betroffene fragen, welche Gefühle denn nun »stimmen«, die negativen oder die positiven. Nach welchen soll er sich richten? Antwort: Beide sind »gültig« und real, wenn auch häufig, in den ersten Monaten nach der Trennung, in ihrer Intensität übertrieben. Bei einiger Übung wird es einem gelingen, besser in sich »hineinzuhören« und widersprüchliche Gefühle als natürlich zu akzeptieren. Man kann sich darin schulen, sie – wie widersprüchlich auch immer – als Wegweiser auf der neuen Straße zu betrachten, die man fortan geht. Die explodierenden Emotionen, die einen im Augenblick verwirren, können die Vorzeichen einer neuen, schärferen Selbstreflexion sein – der Anfang einer neuen und erregenden Kommunikation mit sich selbst, die Grundlage einer neuen Identität, die fester, sicherer ist.

Häufige Begleiterscheinung der Trennung ist auch ein Symptomenkomplex namens Depression. Die depressive Reaktion kann zu besagtem Gefühlskaleidoskop gehören, sie kann aber auch allein auftreten. Meiner Erfahrung nach ist sie eher für den Partner, der die Trennung nicht wollte, als für den, der sie wollte, charakteristisch. In ihrer schlimmsten Form fühlt sich der Betreffende von bergeschwerer Hilflosigkeit und Hoffnungslosigkeit niedergedrückt. Entschlußlos, unfähig, die kleinsten Alltagsaufgaben zu erledigen, alles als unüberwindliches Hindernis empfindend, entzieht er sich menschlichem Kontakt soweit wie möglich und kann sich ein Weiterleben ohne die verlorene Liebe nicht vorstellen; er bleibt fixiert auf die Vergangenheit und betrauert die »zerstörte« Zukunft. Hand in Hand damit gehen häufig Schlafstörungen und Appetitverlust. Bei schwerer Depression wird oft Selbstmord erwogen, geplant – und manchmal begangen.

Es gibt gute Gründe, anzunehmen, daß ein gewisses Maß an depressiver Reaktion, zeitlich begrenzt, normal und der Wiederherstellung förderlich ist. Trauer über den Verlust eines nahestehenden Menschen, sie ist eine natürliche Reaktion, ohne Rücksicht auf die Umstände des Verlustes. Auch wenn man selbst die Trennung gewollt hat, wird sie meist als Verlust empfunden, und dem Verlorenen nachzutrauern – es »durchzumachen« statt zu verdrängen – kann gesund und konstruktiv sein. Das Sich-Zurückziehen und Sich-Sammeln in der Depression kann stärkende Wirkung haben und einen vorerst abschirmen von übermäßigen Anforderungen, mit denen man nicht fertig wird. Manche Menschen brauchen eine solche Zeit der Einkehr und Sammlung, bevor sie an neues Handeln denken können.

Oft freilich übersteigt die depressive Reaktion sowohl zeitlich als auch in der Stärke das »gesunde« Maß, schlägt um vom Aufbauenden ins Zerstörerische. Abkapselung, die mehr als ein paar Wochen dauert, kann zum sich selbst perpetuierenden Zustand werden und Verhaltensmuster erzeugen, die immer schwerer zu durchbrechen sind. Wer also in dieser Situation zu Depressionen neigt, betrachte sie nur über kurze Zeit und in kleinen Dosen als normal. Klienten mit anhaltender Depression rate ich zur Bejahung ihrer selbst, aber nicht zur Bejahung ihrer Depression. Meine Therapiebemühungen beginnen in solchen Fällen mit Fragen. Ich frage: »Was machen Sie heute abend?« »Was machen Sie am kommenden Wochenende?« »Was unternehmen oder planen Sie, was Ihnen Freude macht?« Wenn die Antwort »Nichts«, »Ich weiß nicht« oder »Nicht viel« heißt, habe ich zumindest schon eine Teildiagnose und auch ein Heilrezept an der Hand. Untätigkeit gebiert Untätigkeit; Langeweile gebiert Langeweile; Nichtstun gibt wenig Denk- und Gesprächsstoff. Etwas zu tun – irgend etwas Sinnvolles, Befriedigendes – ist ein wirksames Mittel gegen Depression.

Im ersten Kapitel habe ich Hal vorgestellt, der eine Zeitlang an lähmender Depression litt. Zum großen Teil ging die Therapie für Hal zunächst einfach darauf hin, ihm die Abende und Wochenenden planen zu helfen und dafür zu sorgen, daß er die Pläne in die Tat umsetzte. Er und sein Therapeut nahmen sich die Zeit, eine Liste aller Dinge aufzustellen, die ihm Spaß machten oder Spaß machen könnten. Davon ausgehend wurde ein Plan erarbeitet: Kontakt mit Freunden, Kindesbesuche, Teilnahme an Vereinsabenden, Skiausflüge, Wanderungen, schließlich auch Verabredungen mit Frauen. Wenn Hal sich »down« fühlte und nichts Rechtes anzufangen wußte, wurde mit der Liste auch improvisiert. Er ging sie durch, suchte sich etwas aus, auch wenn es im Augenblick nicht sonderlich reizvoll wirkte, und tat es dann. Manchmal mußte er sich dazu zwingen. Der Therapeut mußte ihm – besonders in der ersten Zeit – lustvolle Ereignisse geradezu »verkaufen«. Depressive widersetzen sich Handlungsanstößen manchmal auf das störrischste, und der Therapeut muß dann oft die Rolle des Brecheisens spielen und sie loshebeln von ihrer – wie es zuweilen aussieht: geliebten – Depression. Hal konsultierte weiterhin seinen Brecheisen-Therapeuten, und gemeinsam schafften sie es, ihn loszuhebeln.

Auch Sie brauchen unter Umständen jemanden, der Sie wieder »anschiebt«. Die eben beschriebene Methode – Verhaltensbeeinflussung – ist die naheliegendste, simpel auf den ersten Blick, aber nicht leicht oder oberflächlich. Wenn Anschieben nicht reicht, heißt der nächste Schritt: Eingreifen auf kognitiver bzw. Denk-Ebene. Oder – bei schwerer und anhaltender Depression – auch Medikamententherapie, um sie auf biochemischer Ebene aufzubrechen. Alle drei Ansätze – Verhalten, kognitiv, biochemisch – können entweder für sich allein oder in Kombination angewandt wirken. In den meisten Fällen selbstperpetuierender, mit Trennung zusammenhängender Depression reicht Behandlung auf den ersten beiden Ebenen – Verhalten und kognitiv – aus, wobei, das sei angemerkt, die eigentliche

Arbeit vom Leidenden selbst getan werden muß, ob ihm jemand dabei hilft oder nicht.

Der Rest des Kapitels will Ihnen zeigen, wie man selbst auf kognitive Weise mit Störungen fertig wird. Obschon im Zusammenhang mit Trennung dargestellt, sind es ganz allgemeine Prinzipien, die über das Buchthema hinausgreifen und auf praktisch alle Lebensdilemmas anwendbar sind. Man lese diesen Teil – auch wenn die Trennung längst hinter einem liegt – sorgfältig, weil er vieles, was später kommt, vorbereitet.

Das emotionale Überschießen: Die Mechanismen

Michael, dreißig Jahre alt, Zimmermann von Beruf, kam zu mir, weil ihm die Trennung von seiner Frau Janet (sie war der Trennungsinitiator) heftigen Schmerz bereitete. Sechs Monate vor der Trennung hatte sie sich kurz mit einem anderen Mann eingelassen und hatte Michael davon erzählt. Das war der Anfang vom Ende. Michael konnte diese Affäre nicht verwinden. Stundenlang brütete er darüber nach; wiederholt und auf harte Art attackierte er seine Frau wegen des Seitensprungs, drohte mit Scheidung und Sorgerechtsentzug für ihre vierjährige Tochter, um sie zu strafen; erging sich in Selbstquälerei, kam sich als wertlose, unmännliche Null vor, herabgesetzt durch das Verhalten seiner Frau; wurde abwechselnd depressiv und angriffslustig, trieb – sozusagen – einen Nagel nach dem anderen in den Sarg ihrer Ehe. Als Janet ihn schließlich verließ, wollte er alles tun, um sie zurückzubekommen, aber ihr Interesse war erloschen – sie hatte genug.

Michaels düstere Stimmungen verstärkten sich. Er beschuldigte seine Frau, die Ehe zerstört zu haben, beschuldigte sich aber selbst, sie zu dieser Entscheidung getrieben zu haben. Wachsende Wut auf seine Frau, gleichzeitig wachsendes Gefühl eigener Wertlosigkeit. Er griff sie an, daß sie seine Versöhnungsvorschläge zurückwies, gleichzeitig nahm er ihre Zurückweisung nur als weiteres Zeichen für seine Minderwertigkeit. In Michaels Augen war sie eine unwerte Frau, aber er selbst war noch unwerter, einmal weil er sie begehrte, zum anderen, weil er von ihr abgewiesen wurde. Er zeigte – wenn auch in übertriebener Form – ein Denkschema, das bei Menschen, die Liebes- und Eheenttäuschungen erleben, häufig auftritt. Sein Schmerz war tief; woher kam der Schmerz?

Es dürfte klargeworden sein, daß Michaels schlimmster Feind sein eigenes Denken war. Nicht der Seitensprung, sondern die Bedeutung, die er ihm unterlegte, war das Problem. Nicht ihr Trennungsbeschluß, sondern die selbstzerstörerische Art, wie er ihn interpretierte, machte ihn so verzweifelt unglücklich. Ein Schwerpunktthema dieses Buches beleuchtet auf jeden Fall, daß es nicht die Lebensereignisse selbst sind, die uns Schmerz bereiten, sondern daß wir den Schmerz selbst schaffen durch die Art und Weise unserer Interpretation. Eine wichtige, uralte Erkenntnis, die schon Epiktet im ersten Jahrhundert n. Chr. so beschreibt: »Nicht Dinge sind es, die den Menschen beunruhigen, sondern die Art, wie er sie sieht«, und die immer wiederkehrt bis zum modernen Pogo-Comic, in dem eine Figur sagt: »Wir haben den Feind entdeckt, und wir sind es selbst.«

Ein unmittelbar mit den Lebensproblemen anderer Menschen befaßter Psychologe muß viele Rollen spielen, »Verkäufer« lustvoller Ereignisse, Beichtvater-Ersatz, Philosoph. Die letztere, die Philosophenrolle, ist vor allem dann angezeigt, wenn – wie im Falle Michaels – das Grundproblem in schmerzerzeugenden Denkvorgängen bzw. »Philosophien« liegt. Bei einem Klienten wie Michael besteht meine erste Aufgabe als Psychotherapeut darin, ihm entdecken zu helfen, worin die schmerzerzeugenden Gedanken bestehen. Gemeinsam versuchen wir, jene inneren »Sentenzen« bloßzulegen, die der Betreffende sich sagt, speziell wenn er verstört oder deprimiert ist. Hat man den *kognitiven Gehalt* des Gefühls gefunden, wird es handhabbar, man kann konkret etwas tun. Das, was hinter dem Schmerz steht, faßbar zu machen, ist der erste Schritt der rational-emotiven Therapie, einer vom amerikanischen Psychologen Albert Ellis entwickelten Methode.

Das Schmerzerzeugende, das Michael sich sagte, war folgendes:

1. Daß Janet einen Seitensprung gemacht und mich verlassen hat, finde ich schlimm. Sie hätte keinen Seitensprung machen *dürfen* und mich nicht verlassen *dürfen*. Eheleute müssen treu sein, einander lieben und beschützen. Janet hat unsere Ehe, mich und die Tochter verletzt. Weil sie getan hat, was sie getan hat, ist sie ein unmoralischer Mensch, der Strafe verdient. Mir ist Unrecht getan worden, ich darf mich rächen und Wiedergutmachung verlangen. Ich darf Janet wehtun, weil sie mir wehgetan hat. Aufgrund ihres unmoralischen Verhaltens ist sie unserer Tochter eine unwürdige Mutter. Ich nehme ihr die Tochter weg. Ich bin im Recht, sie ist im Unrecht. *(Die Wut-Sentenzen)*

2. Daß Janet einen Seitensprung gemacht und mich verlassen hat, finde ich schlimm. Es muß bedeuten, daß ich mich nicht so verhalten habe, wie man es von einem Ehemann erwartet. Ich hätte aufmerksamer zu ihr sein müssen. Ich hätte nicht so oft in Wut geraten dürfen. Ich hätte sie nicht aus dem Haus treiben dürfen. Ich hätte ihr mehr mit dem Kind helfen, zuhören, Wünsche erfüllen sollen. Ich bin schuld, daß unsere Ehe zerstört ist und das Kind unter der Scheidung leiden wird. Daher muß ich bestraft werden; mein kommendes unglückliches Leben ist meine Strafe. *(Die Schuld-Sentenzen)*

3. Daß Janet einen Seitensprung gemacht und mich verlassen hat, finde ich schlimm. Es zeigt, daß sie mich nicht liebt und nichts an mir findet. Es zeigt, daß ich als Mann ihre Bedürfnisse nicht befriedige. Es zeigt meine Minderwertigkeit als Mann. Ich bin nicht liebenswert, ich bin wertlos, weil Janet mich nicht liebt. Ich bin ein Versager, weil meine Ehe gescheitert ist. Weil ich an einer der wichtigsten Lebensaufgaben versagt habe, bin ich wertlos. Weil ich nichts wert bin, werde ich auch immer wieder scheitern, ganz gleich, was ich anfange. Ich liebe Janet immer noch und möchte sie zurückgewinnen, bei allem, was sie mir angetan hat. Das zeigt erst recht, wie wertlos ich bin. *(Falls man es noch nicht gemerkt hat: die Wertlosigkeits-Sentenzen)*

4. Daß Janet einen Seitensprung gemacht und mich verlassen hat, finde ich schlimm. Ich will die Ehe weiterführen und weiter mit Janet und dem Kind leben. Ich will die Zukunft so, wie ich sie mir vorgestellt hatte. Es ist unfair; es ist schrecklich, und ich ertrage es nicht. Ich akzeptiere es nicht. Ich finde mich nicht damit ab. Es kann nicht sein, weil es nicht sein darf. Ich bin wütend, schuldbeladen und wertlos, ich ertrag's nicht. Ich hasse Janet, ich hasse mich, ich hasse das Leben, weil dies Furchtbare geschehen durfte. Ich ertrag's nicht. Ich ertrag's nicht. Ich *ertrag's* nicht. *(Die »Ich kriege nicht, was ich will, und das macht mich verrückt«-Sentenzen)*

Dies sind – grundsätzlich – die vier Wege der psychologischen Selbstbelastung und Selbstquälerei: Wut, Schuld, Selbstabwertung und »Katastrophenmache« (»catastrophizing«, ein nützlicher, von Albert Ellis geprägter Ausdruck). Diese Sentenzen – wie ich sie nenne – auszusprechen, die Gefühle in Worte zu fassen, half Michael in zweierlei Hinsicht. Erst einmal gewann er Überblick, Halt, indem er erfuhr, woher diese ihn übermannenden Gefühle stammten – fing an, seinen Schmerz inhaltlich zu erfassen. Begriff, daß diese Sentenzen – ob sie stimmten oder nicht – ihn unglücklich machten. Und zum zweiten: Bloßes Aussprechen dieser Sentenzen ließ ihn erkennen, wie widersinnig, unhaltbar und dumm sie zum Teil waren.

Die Einsicht, daß der Schmerz – zumindest in gewissem Grad – durch das verursacht wird, was man sich selbst sagt bzw. einredet, ist der zweite Schritt der rational-emotiven Therapie. Der dritte Schritt ist dann der »weltanschauliche« – die Erkenntnis, daß die schmerzerzeugenden Sentenzen, wie im Falle Michaels, inhaltlich nicht stimmen. In der Rolle des Philosophen suchte ich Michael dadurch zu helfen, daß ich argumentativ gegen diese schmerzverursachenden Ideen anging.

Die »weltanschaulichen« Gegenargumente sind recht einfach und schematisch, wenn auch zunächst für die Klienten recht unüberzeugend:

1. Man kann niemals beweisen, daß die Dinge anders sein »sollten« oder »müssen«, als sie sind.
2. Niemand ist »schuld« an irgend etwas.
3. Wert oder Unwert der eigenen Person sind nicht beweisbar.
4. Daß man nicht bekommt, was man will, ist erträglich.

Man muß diese Argumente nicht unbedingt pauschal unterschreiben, wenn man nach der beschriebenen Methode vorgehen will; ehe man sie jedoch grundsätzlich von der Hand weist, bedenke man folgendes.

Michaels Wut und Schuldgefühle wurden in erster Linie von der – populären und falschen – Vorstellung genährt, die Welt *solle* oder *müsse* nach Michaels Hausrezept anders sein. Sein Rezept in diesem Falle: Er und seine Frau hätten anders handeln *müssen*. Daß die Dinge anders sein »sollten« oder »müßten«, als sie sind, konnte er mir freilich nicht beweisen, und noch weniger, daß er im Alleinbesitz des Rezeptes war. *Es wäre besser gewesen, wenn* gewisse Dinge anders gelaufen wären – bis zu dieser Einschränkung, bis zu diesem Punkt konnte er gehen, bis zu diesem Punkt war ich bereit, ihm zu folgen. Und schließlich änderte sich die Art und Weise, wie er sich ausdrückte.

Aber – so mag man protestieren – das sind doch Wortspielereien. Sind Worte so wichtig? Ich sage: ja. Denn *darf, soll, muß* impliziert bzw. führt zu Vorwürfen, Wut, Schuldgefühlen; *es wäre besser, wenn* beschwört das nicht herauf. Hätte Michael sich gesagt: Es wäre besser gewesen, wenn meine Frau sich rücksichtsvoller und loyaler verhalten hätte – es hätte ihn psychologisch weit weniger belastet. Man kann es selbst ausprobieren, indem man in Michaels Schuldsentenzen jedes »Darf«, »Soll« »Muß« durch »Es wäre besser (gewesen), wenn« ersetzt. Man wird merken, daß dann die Schuldgefühle und das Selbstbestrafungsbedürfnis erheblich verringert werden. »Du sollst« und »du sollst nicht« sind moralische Maximen, die von gesellschaftlichen Instanzen (Eltern, Kirche etc.) oft mit Strafe gekoppelt werden. Verstößt man gegen ein »Soll«, ist man schuldig, hat Strafe verdient, die oft auf dem Fuße folgt. Bei »Es wäre besser, wenn« ist das nicht der Fall.

Darf, soll, muß etc. stehen somit in engem Zusammenhang mit einem falschen Begriff von Schuld und verdienter Strafe. Niemand ist an den falschen oder unmoralischen Dingen, die er tut, in dem Sinne »schuld«, daß er für seine Fehler oder Missetaten bestraft zu werden *verdient*. Wieso? Es gibt viele Gründe, in erster Linie aber setzt dieses Schuldprinzip den unsittlichen oder falschen Akt mit der Person, die ihn begangen hat, gleich. Bestraft, geduckt, als schuldig befunden wird die ganze Person, wo es doch die Tat ist, die – vielleicht! – unsittlich oder verfehlt war. Überdies setzt dieses Schuldprinzip unumschränkte Willens- und Entscheidungsfreiheit, sozusagen totale Objektivität beim Menschen voraus – die es in Wirklichkeit nicht gibt. Das Handeln jedes Menschen ist – in großem Maße jedenfalls – geprägt und bestimmt durch seine bisherigen Lebenserfahrungen. Schließlich macht es das Schuld-und-Sühne-Prinzip schwierig, bei sich und bei anderen verfehltes oder unsittliches Verhalten wirksam zu korrigieren. Schuldgefühle hinsichtlich des eigenen Verhaltens sind Hindernisse auf dem Weg zu konstruktivem Wandel; Schuldanwürfe, was das Verhalten anderer betrifft, wecken Wut und Strafbedürfnis in uns und setzen unsere Fähigkeit herab, ihnen zu helfen, daß sie sich ändern.

Der selbstzerstörerischste Fehler, den Michael machte, war freilich sein fortwährender Versuch, zu beweisen: Ich bin nichts wert. Er sagte sich sinngemäß: Ich bin wertlos, weil ich Fehler gemacht habe und weil Janet mich verlassen wollte. Eine dumme, aber für die Selbstquälerei von Männern und Frauen, die sich trennen, oftmals typische Sentenz. Mensch sein heißt fehlbar sein. Und typisch menschlich ist auch das Nicht-verzeihen-Wollen dieser Fehler, besonders bei sich selbst. Machten Fehler den Menschen wertlos – wer könnte sich da ausnehmen? Zum Glück hat Michael das schnell begriffen und auch eingesehen, wie stark das selbsterzeugte Gefühl der Wertlosigkeit ihn daran gehindert hatte, aus seinen Fehlern zu lernen und sie auszumerzen. Wertlosigkeitsgefühl – wie Schuldgefühl – kann ebenso lähmend sein, wie es ungerechtfertigt ist.

Auch hat Michael ziemlich schnell eingesehen, daß *sein Wert niemals von der Meinung einer anderen Person abhängen konnte.*

Selbst wenn Janet ihn für wertlos gehalten hätte – was sie übrigens nicht tat –, wäre er es durch ihre Meinung nicht geworden. Nun gab es natürlich noch viele »gute und lobenswerte« Dinge, die er getan hatte und weiter tat. Auf diese, statt auf seine Fehler, begann er sich nun zu konzentrieren, um seinem Wertlosigkeitsgefühl entgegenzuwirken. Es hatte tatsächlich therapeutische Wirkung – obwohl natürlich Aufzählung der guten Dinge seinen Wert ebensowenig »beweisen« können, wie Aufzählung der schlechten Dinge seinen Unwert. Statt Tugenden oder Untugenden aufzuführen, ist es besser, sich einfach an das Prinzip zu halten, daß der Wert der eigenen Person niemals »beweisbar« ist. Eine Lebenswahrheit, schwierig einzusehen für viele, denn die meisten von uns sind zum Glauben an das genaue Gegenteil erzogen – und auch Michael vermochte sich nie ganz zu dieser höheren Wahrheit durchzuringen. Immerhin: Er akzeptierte, daß aus den Fehlern, die man macht, und aus der Meinung, die andere Leute über einen haben, nicht Wertlosigkeit abgeleitet werden kann; er dachte fortan mehr an seine Aktiva als an seine Passiva und war somit besser in der Lage, zielstrebig seine Fehler zu korrigieren. Jedermann in seiner Umgebung war darüber überaus dankbar.

Als ich seine Verzweiflung in den Satz »Ich kriege nicht, was ich will, und das macht mich verrückt« faßte, war Michael ein bißchen beleidigt. Es ist sonst nicht mein Stil als Therapeut, den Leuten Widerpart zu geben, weil sie das in die Defensive drückt und verschlossener, weniger aufnahmefähig macht; unter Umständen wie diesen aber rät es sich, die Verzweiflung verbal als das zu charakterisieren, was sie ist, damit sie »handhabbar« wird. Wer – wie Michael – über zugestoßenes Unheil »in Katastrophe macht«, verwechselt das, was er *will,* mit dem, was er *braucht,* um ein einigermaßen glückliches Leben zu führen; verwechselt seine *Wünsche* mit seinen *Bedürfnissen.* Bleibt einem ein sehnlicher Wunsch versagt, ist das schlimm; aber es ist nicht das Ende der Welt, es sei denn, man macht es dazu.

In mehrerer Hinsicht hat Michael den Verlust seiner Frau dann recht gut überwunden. In Gemeinschaftssitzungen mit anderen Trennungs- und Scheidungskandidaten hatte er Gelegenheit, andere »unfreiwillige Junggesellen« von den Vorteilen erzählen zu hören, die sie jetzt als Alleinstehende genossen. Eine Binsenweisheit, aber wahr: Fast jede Wolke hat ihren Silberstreif, fast jede Lebensveränderung hat ihr Gutes. Das Gute mag nicht überwiegen, aber es ist da, man muß es nur suchen. Bei einer Trennung bzw. Scheidung machen sich die Silberstreifen zunächst rar (meistens); erkennen und anderen zeigen können wird sie am ehesten derjenige, der unfreiwillig den Sprung ins Ledigendasein getan, dann aber festgestellt hat, daß es das Tor zu neuem Bewußtsein, neuem Leben war. Sein Beispiel ist die beste Medizin für den verunsicherten Neuling, dem die Trennungskrise noch in den Knochen steckt; er beweist schlagender als alle graue Theorie, daß der Mensch die Nichterfüllung von Wünschen nicht nur ertragen, sondern sogar daraus profitieren kann.

Nach verstandesmäßiger Einsicht in die Gegenargumente ist man bereit für den schwierigeren, längeren Teil der Therapie, und zwar das konsequente Neuprogrammieren seiner inneren Sentenzen, gefolgt von ebenso konsequentem Handeln, ausgerichtet am neuen Überzeugungssystem. Daß alte, über Jahre eingefleischte falsche Überzeugungen durch verstandesmäßige Einsicht im Handumdrehen verschwinden, darf man nicht erwarten.

Sein Denken auf aktive Art und Weise umzuprogrammieren, erfordert Übung – ein ständiges Wiederholen von inneren Sentenzen, die die alten, schmerzerzeugenden kontern. So war für Michael besonders die Sentenz hilfreich: »Mein Wert hängt nicht von anderer Leute Verhalten oder Meinung ab.« Auch der Satz, daß man nie beweisen kann, daß die Dinge anders sein »müssen«, als sie sind, hat sich für ihn bewährt. In konzertierter Anstrengung strich er alle »Muß«, »Soll« usw. aus seinem Wortschatz und ersetzte sie durch »Es wäre besser, wenn«. Er führte eine Liste der Dinge, die ihm allgemein Freude bereiteten und – spezieller – sein Selbstwertgefühl erhöhten, und tat diese Dinge wieder öfter. Er machte eine Aufstellung der vorteilhaften Seiten des Alleinlebens und hielt sie sich von Zeit zu Zeit vor Augen. Und er sagte sich immer wieder: »Ich muß nicht unbedingt jeden Wunsch erfüllt bekommen.«

Natürlich: Die Tat spricht lauter als Worte, und ob und wieweit man sich nach einem verstandesmäßig akzeptierten Rezept dann auch richtet, ist immer der große Prüfstein, wie »tief« das Umprogrammieren gegangen ist. Bei Michael bestand das Problem darin, daß er sich erstens nicht dazu aufraffen konnte, sich in seiner neuen Wohnung häuslich einzurichten, und daß er zweitens Frauenkontakten bewußt aus dem Wege ging. Wie viele ursprünglich trennungswillige Partner schien er zu glauben: Je weniger du die neue Wirklichkeit zementierst, desto »ferner« kannst du sie dir halten. Trügerisches, aber leider weitverbreitetes Wunschdenken. Auch nachdem er sein Wunschdenken durchschaut und eingesehen hatte, daß es in seinem besten Interesse lag, sich einzurichten und erste Frauenkontakte zu suchen, folgte die Praxis nur schleppend nach. Gleichwohl: Die Neuprogrammierung seiner inneren Sentenzen half ihm schließlich handeln, und das Handeln wiederum verstärkte seinen Glauben an den Wert der neuen, »selbstbewußteren« Sentenzen. So beeinflussen sich Theorie und Praxis gegenseitig; das ist anfangs meist schwer, aber nach einer Weile sind die Anlaufschwierigkeiten überwunden. Bei tiefgreifenderen Veränderungen ist mit Rückschlägen zu rechnen; die Idee, daß man nicht unbedingt bekommen »muß«, was man sich wünscht, kann bei Fehlschlägen psychologisch stützend wirken.

An diesem Punkt des Behandlungsprogramms für Michael spielte ich die Rolle des »Systematisierers«. Ich ließ ihn eine Liste der »vernünftigen« inneren Sentenzen machen, die bei ihm besonders gut wirkten. Diese Liste trug er bei sich; wir hatten vereinbart, daß er sie mindestens fünfmal täglich durchgehen sollte – vor allem dann, wenn er sich beim Hersagen der schmerzerzeugenden Sentenzen, die wir isoliert hatten, ertappte. Zusätzlich notierte er sich jene Verhaltensweisen, die ihm anzeigten, daß es mit ihm bergauf ging, und dann stellten wir jede Woche ein abgestuftes Aufgabenprogramm für ihn auf.

Die beschriebenen Behandlungstechniken verbinden die rational-emotive Therapie (wie von Albert Ellis entwickelt) mit Selbstbeeinflussungstechniken aus dem Repertoire der Verhaltenstherapie. Im folgenden Abschnitt sollen diese Techniken näher beleuchtet werden, damit der Leser sie möglichst wirksam auf den eigenen Fall anwenden kann.

Das emotionale Überschießen: Therapie

Michaels Therapie gliederte sich in fünf Grundschritte, an die man sich auch bei der Selbsttherapie halten kann. Nämlich:

Schritt eins	die inneren Sentenzen entdecken, welche die überstarke Gefühlsreaktion begleiten bzw. auslösen.
Schritt zwei	sich vergegenwärtigen, daß die schmerzhafte Empfindung zumindest teilweise nicht aus »der Sache selbst«, sondern aus diesen Sentenzen, diesen Interpretationen kommt.
Schritt drei	die Gegensentenzen oder -argumente finden, die den schmerzerzeugenden Interpretationen entgegenwirken, indem sie ihre Unlogik enthüllen.
Schritt vier	sich in seinem Denken umprogrammieren, neu indoktrinieren, so daß die Gegensentenzen allmählich die schmerzerzeugenden Sentenzen verdrängen.
Schritt fünf	das Verhalten allmählich so abändern, daß es mehr und mehr den Gegensentenzen und immer weniger den schmerzerzeugenden Sentenzen entspricht.

Natürlich ist das alles nicht einfach. Gehen wir die Schritte systematisch durch. Bei Michael war es so, daß er die irrationalen »Statements«, die ihn unglücklich machten, eigentlich von vornherein gut im Griff hatte, so daß Schritt eins bei ihm nicht lange dauerte. Bei Klienten mit komplizierterem Innenleben und größerer Gefühlsabschirmung nach außen kann dieser Entdeckerprozeß weit mehr Zeit und Mühe kosten. Die Kernfrage ist: Wie lauten die inneren Sentenzen, die Schuldgefühl, Wut, Wertlosigkeitsgefühl oder Verzweiflung auslösen und nähren? Manchmal sitzen die selbstzerstörerischen Sentenzen schon so lange und so tief, daß man sie kaum noch wahrnimmt, sozusagen den Wald vor Bäumen nicht sieht; theoretisch ist es möglich, daß man nach langjähriger Bekanntschaft überhaupt nicht mehr auf sie kommt und einfach unreflektiert weiterleidet. So sieht es jedenfalls oft aus. Fast immer aber sind die inneren Sentenzen – ob abrufbar oder nicht – vorhanden. Bei frisch Geschiedenen bzw. Getrennten kommen meist auch neue selbstquälerische Sentenzen hinzu, neue »Schmerzvermittler«, die, weil neu, auch leichter zu identifizieren sind.

Betrachten wir ein paar geläufige Sentenzen – vielleicht kommt Ihnen diese oder jene bekannt vor. Die wohl häufigste unter frisch Getrennten: Weil die Primärbeziehung bzw. Ehe zu Bruch gegangen ist, bin ich ein Versager. Dicht auf dem Fuße dürfte diese folgen: Die Trennung/Scheidung ist vernichtend für die Kinder; und das ist meine Schuld, meine Schuld, meine übergroße Schuld. Oder Schuld des Partners. Das landet gemeinsam auf Platz zwei. Für den dritten Platz schlage ich die Sentenz vor: Ich bin wertlos, unattraktiv und nicht liebenswert, weil mein Ex-Partner mich so findet. Und nicht zu vergessen jene, die oft noch jahrelang nachwirkt und Alleinstehende und Geschiedene unglücklich macht: Es ist alles nicht so gelaufen, wie es sollte; ich bin betrogen worden. Man könnte die Liste endlos fortsetzen. Um Ihnen beim ersten Schritt – Selbstentdeckung – zu helfen, steht unten eine Reihe »beliebter« Selbstherabsetzungs-Sentenzen, die Wut, Schuld-, Unwertgefühl oder Katastrophenmache auslösen können. Wählen Sie diejenigen, die Ihren Reaktionen am nächsten kommen, formulieren Sie sie um, wie Sie sie sagen würden, und fügen Sie neue hinzu, die Ihnen einfallen.

Wut
Mein Partner hätte mich besser behandeln müssen.

Mein Partner steht in meiner Schuld wegen der Jahre, die ich ihm gegeben, der Opfer, die ich gebracht habe.

Daß ich all das zahlen muß, ist ungerecht (Abfindungen, Alimente, Kindesunterhalt usw.).

Mein Partner soll büßen für das, was er mir angetan hat.

Mein Partner ist im Unrecht, er hat Schuld auf sich geladen, ist unmoralisch, weil er unsere Beziehung ge- oder zerstört hat.

Mir ist Unrecht geschehen, mir steht Rache und Wiedergutmachung zu.

Ich darf meinem Partner weh tun, er hat mir auch weh getan.

Ich bin im Recht, er ist im Unrecht.

Mein Partner hat gegen den Willen Gottes verstoßen und verdient Strafe.

Schuld

Ich hätte mehr an meiner Beziehung, meiner Ehe arbeiten müssen.

Durch die Scheidung schade ich den Kindern.

Ich hätte keinen Seitensprung machen dürfen.

Ich hätte meinem Partner nicht derart Unrecht tun dürfen.

Ich habe schreckliche Sachen gemacht, derentwegen ich mich schuldig fühle.

Ich bin im Unrecht, ich habe Schuld auf mich geladen, bin unmoralisch, weil ich unsere Beziehung, unser eheliches Verhältnis, ge- oder zerstört habe.

Ich hätte meinen Partner besser behandeln müssen.

Ich bin daran schuld, daß unsere Beziehung in die Brüche gegangen ist.

Für das, was ich getan habe, verdiene ich Strafe.

Andere werden mich sicher moralisch verurteilen für meine Sünde.

Ich habe gegen den Willen Gottes verstoßen und verdiene Strafe.

Minderwertigkeit

Mit mir muß etwas nicht in Ordnung sein, weil ich alleinstehend bzw. geschieden bin.

Mit mir muß etwas nicht in Ordnung sein, weil ich keinen festen Gefährten habe.

Ich bin es nicht wert, daß mich jemand liebt.

Weil mein Partner mich nicht liebt, bin ich wertlos; ich bin ein Nichts.

Ich komme mir wertlos vor, weil Freunde oder Verwandte mein Handeln verurteilt und mich abgewiesen haben.

Ich fühle mich als Mann oder Frau minderwertig, weil mein Partner sich für einen anderen interessiert hat.

Ich fühle mich als Mann oder Frau unattraktiv – mein Partner hat mich ja dafür gehalten.

Ich bin ein Versager, weil diese Ehe bzw. Beziehung gescheitert ist.

Ich tauge zu nichts, weil ich bestimmte Dinge nicht kann, die früher mein Partner für mich getan hat.

Mit mir stimmt etwas nicht, weil ich allein bin.

Ich bin wertlos, weil ich mir Schlimmes habe zuschulden kommen lassen.

Katastrophenmache

Die Schande der Scheidung hätte mir erspart bleiben müssen.

Ich schaff's nicht auf eigenen Füßen.

Eigentlich ist mir nicht zuzumuten, meinen Lebensunterhalt selbst zu verdienen.

Eigentlich ist mir nicht zuzumuten, daß ich an Dingen arbeiten muß, die mir widerstreben.

Neue Aufgaben, die mich nicht interessieren und auf die mich keiner vorbereitet hat, kann ich nicht übernehmen.

Ich habe Angst, mir Arbeit zu suchen und mein Brot selbst zu verdienen.

Es ist alles ungerecht.

Es ist alles anders gelaufen, als es sollte. Ich bin betrogen worden.

Ich habe zuviel Angst, neue Männer-/Frauenkontakte zu knüpfen.

Aufgrund meiner bösen Erfahrungen kann ich nie wieder einem Mann/einer Frau trauen.

Ich finde nie wieder einen Partner. Einmal habe ich es ja versucht, und es ist schiefgegangen.

Allein kochen, waschen, saubermachen, allein essen und schlafen, das ertrage ich nicht.

Niemand wird sich je wieder zu mir hingezogen fühlen.

Mein geschmälertes Einkommen bedeutet sozialen Abstieg, für den ich mich schäme.

Ich bin unglücklich, weil ich niemanden zum Lieben habe.

Allein leben, das ertrage ich nicht.

Ich brauche ein Gegenüber, um mich wieder als ganzer Mensch zu fühlen.

Ich habe schreckliche Angst vor diversen Aufgaben, die auf mich zukommen, es kann ja sein, daß ich sie nicht schaffe.

Ich ertrag's nicht.

Besser als die sozusagen äußerliche Übung, nur die Liste abzuhaken und zu vervollständigen, ist sehr oft dies: genaue Selbstbeobachtung, »In-sich-Hineinhorchen« in seelischen Krisenmomenten bzw. wenn negative Gefühle irgendwelcher Art auftreten. Achten Sie das nächstemal genau darauf, was Sie sich dabei sagen. Sagen Sie es – wenn möglich – laut, führen Sie ein hörbares Selbstgespräch über das, was Sie im Augenblick erregt. Es rät sich, diesen Monolog mit einer gemäßigt-rationalen Feststellung dessen zu beginnen, woran die negativen Gefühle sich grundsätzlich entzünden. In Michaels Fall hieß diese Sentenz: »Daß Janet einen Seitensprung gemacht und mich verlassen hat, finde ich schlimm.« Dann gehe man wie Michael zu den irrationaleren Sentenzen über, den Selbstanklagen, Selbstzerfleischungen, Wertlosigkeitserklärungen seiner selbst (oder des Partners, je nachdem); den Masochismen und Sadismen, die gleichermaßen Wut und Verzweiflung heraufbeschwören können. Man steigere sich dabei (anfangs) ruhig in stärkere Erregung und Irrationalität als sonst, damit der »Gehalt« besser hervortritt. Nicht bremsen! Und vor allem keine Angst haben, sich idiotisch vorzukommen. Es sieht ja kein anderer zu, und man wäre nicht menschlich, käme es hier nicht zu »idiotisch« aussehenden Reaktionen. Besser, man gewinnt Klarheit über die Verrücktheit seiner Gedanken – der erste Schritt, etwas dagegen zu tun –, als daß man sich weiterhin unreflektiert verrückt macht. Unter Umständen wird es einen überraschen, welche Irrationalität bei näherem Hinsehen zutage tritt. Wenn ja, ist das ein gutes Zeichen. Es bedeutet, daß man wirklich »nahe genug hingesehen« hat und im Begriff ist, den zweiten Gesundungsschritt zu tun.

Schreiben Sie die inneren Sentenzen, die sich Bahn brechen, auf – fixieren Sie sie –, damit Sie sie später aus der Distanz in Ruhe untersuchen können. Wenn Sie sicher sind, daß Sie Ihre persönliche Spielart verrückten Denkens zur Genüge ausgelotet haben, dann sind Sie reif für den zweiten Therapieschritt.

Schritt zwei ist gemeinhin der einfachste, denn er besteht aus einem rein verstandesmäßigen Akt, der gleichwohl für die Therapie sehr wesentlich ist: Anerkennung der Prämisse, daß nicht nur »die Sache selbst«, sondern zum Großteil eben die negativen inneren Sentenzen Ihr Leiden bewirken. Hat man sich zu dieser Einsicht durchgerungen, wird man eher motiviert sein, die Sentenzen zu bekämpfen.

Der dritte Schritt: Das Finden von *Gegen*sentenzen, die die schmerzerzeugenden Gedanken und Sentenzen zu neutralisieren oder zu löschen vermögen. Dazu muß man die grundsätzliche Unlogik dieser Gedanken durchschaut haben und die Unlogik auf eine eigene, einem selbst einsichtige Weise verbalisieren. Oder man muß seinen negativen Gefühlen fortan in bewußt anderer, differenzierterer Form Ausdruck geben, bewußt unterscheiden zwischen bloß »Unangenehmem« und »Unerträglichem«.

So enthält zum Beispiel – um den vierten Typus negativen Denkens herauszugreifen – die mit »Katastrophenmache« überschriebene Sentenzfolge zwei grundsätzliche Irrtümer. Der erste: das Durcheinanderwerfen von Lebens*wünschen* und Lebens*bedürfnissen*. Natürlich ist es traurig, allein zu sein, wenn man lieber Gesellschaft hätte. Natürlich ist es in mancher Hinsicht schlimm, wenn man sich nach einem Partner sehnt, den man lieben kann, und man hat keinen. Natürlich ist es hart, die Kinder »abtreten« zu müssen und nur hin und wieder besuchen zu können, und ebenso hart, sie nun ständig bei sich zu haben und plötzlich ihr Alleinversorger zu sein. Nichts davon ist aber wahrhaft »katastrophal«; nichts davon bedeutet den Weltuntergang, das Ende aller möglichen Lebensfreude und -erfüllung. Das Hochstilisieren bedauerlicher Ereignisse zu vernichtenden Schicksalsschlägen hält nüchterner Kritik nicht stand. Vielleicht ist der Mensch allgemein in einer guten, intakten Familie glücklicher; absolut lebenswichtig – ja selbst relativ lebenswichtig – ist das jedoch nicht. Es gibt Leute, die auf die sozialen Stützen und Zwänge, die anderen soviel bedeuten, gut verzichten können und besser dabei fahren. Unannehmlichkeiten zur Tragödie hochzuinterpretieren, bringt den zusätzlichen Nachteil seelischer Belastung, die es einem schwerer macht, gesteckte Ziele zu erreichen. Alle Zeit, die man mit Selbstbemitleidung verbringt, geht von der Zeit ab, die man fürs »Leben« und die Lösung der Probleme, die einen bedrücken, zur Verfügung hat. Katastrophenmache ist nicht nur unsinnig, sondern auch »unwirtschaftlich«.

Der zweite elementare Fehler: das Übergeneralisieren (der unzulässige Schluß vom Einzelfall aufs Allgemeine). Wie oft habe ich erlebt, daß Klienten *die* Liebe, *die* Ehe, *die* Männer, *die* Frauen schlechthin abschrieben, weil *eine* Liebe, *eine* Ehe, *ein* Mann oder *eine* Frau sie enttäuscht hatten. Zuerst wird die Enttäuschung zur Katastrophe gemacht, dann übergeneralisiert. Hinter der Übergeneralisierung steht der Gedanke: Ich bin einmal katastrophal enttäuscht worden, dieser Gefahr setze ich mich nie wieder aus. Freilich: Die katastrophale »Verwundung« stammt aus eigener Hand, und wer sich fortan hermetisch vor jeder Möglichkeit, daß ihm Schmerz zugefügt wird, abriegelt, zahlt einen hohen Preis. Jeder hat natürlich das Recht dazu. Ich weise als Psychotherapeut nur darauf hin, was diese Alternative alles beinhaltet und welchen Preis man dafür zahlen muß.

Das also sind die grundsätzlichen Denkfehler der Katastrophenmache, aus denen sich auch die Gegensentenzen ergeben, mit denen man sie bekämpft. Gegensentenz eins: »Ich muß nicht unbedingt jeden Wunsch erfüllt bekommen.« Das führt – idealerweise – zur Löschung der »Soll«, »Muß«, »Brauche unbedingt«; zur Formulierung von Präferenzen, nicht mehr kategorischen Forderungen. Das Unerträgliche wandelt sich zum lediglich Unerwünschten.

Noch einmal sei darauf hingewiesen: Dies sind nicht einfach Wortspielereien. Sprache und Denken beeinflussen und prägen sich gegenseitig; bei längerer Übung wird der Austausch der inneren Sentenzen tiefgreifend und nachhaltig die Art und Weise beeinflussen, wie man das Leben sieht und wie man es lebt.

Das zweite Mittel, Katastrophenmache zu bekämpfen, heißt Bekämpfung aller Übergeneralisierungen. Eine Enttäuschung ist schlicht dies: eine Enttäuschung, weiter nichts. Merkt man sich das, kann einem das viel dummes Denken und damit viel Ärger ersparen. Man ist nicht grundsätzlich eheuntauglich, weil eine einzige Ehe aufgehört hat zu bestehen. Man kann nicht der ganzen Menschheit das Vertrauen entziehen, weil ein einziger Mensch unser Vertrauen betrogen hat. Man ist nicht objektiv unattraktiv oder nicht wert, geliebt zu werden, weil ein einziger Mensch das jetzt denkt. Und im übrigen: Die Beziehung ist nicht »gescheitert«, nur weil sie zu Ende gegangen ist. Ehen und Beziehungen scheitern nicht; sie hören oft einfach auf, für die Beteiligten zu funktionieren, das ist alles. Man muß sich von der Ewigkeitsideologie freimachen, die ihnen anhaftet. Wie Alex Craig sagt: »Eine Liebesbeziehung nach ihrer Länge zu beurteilen ist so absurd, als beurteilte man ein Gemälde nach seinem Flächeninhalt.«

Die inneren Sentenzen der Kategorie »Minderwertigkeit« stimmen vor allem aus folgendem Grunde nicht: Es gibt kein Kriterium, an dem sich grundsätzlich Wert oder Unwert eines Menschen messen ließe. Fehler in *einem* oder mehreren Teilbereichen des Lebens sind jedenfalls als Kriterium völlig ungenügend. Den Selbstbezichtigungen, man sei »nichts wert«, liegt der Denkfehler zugrunde, daß man das, was man tut oder läßt, gleichsetzt mit dem, was man ist. Man ist nicht »als Mensch« inkompetent, weil man in einigen Teilbereichen inkompetent ist. Man ist nicht »als Mensch« ein Versager, weil man an dieser oder jener Aufgabe versagt. Man ist nicht ein einziger großer Fehler, weil man diesen oder jenen Fehler gemacht hat. Man »ist« einfach; das ist alles. Und ganz gewiß ist man nicht minderwertig, weil irgend jemand einen (womöglich) dafür hält. Unser Wert hängt nicht an der Meinung anderer. Und noch viel weniger an der Meinung *eines* anderen. Irrtum, Unvermögen, ja, auch unmoralisches Handeln, das gehört alles zur »condition humaine«. Nur wenn man diese Wahrheit bejaht, kann man zu Lebensbejahung und Selbstbejahung kommen. Irrtum, Unvermögen und unmoralisches Handeln auszumerzen ist ein schönes Ziel, und man wird es leichter erreichen können, wenn man es relativer sieht, nicht mehr absolut. Als Weg, der seinen Lohn in sich selbst trägt, auch wenn man das Ziel in der »reinen« Form nie erreicht.

Wertlosigkeits- und Schuldgefühle gehen gewöhnlich Hand in Hand, und ich habe hier zwischen ihnen differenziert, weil bei »Schuld« auch das Strafbedürfnis ins Spiel kommt. Jedoch: Niemand *verdient* Strafe für irgend etwas. Dieses Schuldprinzip – man erinnere sich – setzt uneingeschränkte Willensfreiheit voraus, es verwechselt die Tat mit dem Täter und verhindert überdies, daß Menschen ihr verfehltes oder unsittliches Verhalten intelligent korrigieren. Um selbstzerstörerischen Schuldsentenzen entgegenzuwirken, ersetzt man die sozusagen pauschale Selbstanklage durch eine relativere, etwa: »Ich habe Fehler gemacht, ich habe unsittlich gehandelt. Das ist bedauerlich, aber menschlich. Ich bin mit meinem Fehler nicht gleichzusetzen. Was kann ich tun, um den Fehler zu beheben? Was kann ich tun, damit er nicht mehr vorkommt?« Und damit hat sich's.

Die Gegenmittel gegen Schuldgefühle sind: erstens Umformulierung der Selbstanklage, Löschung der »Muß« etc.; den Fehler als Fehler, das unsittliche Verhalten als unsittliches Verhalten kennzeichnen, aber nicht als mehr; zweitens sich selbst nicht mit dem Fehler gleichsetzen und drittens anerkennen, daß niemand, auch man selbst nicht, Strafe für irgend etwas *verdient*.

Wut schließlich – wie Schuld – entspringt der überheblichen Annahme, man wisse genau, wie sich andere Leute verhalten »müssen«. Verletzen andere *unsere* Regeln für *ihr* Verhalten, so werden wir wütend. In der Wut beschuldigen wir sie und glauben, daß sie Strafe verdienen, weil sie gegen unsere Normen verstoßen haben. Die Denkfehler in den Wut-Sentenzen sind die gleichen wie in den Schuld-Sentenzen. Hat man sie durchschaut, wird auch die Anklage umformuliert, ähnlich wie im Falle »Schuldgefühle«: Irren ist menschlich, verfehltes oder unsittliches Verhalten, das anderen schadet, kommt nun einmal vor. Um ihm Einhalt zu gebieten oder es ganz zu unterbinden, mag Strafe sachlich angeraten, ja notwendig sein, aber sie ist niemals »verdient«. Es ist der Gipfel der Arroganz, wollte man behaupten, genau zu wissen, wie andere sich zu verhalten haben, und noch arroganter, sich auch noch zur Instanz aufschwingen zu wollen, die ihnen das Strafmaß für die Übertretung unseres Kodex höchstrichterlich diktiert. Außerdem hemmt Wut – wie alle störenden Emotionen – unsere »Effektivität«; setzt unsere Fähigkeit herab, andere Leute dahingehend zu beeinflussen, daß sie sich ändern.

Die Gegensentenzen für Wut sind die gleichen wie für Schuld – nur mit neuem Adressaten. Ihre Entwicklung vollzieht sich in ähnlichen Schritten: Umformulierung der Anklage, so daß die »Muß« etc. sowie die Wertung des Verhaltens anderer als »verfehlt« oder »unsittlich« gelöscht werden; die Person nicht mit ihren Fehlern, ihrem Verhalten gleichsetzen; schließlich anerkennen, daß niemand für irgend etwas Strafe *verdient*. Auch hier gilt: Strafe ist unter Umständen *gerechtfertigt*, aber niemals *verdient*.

Im allgemeinen ist es ratsam, die Gegensentenzen, die man zum Kontern von Wut, Schuld, Minderwertigkeitsgefühlen und Katastrophenmache aufstellt, schriftlich festzuhalten. Das hilft beim nächsten Schritt: der Neuindoktrinierung. Bevor ich darauf näher eingehe, ein Wort zur Vorsicht. Die hier dargestellten Anschauungen können leicht wieder zur neuen Zwangsideologie, zur neuen Liste von »Muß«, »Soll«, zum neuen kategorischen Imperativ werden. Beim Versuch, die irrationaleren Denkweisen in sich auszurotten, werden Sie feststellen, daß alte Gewohnheiten ein zähes Leben haben; daß Sie weiterhin andere Leute und sich selbst moralisch anklagen, sich wertlos vorkommen, Katastrophenmache betreiben. Und daß Sie dann perfektionistisch von sich verlangen, daß das aufhören »muß«. Tritt das ein, dann denken Sie daran, daß es *besser wäre, wenn* Sie das Wörtchen *muß* aus dem Spiele ließen, und fahren Sie dann fort.

Die Neuindoktrinierung ist Übungssache. Die Gegensentenzen müssen häufig – mehr oder weniger täglich – wiederholt werden, sollen sie »greifen«. Am wirksamsten ist diese Wiederholung zu Zeitpunkten, wenn die irrationaleren Sentenzen hervorbrechen und wieder, wie man sagt, »Leidensdruck« erzeugen; grundsätzlich nützt sie aber zu allen Zeiten. Schritt vier heißt also lediglich: Einüben und Wiederholen vernünftiger, konstruktiver Gedanken. Das hört sich einfach an. Ist es auch, für einige wenige. Für die meisten aber ist bei der Neuindoktrinierung ganz systematisches Vorgehen erforderlich. Gewisse Techniken, die der Psychotherapeut einsetzt, um äußerliches Verhalten zu ändern, lassen sich auch einsetzen, um Denkweisen zu ändern. In Michaels Fall verwandten wir drei grundlegende Verhaltensbeeinflussungs-Techniken: Ziele setzen, systematische Selbstbeobachtung und Verstärkerpläne (Lohn/Strafe). Wir kamen überein, daß er sich täglich fünf »Umprogrammierungssitzungen« vornahm, in denen er die Gegensentenzen systematisch wiederholte und über sie nachdachte; ferner, daß er darüber Buch führte und daß – hielt er sein Pensum nicht ein – ein Teil einer Geldsumme, die er bei mir hinterlegt hatte, wohltätigen Zwecken verfallen sollte.

Verhaltensänderungs-Techniken zur Änderung von Denkweisen – es mag verdächtig nach Gehirnwäsche klingen. Jedoch: Wenn Sie die Neuindoktrinierung selbst vornehmen wollen und die gewünschten Veränderungen kommen nicht schnell oder spontan genug, überlegen Sie sich, ob Sie es nicht doch mit diesem systematischeren Techniken versuchen wollen. Setzen Sie sich selbst die Ziele, entwickeln Sie Ihre eigene Protokollierungsweise, stellen Sie selbst die Verstärkerpläne auf. Näher dargestellt finden Sie diese Verhaltensbeeinflussungs-Techniken – nebst weiteren Beispielen für Selbstprotokoll und Verstärkerpläne – im fünften Kapitel. Irrationale, schmerzerzeugende Denkweisen sind gewissermaßen unter die schlechten Angewohnheiten zu rechnen und sind, wie alle schlechten Angewohnheiten, oft nur schwer auszurotten. Das systematische Umprogrammieren hat sich bei anderen bewährt, es kann sich auch bei Ihnen bewähren.

Schritt fünf schließlich heißt: Allmählich all jene Verhaltensweisen ändern, die mit dem »neuen« Denken nicht mehr vereinbar sind. Michael tat – konkret – drei Dinge, die sein irrationales Denken spiegelten: Er ließ in seiner neuen Wohnung alles unausgepackt, aß ausschließlich im Restaurant und unterließ es, sich mit neuen Frauen anzufreunden, aus seinen Minderwertigkeitsgefühlen und dem irrationalen Glauben heraus, er könne nie wieder einer Frau trauen. Als er begann, seine Denkfehler zu durchschauen, sah er auch die Notwendigkeit, sein Verhalten zu ändern. Er richtete endlich seine Wohnung her, begann selbst zu kochen und knüpfte langsam aber sicher erste Freundschaften. Erst dann wußte er, daß sein rationales Denken die Oberhand gewonnen hatte. Immer, wenn ein Klient zu mir kommt, der emotional »überschießt«, wie hier beschrieben, tue ich alles Menschenmögliche, um ihn »dem Leben wiederzugeben«. Ich werde zum Propagandisten der guten Dinge im Leben, auch wenn mein Klient sie im Augenblick gar nicht für so gut hält. Ich übernehme die undankbare Rolle des Freizeitgestalters, dränge zu sozialen Kontakten und Übungen, helfe ihm seine Abende und Wochenenden planen. Meist setze ich Belohnungen und Bußen für ihn fest, damit der Plan eingehalten wird. Es mag nach oberflächlicher Therapie aussehen, gut – aber um aus dem seelischen Tohuwabohu herauszukommen, gibt es nur einen Weg: zurück ins Leben. Man kann das so machen, daß man zum Beispiel einmal in der Woche eine »Planungssitzung« anberaumt, einen festen Zeitpunkt, an dem man sich hinsetzt und seine Freizeit und seine menschlichen Kontakte, Aktivitäten usw. plant. Und zwar regelmäßig, jede Woche zur gleichen Zeit. Braucht man stärkere Hilfe, setze man sich Ziele, beobachte und registriere seinen Fortschritt und belohne Erfolge. Detaillierte Anregungen dazu finden sich im fünften Kapitel.

Sein Denken rationaler zu machen, die psychologische Selbstbelastung herabzusetzen, das ist ein lebenslanger Lernprozeß, der wahrscheinlich nie ganz zum Abschluß kommen wird. Ein hochtraumatisches Erlebnis wie Trennung oder Scheidung aber kann den heilsamen Schock bringen, den man braucht, um die wahrhaft irrationalen Denkweisen und Lebensanschauungen, die die meisten von uns an den Tag legen, mehr oder weniger gezwungenermaßen von Grund auf zu überdenken – und, wenn möglich, zu revidieren. Diese Wiedergeburt zu erleben ist eine Verheißung, die man einlösen kann.

ZWEITER TEIL

Leben in der ersten Person Einzahl

Autonomes Erwachsensein:
Eine Arbeitsbeschreibung für den
Alleinstehenden

Wer bin ich?

Eine sehr wesentliche und keineswegs nur »äußerliche« Schwierigkeit des Ledigenlebens scheint mir in seinen praktischen Seiten zu liegen. Die meisten Menschen sind schlicht unbewandert oder ungeübt in den alltäglichen oder auch unalltäglicheren Aufgaben einer einigermaßen selbständigen Existenz. Für jede Arbeit – will man sie gut tun – braucht man eine Arbeitsbeschreibung, das Gefühl, daß die Arbeit sich lohnt, und Übung bei der Ausführung der einzelnen Aufgaben, die sie beinhaltet. Dieses Kapitel will eine Arbeitsbeschreibung des Lebens als Alleinstehender geben und dem Leser helfen, die Fertigkeiten, die man dazu braucht, zu erwerben und zu üben.

Die gesellschaftlich vorherrschende Arbeitsbeschreibung für das Erwachsenendasein (ich spreche von Amerika, aber mehr oder weniger läßt es sich für die meisten Länder des Westens verallgemeinern) heißt: Gehe eine feste Zweierbeziehung ein, heirate und bleibe verheiratet. Die Mehrheit der Bevölkerung in den USA erfüllt von diesen drei Forderungen mindestens die ersten beiden. 70 Prozent der Amerikaner sind (mit hoher Fluktuation innerhalb der Gruppe, zugegeben) verheiratet, und eine unbekannte, aber sehr hohe Anzahl der statistisch Ledigen ist ebenfalls in mehr oder weniger »festen Händen«, in einer eheähnlichen Zweierbeziehung, und erfüllt damit Punkt eins. Der Alleinstehende, der sich aus einer festen Zweierbeziehung gelöst hat, der Geschiedene, der Verwitwete usw. geht typischerweise schnell wieder eine neue Zweierbindung ein, entweder formell als Ehe oder informell als eheähnliches Verhältnis.

Zweierbeziehungsideologie beherrscht unsere Kultur, kein Zweifel. Schon früh im Leben setzt Paarbildung ein; die Männer (US-Zahlen) heiraten im Schnitt mit dreiundzwanzig (in der Bundesrepublik mit achtundzwanzig Jahren), die Frauen mit einundzwanzig (in der Bundesrepublik mit fünfundzwanzig Jahren). Wirkliche Unabhängigkeit haben die meisten von uns entweder nie oder nur sehr kurz kennengelernt. Studenten und Internatsschüler leben zwar formell »allein«, aber doch noch in vielerlei Hinsicht, sozial und ökonomisch, durch Abhängigkeit gebunden. Echte Autonomie hat – wenn überhaupt – meist nur kurzen Bestand und wird lediglich als Übergangsstadium zwischen Nachpubertät und »Reife«, sprich: monogamer Zweierbeziehung, Heirat und Gründung einer Familie, gesehen. Obwohl man in den letzten Jahren viel von tiefgreifenden sozialen Umbrüchen liest, heißt Erwachsensein in unserer Gesellschaft immer noch Verheiratetsein. Die jüngste Roper-Umfrage bei Amerikanerinnen ergab, daß 97 Prozent (!) nach wie vor für sich persönlich die Ehe als erstrebenswerteste Lebensform betrachten.

Was soll diese theoretische, zahlenbefrachtete Diskussion? Ich will verdeutlichen: Sich in einer Rolle zurechtfinden, für die es so wenig Schulung, Legitimität oder Rückendeckung gibt, ist schwer. Einen Aufgabenkomplex zu bewältigen, für den man nicht ausgebildet worden ist, für den es an Arbeitsbeschreibungen mangelt, für den kaum gesellschaftlicher Rückhalt und Legitimität geboten wird, ist kein Kinderspiel. Untersuchungen über die Umstellungsschwierigkeiten nach Scheidungen zum Beispiel zeigen ziemlich einhellig: Je älter der Betreffende und je länger seine Ehe gedauert hat, desto größer seine Umstellungsschwierigkeiten. Solchen Leuten muß die »Arbeitsanleitung« fürs autonome Erwachsensein gewiß noch obskurer, noch schwieriger realisierbar und ganz bestimmt – von ihrer anerzogenen Mentalität und ihrer Lebenserfahrung her – noch weniger legitim erscheinen. Und ganz unabhängig vom Alter: Die meisten von uns sind eben dazu erzogen worden, unsere Entwicklung als Erwachsener mehr oder weniger gleichzusetzen mit dem Einnehmen eines Platzes in einer funktionierenden Zwei-Eltern-Familie.

Hat man einen solchen Platz nicht inne, wird man umdenken

müssen, d. h. in Bahnen des autonomen Erwachsenseins. Die Fertigkeiten, die Qualifikationen, die man dazu braucht, teile ich in zwei Grundgruppen: einmal die sozialen – Aufbau und Pflege einer guten »social support group« (Bekannten- und Freundeskreis) –, zum anderen die eher praktischen, technischen, die Selbstversorgerfunktionen, die in der klassischen Zweierbeziehung geteilt oder delegiert werden und die man nun als Allround-Mensch im Alleingang bewältigen muß. Je weniger Erfahrung man damit hat, desto höher naturgemäß die Schwierigkeiten, sie zu erlernen. Je mehr Arbeitsteilung und gegenseitige Abhängigkeit in der früheren Beziehung geherrscht hat, desto schwerer wird man es jetzt haben, allein durchzukommen.

Bestätigt wird dies durch einen auf den ersten Blick paradoxen Befund, der überall in Untersuchungen auftaucht, die sich mit der Umstellung aufs Ledigenleben befassen: daß nämlich Männer allgemein weit größere seelische Schwierigkeiten haben, mit Trennung, Scheidung, Witwerstand und Alleinleben fertig zu werden, als Frauen. Auf den ersten Blick widerspricht das dem verbreiteten Rollenmythos vom Mann als dem eigenständigeren, »zurückhaltenderen« Ehepartner und der Frau als dem abhängigeren, eheengagierteren Partner. Der Junggeselle gilt als jemand, der, von familiären Pflichten unbelastet, frisch-fröhlich-frei ein aufregendes Leben führt, die Junggesellin dagegen oft als bemitleidenswertes, unausgefülltes Wesen. Tatsache aber ist, daß – verglichen mit ihren verehelichten Geschlechtsgenossen – alleinstehende, geschiedene und verwitwete Männer weit öfter Selbstmord begehen, seelisch erkranken und sich in stationäre psychiatrische Behandlung begeben müssen als alleinstehende, geschiedene und verwitwete Frauen. Der geschiedene Mann stellt sich nach der Trennung weit schlechter aufs Alleinleben ein als die Frau, das ist eines der auffallendsten und weitreichendsten Ergebnisse unserer Forschung über Anpassungsprobleme nach Scheidungen. Vielleicht ist der Mann tatsächlich der weniger engagierte Ehepartner; dennoch profitiert er – nach allen Indizien – von der Ehe mehr als die Frau und leidet folglich auch mehr, wenn seine Partnerin sich von ihm trennt, scheiden läßt oder stirbt.

Warum klaffen Mythos und Wahrheit hier so auseinander? Niemand weiß es genau; nach meiner (sachkundigen) Schätzung liegt es an der herkömmlichen Rollenverteilung in unserer Gesellschaft. Sie bringt es mit sich, daß die Frau den Anforderungen des *autonomen Erwachsenseins* besser gerüstet gegenübersteht als der Mann. Was nicht heißt, daß die Umstellung aufs Alleinleben – besonders, wenn durch Trennung, Scheidung oder Tod des Partners erzwungen – nicht auch für die Frau sehr schwer sein kann; grundsätzlich aber ist sie in den Fertigkeiten, die Selbständigkeit ermöglichen, besser ausgebildet (besonders, wenn noch ein guter Beruf hinzukommt und sie sich allgemein praktisch gut zu helfen weiß); aus ihrer Lebens- und Geschlechtsrolle heraus ist sie psychologisch eher bereit, Ausübung dieser Fertigkeiten als befriedigend und legitim zu empfinden. Ein Mann, der aus einer traditionellen Ehe kommt, mag beispielsweise gut imstande sein, sein Geld zu verdienen, aber oft hoffnungslos untüchtig darin, sich zu nähren, zu kleiden, den Haushalt zu führen. Schlimmer: Oft »kann« er nicht nur nicht, er »will« auch nicht Aufgaben übernehmen, für die er nicht geschult ist, für die er, wie er glaubt, kein Talent besitzt und die er womöglich aufgrund seiner Erziehung noch für unmännlich hält.

Das Konzept des »autonomen Erwachsenseins« war bei mir ursprünglich ein Hilfskonzept für Klienten in Trennungs- und Scheidungskrisen. Später, als ich es ausbaute, merkte ich: Es könnte durchaus zu neuen, allgemeinen Arbeitsbeschreibung für alle Erwachsenen werden, die im letzten Viertel des 20. Jahrhunderts leben, ohne Rücksicht auf ihren Ehe- oder Beziehungsstatus. Autonom leben zu können, das sollte, das müßte doch auch die Basis für Zweierbeziehungen und Ehen verbessern. Kann man glücklich und einigermaßen problemlos als Alleinstehender leben und entschließt sich zum Paar-Verhältnis, dann tut man das, weil man *will*, nicht weil man *muß;* weil man sich von der gewählten Beziehung und dem gewählten Partner eine Bereicherung verspricht, nicht das Auffüllen eines quälenden Defizits. William Lederer und Don Jackson weisen in »Ehe als Lernprozeß« darauf hin, daß es in jeder relativ monogamen Beziehung immer darauf ankommt, ob beide Partner die Beziehung in diesem Sinne freiwillig oder unfreiwillig eingegangen sind. Wer den Rückhalt hat, zu wissen, daß er auch als Alleinstehender durchs Leben kommt, und zwar gut, der ist aus bewußter Entscheidung, nicht aus Zwang, in der Beziehung.

Mithin wird das autonome Erwachsensein hier nicht nur für den Alleinstehenden als erstrebenswert-realisierbarer Lebensstil verstanden, sondern wird für jedwede Primärbeziehung als beste Ausgangsbasis empfohlen. Besonders heute, wo die Arbeitsbeschreibung für das Eheleben sich ändert in Richtung Offenheit, Selbständigkeit und fließender Verantwortungsaufteilung, brauchen beide Partner das Rüstzeug fürs autonome Erwachsensein. Eine Umfrage in den USA zeigte jüngst, daß die Hälfte aller Amerikanerinnen mit College-Bildung und 61 Prozent der Frauen unter dreißig eine Ehe auf partnerschaftlicher Basis wollen, wo Mann und Frau gemeinsam Haushalts- und Kindererziehungspflichten tragen. Speziell jüngere Frauen, so die Umfrage, versuchen heute, all ihren Kindern – Jungen wie Mädchen – jenes Rüstzeug für autonome Lebensführung beizubringen, das sich viele alleinstehende Erwachsene nun mehr oder minder von der Pike auf aneignen müssen.

Die Arbeitsbeschreibung

Angenommen, Sie könnten sich der Kunst, allein zu leben, mit ähnlicher Leidenschaft verschreiben wie sonst meinetwegen einer guten Berufskarriere, Beziehung, Ehe oder Familie; angenommen, Sie lernten die Fähigkeiten, die man fürs autonome Dasein braucht, mit ähnlichem Schwung wie eine neue Sportdisziplin; verwendeten ebensoviel Energie auf die Selbstausrüstung zum »funktionierenden Alleinstehenden« wie einst auf Ihre Ausbildung, den Beruf, die Familie; sähen das Ledigenleben als lockende Herausforderung, die neue Erfahrungswelten erschließt, statt als zu erduldendes Übergangsdasein – wie weit würden Sie kommen?

Wer die Herausforderung des Ledigenlebens aufgreift, für den ist es am besten, zunächst Bilanz zu ziehen, wieweit er – eigener

Meinung nach – den zu erwartenden Aufgaben gewachsen ist. Bitte nehmen Sie sich die Zeit und machen Sie anhand untenstehender Liste eine Bestandsaufnahme. Sie später stets komplett greifbar zu haben, hilft beim Setzen von Prioritäten und bei der Planung der anstehenden Arbeit.

Bedenken Sie bei der Selbstbenotung: Es soll eine Bilanz Ihrer *derzeitigen* Fähigkeiten sein, ein Ist-Bestand, kein Soll-Bestand. Zensieren Sie sich nicht zu streng. Man muß kein Dreisternekoch sein, um sich eine Mahlzeit zu bereiten, kein Kfz-Mechaniker, um den Wagen in Gang zu halten. Nur die Qualifikationen und Voraussetzungen, die jemanden befähigen, problemlos selbst zurechtzukommen, um die geht es hier. Sie gliedern sich in drei Gruppen: einmal die »technischen Fähigkeiten«, die praktischen Voraussetzungen fürs unabhängige Leben, zweitens und drittens die »sozialen Fähigkeiten«, die gerade der Alleinstehende besitzen muß: Aufbau eines funktionierenden Umfeldes von Freundschaften, »gekonnter« Umgang mit dem anderen Geschlecht.

Man nehme für die Bestandsaufnahme ein großes Blatt Papier (DIN A4) und Schreibzeug. Das Blatt wird quer gelegt, und fünf waagerechte Rubriken werden eingerichtet, die der Selbstbeurteilung der einzelnen Fähigkeiten dienen. Vorn an jeder Rubrik steht eine Note:

Sehr gut   Gut   Befriedigend   Ausreichend   Mangelhaft

Jetzt jeden Posten auf der untenstehenden Liste betrachten und in die entsprechende Rubrik eintragen. Wer zum Beispiel hervorragend kochen kann, trägt »Kochen« in die Rubrik »Sehr gut« ein. Oder wer nicht gern allein ist, trägt »Alleinsein ertragen/genießen« und »Gern Dinge allein tun« unter »Mangelhaft« ein. Die Liste:

Fähigkeiten und Attribute fürs autonome Erwachsensein

1. Technische Fähigkeiten
Kochen
Haushaltsführung

Auto instandhalten
Umgang mit Geld
Garderobe (Kauf, Pflege, Instandhaltung)
Mit Kindern umgehen können (falls vorhanden)
Alleinsein ertragen/genießen
Gern Dinge allein tun
Genug Geld verdienen
Befriedigung im Beruf
Außerberufliche Interessen, Hobbys

2. *Soziale Fähigkeiten: Freundschaften, Bekanntschaften*
Freundschaft mit Gleichgeschlechtlichen schließen und pflegen
Freundschaft mit Andersgeschlechtlichen schließen und pflegen
Freundschaften vertiefen
Mit Freunden reden können
Regelmäßig mit Freunden zusammensein
Gemeinsame Unternehmungen initiieren
Freunde nach Hause einladen
Wege finden, neue Freundschaften zu schließen

3. *Soziale Fähigkeiten: das andere Geschlecht*
Gespräche anknüpfen
Wege zum Kennenlernen finden
Anziehungskraft auf Andersgeschlechtliche
Um Verabredungen bitten können
Regelmäßige oder häufige Verabredungen
Kenntnis und zwanglose Beherrschung der
Verabredungsetikette
Kommunikation mit dem anderen Geschlecht bei
Erstkontakten und bei Verabredungen
Allgemeine Unverklemmtheit auf Verabredungen
Zärtlich sein können
Zuneigung empfangen und erwidern können
Zuneigung abweisen können
Sexuelle Annäherungsversuche machen können
Sexuelle Annäherung empfangen und erwidern können
Sexuelle Annäherungsversuche abweisen können

Allgemeines sexuelles Vermögen
Sexuelle Interaktionsfähigkeit
Über Zärtlichkeiten und Sexualverhalten reden können
Kommunikation in Sexual- und Liebesbeziehungen
»Qualität« der Sexual- und Liebesbeziehungen

Für den nächsten Schritt wieder ein Blatt Papier nehmen, in zwei
Hälften unterteilen und in die obere Hälfte die Fähigkeiten und
Eigenschaften eintragen, die unter »Ausreichend« rubriziert
sind, in die untere Hälfte die aus der Rubrik »Mangelhaft«. Dann
jeden Posten auf der Liste nach der *Wichtigkeit* einstufen, die er
für einen persönlich besitzt. Probleme, die man für sich persönlich als die kritischsten auf dem Wege zum autonomen Erwachsensein betrachtet, erhalten Note A; solche von mittlerer Wichtigkeit Note B, von geringer Wichtigkeit Note C. Noch eine
zweite Benotung soll vorgenommen werden: nach der Leichtigkeit, mit der sich das Problem beheben läßt. Also A-Priorität für
die Dinge, die man am leichtesten wird verbessern bzw. lernen
können, B für die schwierigeren und C für die ganz schwierigen.
Als Beispiel eine Liste, die ein männlicher Klient aufstellte:

Lernprioritäten fürs autonome Erwachsensein

Posten	Wichtigkeit	Leichtigkeit
Ausreichend		
Kochen	A	A
Haushaltsführung	C	A
Garderobe (Kauf, Pflege, Instandhaltung)	B	B
Um Verabredungen bitten können	A	B
Freundschaft mit Andersgeschlechtlichen schließen	B	A

Posten	Wichtigkeit	Leichtigkeit
Mangelhaft		
Gespräche mit anderem		
Geschlecht anknüpfen	B	C
Alleinsein ertragen/genießen	A	C

Es mag jetzt von Nutzen sein, die Liste und die Prioritäten, die Sie den einzelnen Posten gegeben haben, noch einmal durchzugehen und beim Weiterlesen griffbereit neben dem Buch liegen zu haben. Vielleicht werden Sie einzelne Prioritäten ändern, neue Posten hinzufügen. Wenn Sie wollen, können Sie anhand dieser Liste die Dinge bestimmen, an denen Sie zuerst arbeiten wollen (dazu später noch weitere Orientierungshilfen). Als Ansatzpunkt bieten sich jene Probleme an, die Sie in beiden Kategorien mit »A« bewertet haben; sie sind sehr kritisch, aber auch relativ leicht zu lösen. In obiger Liste führt dabei »Kochen«, dicht gefolgt von »Um Verabredungen bitten können«. Liegen mehrere Dinge gleichauf, kann man wählen, wo man ansetzt.

Gefangene des unselbständigen Lebens

Viele betrachten, wie gesagt, das Ledigenleben bloß als Wartesaal-Existenz zwischen Pubertät und Ehe oder zwischen einer Ehe und der nächsten. Es richtig zu »leben«, versucht man daher gar nicht erst; man sieht es nicht als etwas zu Meisterndes, sondern als etwas zu Ertragendes, das man so schnell wie möglich hinter sich bringt. Nur wenige Glückliche haben, was das praktische Rüstzeug zur Selbständigkeit betrifft, keine schweren Defizite, und diese Defizite, beseitigt man sie nicht, können zum Gefängnis werden. Daß Menschen verfrüht und überstürzt in unglücklichen Bindungen hineintreiben und daran »klebenbleiben«, liegt sicher nicht zuletzt daran, daß es für sie zumindest einen Ausweg aus der würgenden Einzelhaft des Alleinseins darstellt. Sehen wir uns solche »Einzelzellen« einmal an.

Es gibt Frauen, die ein ausgesprochenes Talent entwickeln, sich von Männern fertigmachen zu lassen, und dazu gehörte auch Karen. Geradezu eine Expertin. Als sie zum erstenmal meine Praxis betrat, fühlte ich mich an jene traurigen Frauen erinnert, die ich auf meinen eigenen nachehelichen Streifzügen Nacht für Nacht in Bars hatte herumhocken sehen. Es stimmte, sie gehörte dazu, vielleicht hatte ich sie damals wirklich gesehen. Aber das lag jetzt mehrere Jahre zurück, und Karen verbrachte noch immer einen Großteil ihrer Abende in Bars. Im Grunde war sie eine attraktive Frau, aber sie wirkte verfallen, kaputt. Ihre Geschichte:

Nach Abschluß der Sekretärinnenausbildung vor fünf Jahren war sie von zu Hause weggezogen und war fast sofort mit einem Mann zusammengezogen. Er, ein aufregender, leichtlebiger Typ, hatte abwechselnd Ekstase und Elend in ihr Leben gebracht. Sie beschrieb ihn als hochintelligenten, interessanten, maskulinen Mann, der sie mit fast allem, was er tat, »antörnen«, aber auch unglaublich verletzen konnte. Sie litt darunter, daß er nächtelang von zu Hause wegblieb und nicht sagen wollte, wo er gewesen war; von Zeit zu Zeit wurde er depressiv, zugeknöpft, gemein. Sie wußte, daß er andere Frauen traf; er machte aus diesen Affären auch gar kein Hehl und prahlte sogar manchmal damit. Aber immer, wenn sie gerade die Nase voll hatte, wandelte er sich wieder zu seinem charmanteren, rücksichtsvolleren, strahlenden Ich zurück. Beteuerte seine Liebe, schwor, sich zu ändern, und kriegte Karen wieder herum.

Schließlich verließ er sie wegen einer anderen, kam für eine Weile zurück, ging wieder und kam ein zweites Mal. Da hatte sie endgültig genug. Das war nun drei Jahre her, und ihre Situation war seither nur noch unglücklicher geworden. Ihr Liebesleben: unbefriedigend, gelinde gesagt. Vier Liebesaffären hatte sie gehabt, die alle sehr intensiv anfingen, aber aus Gründen, die ihr unerklärlich waren, nach ein paar Wochen abrupt zu Ende gingen. Die Männer waren einfach fortgeblieben und hatten sie verzweifelt, manchmal dem Selbstmord nahe, zurückgelassen. Davon abgesehen hatte sie nur hin und wieder eine »Eintagsfliege« gehabt, einen Mann für eine Nacht, den sie nie wiedersah. Sie haßte dieses Leben und das Selbstbild, das es ihr vermittelte, aber sie suchte zwanghaft weiter. Einen Mann zu finden, war ihr ein und alles, denn erst mit ihm würde ihre Existenz Sinn und Gestalt gewinnen.

Ich bat Karen, mir von ihrem Alltag zu erzählen. Sie arbeitete in einem Anwaltsbüro und fand ihren Job nicht uninteressant. Erst nach der Arbeit begannen die Probleme. Gewöhnlich nahm sie nach Arbeitsschluß mit einer Freundin noch ein paar Drinks. Dann ging sie nach Hause, kochte sich ein fades Abendessen, sah ein bißchen fern und ging dann wieder aus, bis die Bars schlossen. Bis zwei, drei Uhr konnte sie sowieso nicht einschlafen, sagte sie, und sie haßte zutiefst, nachts allein zu sein. Wenn sie doch zu Hause zu bleiben suchte, überfiel sie der Einsamkeitskoller, und schließlich flüchtete sie wieder in ihr Stammlokal. Am Wochenende holte sie tagsüber den versäumten Schlaf nach, die Abende verliefen ebenso wie an Werktagen.

Von diesem hektischen, bedrückenden Einerlei boten ihr die kurzen Liebesaffären, die sie hatte, willkommene Erlösung. Sie war dann besser fähig, allein zu Hause zu bleiben, im Wissen, da ist jemand, der deinem Leben Sinn gibt. Doch diese Zeiten der Ruhe, sagte sie, waren zu selten und zu kurz. Ihr Bericht schloß mit dem traurigen Satz: »Ich habe wohl einfach Talent, mich fertigmachen zu lassen. Langsam glaube ich, daß ich der geborene Verlierer bin.«

Die meisten würden sagen: Karen hat recht. Sie war tatsächlich ein Verlierer. Aber nicht einfach deshalb, weil sie es nicht schaffte, einen guten Mann zu finden. Die »Einzelzelle«, in der sie saß, hatte viele Schlösser – so viele, daß es einige Zeit und erhebliche Mühe kostete, die Vorstellung (dies war das stärkste Schloß) zu sprengen, ohne Mann sei sie nur ein halber Mensch. Für die Frau – obschon potentiell meist besser und vielseitiger fürs autonome Erwachsensein gerüstet als der Mann – kann dies zur psychologischen Zwangsjacke werden. Von unserer Kultur davon indoktriniert, es komme einzig darauf an, bemannt zu sein, nimmt sie dafür viele Opfer in Kauf und läßt sich auch leichter vom Mann »kaputtmachen«.

Das zweite Schloß an Karens Gefängnis war in gewisser Hinsicht mit dem ersten verwandt: Ihr Leben besaß zu wenig Substanz. Echte Interessen, Hobbys, irgendein Engagement, das fehlte. Ein Grund, warum sie ihrem alten Freund so verfallen war, lag sicher in seinem Stimulationswert. Er brachte das Erregende, das Interessante in ihr Leben, das sie selbst nicht zu schaffen vermochte. Sie konnte ein sehr lieber, zärtlicher Mensch sein, darüber hinaus hatte sie nicht viel zu bieten. Ein interessanter Gesprächspartner konnte sie nicht gewesen sein; es gab nicht viel, worüber sie sich hätte unterhalten können. An diesem Defizit lag es sicher zum Teil, daß sie es auf kaum mehr als kurze Bekanntschaften und »Eintagsfliegen« brachte. Das dritte Schloß an ihrer Zellentür hieß: Angst vor dem Alleinsein. Das war es, was sie jeden Abend in die Bars hinaustrieb, in eine erschöpfende, demoralisierende Existenz.

Das letzte Schloß schließlich ergab sich aus den ersten drei: Sie war völlig demoralisiert. Und sie sah danach aus. Sie trug schlechtsitzende, schlecht abgestimmte Kleidung, ihre Haltung war gebeugt, ihr Gesichtsausdruck spiegelte ihr Niedergedrücktsein. Obschon im Grunde attraktiv, war sie an diesem Punkt ihres Lebens völlig unattraktiv. Und man behandelte sie wie die chronische Thekenhockerin, die sie war.

Nach und nach fanden wir die Schlüssel zu Karens tristem Gefängnis und machten von ihnen Gebrauch. Ohne auf die therapeutischen Einzelheiten einzugehen, sei kurz dargestellt, was unternommen wurde.

Zunächst mußte Karen unbedingt aus den Bars heraus und für andere Tätigkeiten gewonnen werden. Ich stellte fest, daß sie sich einmal für Tennis interessiert, es aber nie richtig gelernt hatte. Sie hatte auch einmal mit Gitarrenspiel angefangen und besaß noch ein Instrument. Binnen zwei Wochen hatte ich sie soweit, daß sie in eine Tennisklasse ging und Gitarrenstunden nahm. Das sind beides kreative, aktive Beschäftigungen und können erste Grundlagen legen für Selbstwertschätzung und ein Repertoire sinnvoller Aktivitäten, auf das sich eine Identität aufbauen läßt.

Ich nenne diese Art Tätigkeit einen *kreativen Operant*. »Operant« ist der psychologische Fachbegriff für ein aktives Verhalten (active response), und zwar eines, allgemein gesagt, das auf die Umwelt einwirkt (operiert) bzw. sie verändert. Solche Fähigkeiten sind für jedermann hochwichtig, speziell aber für den, der ein stärkeres Gefühl persönlicher Identität braucht. Nach meiner Definition sind Gitarrenspielen, Tennis, Kochen und Skilaufen kreative Operants; Essen, Theaterbesuche und Fernsehen sind es gewöhnlich nicht, es sei denn, man wäre ein echter Feinschmecker, ein Theater-Fan oder ein Fernsehkritiker.

Auch brauchte Karen mehr Freunde, bessere Freunde, und mußte mehr Selbstbehauptung lernen. Ich ließ sie daher an einem Selbstbehauptungstraining für Frauen teilnehmen. Als sie auf all das »eingestiegen« war, gingen, wie ich gehofft hatte, ihre Barbesuche immer mehr zurück. Sie schloß in der Gruppe Freundschaften und fand beim Tennisspiel eine wirklich gute Freundin. Man begann sie zu Partys einzuladen und gemeinsam mit einer Freundin und deren Mann zu Wochenendunternehmungen. Daß Karens Sozial- und Freizeitleben bessere Gestalt anzunehmen begann, wirkte sich interessanterweise auch in anderer Hinsicht auf sie aus. Sie ging nun früher ins Bett, sah besser aus, kleidete sich besser.

Inzwischen verbrachten wir den größten Teil unserer Zeit damit, an ihren anderen beiden Problemen zu arbeiten – Einsamkeitsangst und ihr überstarkes Bedürfnis nach einem Mann. Sie folgte zu Hause einem vorgeschriebenen Plan, um ihre Alleinseinstoleranz zu erhöhen. Nach diesem Programm setzte sie sich zunehmend höheren »Dosen« von Einsamkeit aus, wobei sie selbst bestimmen konnte, wann.

Schließlich sprachen wir über ihr Grundübel, den Gedanken, sie sei ohne Mann ein Nichts. Diese böse Idee überprüften wir anhand der im zweiten Kapitel dargestellten Verfahren und Richtlinien auf ihre Logik hin. Als sie sich in Sachen Musik, Tennis, Freundschaften und Einsamkeitstoleranz »machte«, brauchte sie übrigens de facto Männer schon weit weniger, und das half. Wir sprachen über ihr Verhältnis zu Männern. Sie hielt sich für unattraktiv wegen figürlicher Mängel – sie glaubte, sie sei zu dünn und ihre Brüste seien zu groß. Sie war ein bißchen dünn, aber nicht übermäßig, und ich versicherte ihr, an ihren Brüsten fände ich nichts auszusetzen.

Hemmungen und Ängste wegen tatsächlicher oder eingebildeter körperlicher Unzulänglichkeiten – und die Neigung, unsere Beziehungsschwierigkeiten daran aufzuhängen – sind durchaus nichts Seltenes. Bei allen von uns. Oft gelten diese Körper-Image-Sorgen einem Merkmal, das anderen überhaupt nicht auffallen, das ihnen nebensächlich oder sogar attraktiv erscheinen würde. Die Werbeindustrie – im Verein mit anderen Einflüssen – hat es hier in bemerkenswerter Weise geschafft, uns körperlich zu verunsichern. Ich sagte Karen offen und ehrlich, daß viele Männer ihre Art Körper ausnehmend reizvoll finden würden; und ich nahm die Gelegenheit wahr, hinzuzufügen, bei allem physischen Anziehungswert auf Männer möge sie sich doch überlegen, was sie zur *Aufrechterhaltung* einer Beziehung mit einem Mann noch zu bieten habe außer gutem Aussehen, Sex und Kochkünsten. Zwar sei sie ohne Mann durchaus nicht wertlos, aber einen Mann zu finden und zu halten würde eher gelingen, wenn sie Aktivitäten, Interessen und Freunde in die Beziehung einbringen könne. Diese Gespräche führten dazu, daß sie schließlich an Volkshochschulkursen teilnahm, was ihren bereits expandierenden Kreis an Lebenskontakten noch um weitere Möglichkeiten bereicherte.

Das hört sich alles zu leicht an. Ich weiß. Wie die meisten Menschen, die sich in verfahrene Lagen hineinmanövrieren, mußte Karen hart arbeiten, um Veränderungen herbeizuführen, um neue Fähigkeiten zu erwerben, und oft ging es lähmend langsam. Sie hielt das, worum ich sie bat, zuweilen für oberflächlich, unnötig, öfter noch für eine gute, aber in der Praxis unausführbare Idee. Doch das sind ganz normale Reaktionen. Menschliche Angewohnheiten halten sich hartnäckig, aber Karen und ich arbeiteten ebenso hartnäckig dagegen; und mit jeder kleinen Öffnung in der Gefängniszelle schienen sich weitere Öffnungen aufzutun.

Man beachte, daß es nicht nötig war, Karen als Opfer traumatischer Kindheitserlebnisse zu sehen, die nur langwierige analytische Behandlung hätte aufdecken können (und sollen), bevor wir ihr Leben in Ordnung bringen konnten. Sie war das Opfer ihrer eigenen Lebensdefizite und verqueren Ideen. Diese – natürlich – waren umwelt- und erfahrungsbedingt, konnten aber durch gezielte Arbeit und durch Lernen ausgeräumt werden. Karen entkam ihrer Gefängniszelle durch Aufschließen der Schlösser, nicht durch den Tunnel der Tiefenpsychologie.

Franks Gefängnis

Frank war vierunddreißig, als er endlich beschloß, therapeutische Hilfe zu suchen. Er war viermal verheiratet gewesen und lebte jetzt in einer monogamen und unglücklichen Beziehung mit einer viel jüngeren Frau. Nach seinen Angaben ähnelte diese Beziehung stark seinen früheren Ehen. Schon eine Woche nach der Trennung von seiner vierten Frau hatte er Cheryl kennengelernt. Sie gingen ein paarmal miteinander aus und schienen Gefallen aneinander zu finden. Sie sagte ihm später, was auch andere Frauen schon gesagt hatten: Was sie beeindruckte und schön fand, sei seine Kavaliersart und die Tatsache, daß er sie sexuell nie »drängte«. In unseren Therapiesitzungen ließ er durchblicken, mit diesem Typ schüchterner, gehemmter Frau habe er immer Erfolg gehabt; sein Erfolgsgeheimnis sah er in seiner höflichen Zurückhaltung im Sexuellen. Wie bei anderen Frauen vor ihr wartete er, bis Cheryl ihm sexuelle Avancen machte. Aber hatte Frank einmal mit einer Frau geschlafen, fühlte er sich ihr gegenüber verpflichtet und verantwortlich. Nicht aus Liebe, sondern aus Pflichtgefühl den jetzt von ihm »Abhängigen« gegenüber sei er früher Bindungen und Ehen eingegangen. In allen vier Fällen war der Gedanke, zum Standesamt zu gehen, von der Frau gekommen, und Frank hatte einfach mitgemacht, im Glauben, er tue »das Richtige«.

Seine derzeitige Beziehung war zur langweiligen Routine herabgesunken wie die anderen. Jeden Abend um sechs pflegte Cheryl in seine Wohnung zu kommen; sie machte das Abendessen für beide, dann wurde ferngesehen bis elf, dann ging sie nach Hause (sie lebte noch bei ihren Eltern). Frank blieb auf und sah noch fern, stand am nächsten Morgen spät auf und verspätete sich oft zur Arbeit. Manchmal – auf Cheryls Anstoß – schliefen sie miteinander, aber auch das wurde nach und nach eintönig für ihn, auch zeigte er dabei häufig Erektionsschwäche oder -unvermögen. Dies schien Cheryl zu wundern und zu beunruhigen, aber sie sprachen sich nie richtig darüber aus. Frank sagte, das Starre, Eingefahrene dieser Beziehung werde nur selten durch Abwechslung unterbrochen, jetzt aber habe er den Wunsch, wieder mehr zu unternehmen, abends Sport zu treiben, andere Frauen zu sehen. Er hatte aber Angst, daß er, wenn er nach mehr Abhängigkeit strebte, Cheryl verlor. So fügte er sich – zum x-ten Male – weiterhin in eine öde, einengende Beziehung. Nur mit einem Unterschied diesmal, bei der fünften Wiederholung: Erstmals schöpfte er Verdacht, daß grundsätzlich etwas nicht stimmte.

Zunächst war unklar, was immer wieder zu solchen Beziehungen, bei denen er sich ins eigene Fleisch schnitt, geführt hatte. Frank war ein einigermaßen anziehender, intelligenter Mensch, der sicher das Zeug hatte, Beziehungen einzugehen und aufrechtzuerhalten, die weit mehr befriedigten als seine gegenwärtige. Hier lag mehr vor als ein simpler Fall von übertriebenem Pflichtgefühl. Was band Frank an diese Beziehungen? Aus sorgfältiger und genauer Aufnahme der Vorgeschichte erfuhr der Therapeut, daß Frank eigentlich nie ein selbständiges Leben geführt hatte. Seit Abgang von der höheren Schule bis zu dem Tage, da er therapeutische Hilfe suchte, war ein – wie er es beschrieb: typisches – Beziehungs- und Verhaltensschema zu beobachten gewesen. Kochen, Haushalten, sich um seine Kleider kümmern, dies und andere Dinge hatte er nie gelernt; seine Mutter und später andere Frauen hatten es ihm abgenommen.

Außerdem hatte er ein Magengeschwür, das sich von Zeit zu Zeit bemerkbar machte, besonders wenn er nicht auf sich achtgab. Trank er, bekam er nicht genug Ruhe oder wurde übermäßig gestreßt, flammten die Magengeschwür-Symptome auf, und er war tagelang krank. Disziplin in seinen Eß- und sonstigen Lebensgewohnheiten gehörte – erraten – nicht zu seinen starken Seiten. In den kurzen Zeiten, in denen er allein war, ging es gesundheitlich stets stark mit ihm bergab. In seiner jetzigen Beziehung schlief er schlechter, weil Cheryl zu Hause schlafen mußte.

Am Ende hatte er gelernt, ein »braver Junge« zu sein; gelernt, daß es gewisse Erwartungen im Leben gab, denen man gerecht werden mußte. Wenn ein anderer für jemanden sorgte und dafür erwartete, daß man zu Hause blieb, daß man treu und brav an eine langweilige Beziehung gekettet lebte, dann tat man das eben – bis es nicht mehr ging. In jeder Ehe hatte er die Bemutterung, die Restriktion, die Eintönigkeit und – wohl am meisten – seine eigene Schwäche hassen gelernt. Wurde alles unerträglich, begann er sich langsam und qualvoll aus der Beziehung zu lösen, erst durch seine Impotenz und dann durch andere Formen höflicher, aber tödlicher Verweigerung. Manche Männer und Frauen geben sich mit solcherart infantilem, niederdrückendem Leben zufrieden, bis sie sterben. Frank war ihnen einen Schritt voraus, denn bei ihm ging es so: erst fügen, dann auflehnen, dann wieder fügen, dann wieder auflehnen. Ohne daß er es (damals) klar wußte, bezeichnete sein Gang zum Therapeuten den beginnenden Ausbruch aus diesem eingefahrenen Schema, das ihm und den Frauen, die in diesem »Drehbuch« jeweils den ergänzenden Part spielten, so sehr schadete.

Für Frank eine Lösung zu finden war schwierig. Die Tür zu seinem Gefängnis hatte – wie bei Karen – viele komplizierte Schlösser. Frank mußte mehr Selbstdisziplin einüben, was seine Eß-, Schlaf- und Arbeitsgewohnheiten betraf. Er mußte sich Selbstversorger-Fähigkeiten aneignen, um von seinem Bedürfnis nach Pflegemüttern wegzukommen. Er mußte sein übertriebenes Pflichtgefühl abbauen; lernen, nein sagen zu können und seine eigenen Wünsche zu bejahen. Kurz, er mußte – wollte er gut allein leben können und hoffen, einmal eine reife, befriedigende Beziehung zu einem anderen Menschen einzugehen – seine Defizite auffüllen. Diese Arbeit war, als ich mein Manuskript abfaßte, noch im Gange; aber er hat begriffen, was er tun muß, und ist stolz auf die Person, die er zu werden beginnt.

Marys Gefängnis

In vieler Weise verkörperte meine Freundin Mary mit neunundzwanzig Jahren beispielhaft den autonomen Erwachsenen. Selbständig, souverän in jeder Hinsicht, erfolgreich und geachtet in ihrem Beruf als Schulberaterin für Grundschüler, kam sie sehr gut allein zurecht, las, kochte, nähte, hörte Musik, machte lange Spaziergänge allein. Durch eine gute Freundinnengruppe hatte sie stets Gesellschaft, wenn sie wollte. Sie hatte eine lange Liste kreativer Operants, darunter Schwimmen, Gartenarbeit, Skilaufen und Segeln. Finanziell ging es ihr gut. Sie stotterte ein kleines Eigenheim ab, fuhr einen Neuwagen und machte alle zwei Jahre Ferien in Europa oder auf Hawaii. Dennoch fühlte sie sich unausgefüllt, wie sie mir erzählte.

»Und wenn du wie meine anderen Freunde bist«, sagte sie, »wirst du mir jetzt sagen, ich brauchte einen Mann. Vielleicht stimmt das ja. Ich weiß es nicht. Aber ich schätze meine Freiheit und Selbständigkeit sehr hoch und beneide keineswegs den Typ Frau, deren ganze Existenz von einem Mann abhängt. Außerdem habe ich noch nie einen Mann getroffen, der so viel für mich tun konnte, wie ich selbst für mich tun kann. Ich bin nicht gerade ›himmelhoch jauchzend‹ glücklich, aber ich bin glücklich genug, und um das wesentlich zu steigern, müßte schon ein außerordentlicher Mensch her. Liebe und Ehe, was haben sie denn gebracht für meine Freundinnen, die geheiratet haben, kaum daß sie zwanzig waren, ein paar Kinder gekriegt haben und sich jetzt scheiden lassen? Ich bin ihnen so weit voraus, daß es nicht einmal mehr komisch ist. Ich will nie so abhängig sein wie sie, nie durch ein solches Scheidungstrauma gehen oder – schlimmer – in einer unglücklichen Beziehung festsitzen und nicht mehr heraus können. Mein Leben kommt mir manchmal ein bißchen leer vor, das stimmt, aber der schlechteste Kompromiß ist es nicht, besser jedenfalls als vieles, was ich in meiner Umgebung sehe. Was meine Freundinnen haben, will ich nicht; ich will mehr, als ich jetzt habe, nur weiß ich ehrlich gesagt nicht, was.«

Mir fielen dabei – vielleicht vorschnell – ein paar wichtige Zeilen aus Mayeroffs Buch »On Caring« ein. Sinngemäß sagt er darin, das Vermögen eines Menschen, sich anderen intensiv zuzuwenden, sich zu »sorgen« (»caring«), also im weiteren Sinne seine Liebesfähigkeit, bestimmte wesentlich seine übrigen Vorstellungen und Aktivitäten. Bei genügender Intensität und damit »Breitenwirkung« auf seine übrigen Werte verleihe dies Vermögen seinem Leben eine grundsätzliche Stabilität; er sei »am Platz« in der Welt, statt fehl am Platz zu sein oder einfach durchs Leben zu treiben und ewig seinen Platz zu suchen. Erst dadurch, daß er sich bestimmten anderen intensiv zuwende und ihnen dadurch diene, gewinne das Leben des Individuums Sinn. Wenn man je sagen könne, daß ein Mensch in der Welt »zu Hause« sei, dann nicht durch Beherrschen anderer, durch theoretische Welterkenntnis oder ästhetische Empfänglichkeit, sondern dadurch, daß er sich anderen zuwende und andere sich ihm.

Was Mary angeht: An Stabilität, an Ordnung mangelte es ihrem Leben nicht, wohl aber – nach meiner und wohl auch ihrer Meinung – an intensiver Hinwendungsfähigkeit. Man kann viele Kompromisse mit dem Leben schließen; es gibt eine Menge ungefährlicher, relativ risikoloser Lösungen, die jedoch zu starker Lebensverflachung führen, und ein »flaches« Leben ist in meinen Augen überhaupt kein Leben. Franks Kompromiß ist heute mit Abstand der verbreitetste; es deutet jedoch alles darauf hin, daß in Zukunft, wenn Männer und Frauen im praktischen Bereich (Unterhalt, Lebensführung) weniger aufeinander angewiesen sein werden, Marys Kompromiß an Verbreitung gewinnen wird.

Es ist für den Fachmann wie für den Laien immer leichter, jemandem *technische* Hilfe zu geben (Wege zu weisen, *wie* er etwas erreicht), als ihm *inhaltliche* Hilfe zu geben (Entscheidungshilfe dabei, *was* er erreichen will). In letzterem Fall kommen fast immer die persönlichen Ideologien des Helfers ins Spiel; auch ist es grundsätzlich sehr problematisch, wissen zu wollen, was für andere richtig ist. Und doch, als ich Marys Beziehungen zu anderen betrachtete – zu ihren Freunden, ihrer Familie, den Kindern, mit denen sie arbeitete –, wurde mir klar: Dadurch, daß sie sich nie in eine enge Primärbeziehung einließ, bewußt jede mögliche Problematik ausklammerte, hatte sie nie Erfahrung sammeln können mit der Art von intensiver, »hingewandter« Bindung, die für die meisten Erwachsenen ein Lebensbedürfnis darstellt. Sie hatte von vornherein auf solche Beziehungen verzichtet, ohne sie je richtig auszuprobieren.

Zwar war sie als jüngere Frau mit einer Anzahl von Männern »gegangen«, aber all diese Beziehungen waren recht oberflächlich geblieben; man war miteinander gegangen, auch sexuell, aber nie wirklich aufeinander eingegangen. Zu »aufeinander eingehenden« Freundschaften mit Frauen war sie in der Lage; Männer waren für sie ein bißchen wie Wesen von einem anderen Stern. Es war vorgekommen, daß Männer sie enttäuscht hatten, sitzengelassen hatten; sie hatte sich zurückgestoßen gefühlt. Sie schrieb das der Tatsache zu, daß sie ein bißchen übergewichtig war. Vor zwei Jahren – im Alter von siebenundzwanzig – hatte sie mehr oder weniger mit Männern Schluß gemacht. Seit damals achtete sie nur noch wenig auf ihr Gewicht und auf ihre äußerliche Attraktivität. Ich umriß ihr – weil sie darum gebeten hatte –, wie ich die Lage sah, und machte Vorschläge, wie sie es anfangen konnte, Männer als menschliche Wesen kennenzulernen, zunächst in Umgebungen, wo solche Beziehungen nicht gleich mit Anbändelung, Sex- und Bindungssuche verwechselt werden würden. Hätte ich Mary professionell beraten, hätte ich irgendwann Programme aufgestellt, die ihr geholfen hätten, ihr äußeres Erscheinungsbild aufzubessern. Aber Menschen wie Mary, die auf einen bestimmten Lebenskompromiß derart festgelegt sind, erbitten und akzeptieren Hilfe nur selten.

Meines Wissens hat Mary aus unserem Gespräch keinen Gewinn gezogen. Um Fortschritte zu machen, hätte sie praktisch eine neue Adoleszenz durchlaufen, noch einmal von neuem erwachsen werden müssen: eine äußerst schwierige Sache. Ihre frisch geschiedenen Freundinnen taten das jetzt wohl: Aber ihr Leben war auch, wie das des Heranwachsenden, verunsichert und zerrissen. Mary hatte sich eingerichtet. Warum daran rütteln?

Marks Gefängnis

Mark: der Erfolgsmensch par excellence, fünfunddreißig Jahre alt, schnelle Karriere als Rechtsanwalt. Er fühlte sich wohl in seinem Beruf, war als Jurist hervorragend. Im Gegensatz zu den meisten Erfolgsmenschen freilich nahm Mark seine Arbeit nicht tierisch ernst. Er war begabt genug, um mit mäßigem Arbeitsaufwand seinen Konkurrenten doch fast immer um eine Nasenlänge voraus zu sein. Noch einen weiteren Vorteil hatte er: auffallend gutes Aussehen und Charme – ein Plus in jedem Beruf. Er war lange genug Junggeselle gewesen, um viele Selbstversorgerkünste zu beherrschen. Zum Beispiel kochte er gern – eine nicht allzu breite Palette an Gerichten, aber immer gut und »funktionell«. Für andere Arbeiten im Haushalt engagierte er Hilfskräfte. Er hatte ein herrliches Eigenheim am Stadtrand und gab von Zeit zu Zeit tolle Feste für seine Freunde.

Wer ihn erst ein paar Jahre kannte, mochte glauben, ihm sei immer alles einfach so zugeflogen, aber das stimmte nicht. Zehn Jahre zuvor, als Jurastudent, hatte er sich in eine etwas ältere, schöne, hochgebildete Journalistin verliebt und sie geheiratet. Eine Zeitlang eine idyllische Beziehung für Mark: Er hatte eine Frau, die er liebte und achtete, die ihn mochte und stimulierte. Für ihn war sie die Superfrau ohnegleichen: Mutter und Geliebte in Idealkombination, dazu beruflich erfolgreich. Doch im Laufe der Jahre stellte sich heraus, daß er ihren Ansprüchen nicht genügte; aus Gründen, die er nie recht begriff, verließ sie ihn, als sie ein verlockendes Angebot als Mitarbeiterin einer größeren Stadtzeitung erhielt. Eine seelische Katastrophe für Mark, der gerade vor einem Jahr sein Jurastudium abgeschlossen hatte. Nie zuvor, weder beruflich noch in seinem Liebesleben, war er enttäuscht worden, und er schwor sich: Das passiert dir nie wieder. Er schwor, daß er in jeder künftigen Beziehung und beruflichen Situation die Oberhand behalten wolle, ganz gleich, wieviel Arbeit ihn das kosten werde. Und tatsächlich, mit fünfunddreißig Jahren hatte er es geschafft. Seine Freunde, verheiratete wie ledige, beneideten ihn, teils, weil er immer Herr der Dinge war, immer die Zügel in der Hand, alles unter Kontrolle hatte. Nie war er mit weniger als zwei Frauen gleichzeitig befreundet, oft mit dreien oder mehr. Die Künste und Kniffe des Kennenlernens, des Sex, des Pflegens von Beziehungen beherrschte er perfekt. Hätte er den Bilanz-Fragebogen, den Sie schon kennen, ausgefüllt, er hätte mehr Fähigkeiten in die Spalte »Sehr gut« eintragen können als die meisten Alleinstehenden, die ich kenne.

Ich fragte Mark eines Abends, wie er sein Privatleben handhabe. Seine Antwort war auffallend ehrlich. Er erzählte mir noch einmal von seiner Ehe, der Trennungskatastrophe, seinem Schwur. »Ich kam zu dem Entschluß«, sagte er, »daß ich intelligent genug und stark genug war, um wirklich unabhängig zu werden, und ich habe es geschafft. Ich habe das autonome Erwachsensein entdeckt, bevor Sie ihm einen Namen gaben.«

»Und«, fragte ich, »woher kommt Ihr Erfolg bei Frauen?«

»Ganz einfach. Ich brauche sie stets weniger, als sie mich brauchen. Ich sehe sie stets weniger, als sie mich sehen wollen. Ich habe stets mehr Frauen, als ich brauche, so daß der Verlust einer einzigen nie ein allzu großer Verlust ist. Ich richte es so ein, daß ich immer gewinne und nie verliere.«

Trotz seines nahezu perfekten Abschneidens, was das »technische Rüstzeug« betrifft, möchte ich Ihnen Mark nicht als das Idealbeispiel des autonomen Erwachsenen vorhalten. Der Grund: Es geht ihm ausschließlich ums Herrschen, ums Gewinnen, nicht ums Leben. Daß er jedem engeren Sich-aufeinander-Einlassen, jeder intensiveren Beziehung betont aus dem Wege geht, ist für mich ein ebenso großer Lebenskompromiß wie die Kompromisse der anderen »Gefängnisse«, die ich vorgestellt habe. Es ist das bequemste Gefängnis von allen und gerade deshalb das ausbruchssicherste. Es funktioniert so gut und erzeugt so wenig Leidensdruck, daß er vielleicht nie dazu bewogen sein wird, auszubrechen.

Die hier vorgestellten Fallstudien spiegeln ein breites Typenspektrum von Problemen des autonomen Erwachsenseins und -werdens. Die subtilsten Defizite können die hartnäckigsten sein, weil sie mit den »ausbruchssichersten« Gefängnissen zusammenhängen. Frage: Sitzen auch Sie in »Einzelhaft«? Was hält Sie dort?

Umstellungshilfen

Meine Hauptsorge beim Schreiben dieses Buches ist, daß seine Wirkung auf Sie, den Leser, nicht lange vorhält, egal wie gut die Ratschläge sein mögen, die ich darin gebe. Sie werden in den folgenden Kapiteln brauchbare Strategien zur Überwindung von Autonomiedefiziten finden: Aber ich weiß, wie schwer es für Sie sein wird, nun tatsächlich in der Praxis Ihr Verhalten zu ändern und die Veränderung stabil zu halten, wenn die gewünschten Resultate nicht sofort erfolgen. Angenommen, Sie können nicht kochen und wollen kochen lernen. Vom Start weg türmen sich Schwierigkeiten auf, die einem den Mut nehmen können: etwa Kauf von Küchengeräten und Nahrungsmittelvorräten. Im typischen Falle weiß man nicht, was man braucht, wo man es kauft, ob man überhaupt Geld auf eine so windige Sache verschwenden soll. Hinzu kommen – besonders bei Frischgetrennten – zusätzliche Hemmungen: Man scheut sich noch mehr, die Aufgabe anzugehen, man scheut sich vor der eigenen Inkompetenz. Angenommen, man überwindet all diese Hindernisse: Dann hat man immer noch nicht die leiseste Ahnung vom Kochen! Also geht man hin und kauft ein Kochbuch. Aber welches? Die Auswahl ist riesengroß. Und hat man ein Buch: An welches der vielen Rezepte soll man sich zuerst wagen? Wie rechnet man Rezepte für vier bis acht Personen auf eine Person um? Und was heißt das alles: anschmoren, aufkochen, binden, panieren, ziehen lassen? Wäre es nicht einfacher, ins nächste Eßlokal zu gehen und sich die Sache aus dem Kopf zu schlagen?

Oder angenommen, Sie wollen in neue Aktivitäten einsteigen, neue Leute kennenlernen. Die Zeitung führt nur wenige Möglichkeiten auf; und je dringender man neue Aktivitäten braucht, desto unfähiger ist man meist, sich geeignete auszusuchen und zu orten. Teilnahme an neuen Gruppen fällt den meisten Menschen schwer, und es allein zu versuchen ist besonders schwierig. Ein solcher Vorstoß erfordert eine *Handlungskette*: feststellen, was es gibt, auswählen, Vorbereitungen treffen – etwa: für die betreffende Zeit einen Babysitter bestellen – und, schließlich, gehen. Wieviel leichter ist es, vor dem Fernsehapparat zu hocken und zu hoffen, daß einen irgendwann jemand irgendwohin einlädt oder mitnimmt. Leider, leider: Wir alle neigen dazu, auf den Weg des geringsten Widerstandes zurückzufallen.

Diese Handlungskette ist es, die es so schwer macht, zu einem guten selbstgekochten Mahl, einer neuen interessanten Beschäftigung, einem neuen Freund zu kommen. Wahrscheinlich wird man sich die ersten Male völlig vergeblich durch die Kette kämpfen, ohne die erwünschten Resultate. Aufs Gesicht zu fallen gehört zum Anfängerschicksal. *Am Anfang* sieht es beim Erlernen einer neuen Fähigkeit, beim Aufbau eines neuen Repertoires immer so aus, als stünde die Mühe in keinem Verhältnis zum Erfolg. Der Anfangswiderstand ist hoch, der Lohn zunächst gering (erst später zahlt es sich besser aus), Versagen entmutigend häufig. Das sind nur einige der Gründe, warum das Rüstzeug fürs autonome Erwachsensein so schwer zu erwerben ist und warum man zur Verhaltensänderung – in den meisten Fällen – alle Hilfe nötig hat, die man bekommen kann.

Selbstdisziplin-Techniken

Um die schwierigen Anfänge leichter zu machen, zu »systematisieren«, folgen nun fünf Selbstdisziplin-Techniken. Sie haben mit Zauberei nichts zu tun. Wahrscheinlich kennen Sie die eine oder andere sowieso schon. Man kann vieles gegen sie sagen – sie sind ein bißchen banal und langweilig, und sie verlangen, daß man seine guten Vorsätze ernster nimmt, als man womöglich will –, aber *sie wirken*. Ich habe die Wirkung am eigenen Leibe gespürt; sie haben mir geholfen, Schwierigkeiten zu überwinden. Ihre allgemeine Wirksamkeit ist wissenschaftlich hinlänglich bewiesen, und ich habe sie mit Erfolg bei vielen Klienten in meiner Praxis angewandt. Benjamin Franklin, einer unserer frühesten »Vehaltensforscher«, wandte einige mit Erfolg bei sich selbst an; was Selbstdisziplin und das Lernen neuer Dinge betraf, war Franklin ein Meister.

Weil ich diese Selbstdisziplinierungs-Schritte selber manchmal stumpfsinnig finde und vermute, daß es Ihnen ähnlich geht, widme ich ihnen nur soviel Raum wie absolut notwendig. Hat man sie jedoch einmal intus, versteht man den Rest des Buches besser und kann sie als Hilfstechniken zur Realisierung jedweder Veränderungsidee einsetzen, die man hier und anderswo findet. Sie gehören nicht zum Interessantesten, was ich Ihnen zu sagen habe, aber zum Wichtigsten. Sie können Ihnen helfen, kochen zu lernen oder die große Liebe zu finden. Sie lohnen sich.

Die fünf Techniken (sie werden noch einzeln erläutert):

    I.   Zielsetzung
   II.   Abgestufter Aufgabenplan
  III.   Selbstbeobachtung und -protokollierung
  IV.   Selbstauferlegte Konsequenzen
   V.   Umweltplanung

Bevor wir näher darauf eingehen, sei eines geklärt: Autonomes Erwachsensein bedeutet nicht, daß man in allem ein Meister werden muß. Es heißt nur, sich soweit zu qualifizieren, daß man selbständig seine Bedürfnisse stillen kann, mehr zunächst nicht. Fehlen einem zum Beispiel die Grundkenntnisse im Kochen, ist es ratsam, ein paar einfache Anfängergerichte zu lernen, für Zeiten, wo man zu krank oder zu müde ist, um essen zu gehen. Darüber hinaus hat man dann die Wahl, ob man weiterhin größtenteils im Restaurant essen will oder seine Kochkünste weiter vervollkommnet bis zur guten Hausmannskost oder gar Feinschmeckerebene. Es geht nur darum, sich soweit wie möglich (und nötig) zum Selbstversorger zu machen: Dann entfällt das sklavische Bedürfnis nach einem anderen, der für einen sorgt. Und man ruiniert nicht so leicht eventuelle zukünftige Beziehungen, indem man dem Partner seine ganzen unerfüllten

Bedürfnisse auflädt. Autonomes Erwachsensein heißt schlicht: instande sein, seine Bedürfnisse selbst zu stillen, auf persönlich »maßgeschneiderte« Weise.

Technik I: Zielsetzung

Ehe man losmarschiert, muß man natürlich wissen, wohin. Wenn Sie die Bestandsaufnahme Ihrer Fähigkeiten – wie im letzten Kapitel vorgeschlagen – gemacht haben, war das ein erster wichtiger Schritt auf dem Wege zur Kunst, allein zu leben; herausgekommen sind dabei aber nur Prioritäten, noch keine festen Ziele. Haben Sie zum Beispiel ein Defizit auf dem Gebiet »Kochen«, müssen Sie jetzt bestimmen, wie gut Sie als Koch werden wollen. Gefragt, was er erreichen wolle, sagte mir ein Klient mit dieser Priorität: »Also, ich möchte jeden Abend einfache Mahlzeiten für mich kochen können. Kein aufwendiges Menü unbedingt, aber ich will mir ein solides Gericht kochen und allein genießen können. Ich gehe nicht gern allein ins Restaurant essen, aber zu Hause gemütlich allein essen, das müßte doch möglich sein. Dann möchte ich wirklich gute Gerichte für gelegentlichen Damenbesuch oder zwei Paare kochen können. Für erfolgreich würde ich mich halten, wenn mir eine große Dinner-Party gelänge. Auch ein komplettes Buffet für eine Abendgesellschaft möchte ich zusammenstellen können. Ich möchte so gern kochen lernen, aber der Anfang ist schwer.«

Eben. Eine Fülle lobenswerter Ziele, aber einfach zuviel auf einmal. Es wird nicht nur leichter aussehen, es wird auch leichter *sein*, wenn man es in fünf Unterziele zerlegt:

1. Einfache Gerichte für sich selbst kochen.
2. Gern allein essen.
3. Gerne kleine Gruppen von Freunden mit komplizierteren Gerichten bewirten.
4. Eine große Dinner-Party ausrichten.
5. Eine große Abendgesellschaft bewirten können.

Auch sehr einfach formulierte Ziele müssen oft in kleinere Unterziele aufgegliedert werden. Ich denke da an einen Freund, der sein Lebensziel folgendermaßen umriß: »Für mich liegen die Dinge einfach. Ich will nur die große Liebe meines Lebens finden, dann kommt alles andere von selbst ins Lot.« Ob es dann tatsächlich ins Lot kommt, sei dahingestellt – davon abgesehen ist es ein legitimes Ziel. Aber wie erreicht man es? Von den vielen möglichen Unterzielen, Schritten auf dem Wege zum Hauptziel, seien genannt:

1. Sich an Aktivitäten mit hohem Wahrscheinlichkeitsgrad beteiligen, daß man geeignete Personen des anderen Geschlechts kennenlernt.
2. Gespräche mit Personen des anderen Geschlechts anknüpfen.
3. Um weitere Kontakte bitten, wenn der (die) Betreffende einem gefällt.
4. Keine Angst vor »Körben« haben; Zurückweisungen verkraften lernen.
5. Zahlreiche Kennenlern-Methoden durchprobieren, so unter anderem die »blinde Verabredung«, Ansprechen eines Fremden, Sich-Hineinwagen in neue Situationen usw.

Wenn Sie nun beginnen wollen, an Ihrer Autonomie zu arbeiten, nehmen Sie sich zwei Minuten Zeit, Papier und Stift und schreiben Sie sämtliche Ziele nieder, die Ihnen einfallen. Zunächst ganz wahllos, keine Prioritäten setzen, nichts wegstreichen. Als Orientierungshilfe können Sie die Selbstbenotungsliste und die Lernprioritätenliste nehmen, die Sie aufgestellt haben, aber beschränken Sie sich nicht auf die dort gemachten Vorschläge. Beispiel: Wenn Sie schlanker werden, gesünder leben, das Rauchen aufgeben wollen, notieren Sie das ebenfalls. Die Techniken, die wir hier durchgehen, sind Allzwecktechniken, geeignet für jedes Ziel. Die Frage ist: Was fehlt Ihnen, um ein glücklicherer, gesünderer, zufriedenerer Mensch zu werden? Was würden Sie gern erreichen?

Ist das geklärt, kann man organisieren, sichten. Streichen Sie alle Ziele durch, für die Sie nicht zumindest ein paar Minuten Arbeit täglich aufwenden wollen oder können. Bitte ehrlich sein und einiges eliminieren. Dann, wie zuvor, des Rest nach Wichtigkeit nach dem ABC-Prioritätssystem einstufen. Kommen viele A's heraus, weiter untergliedern in A 1, A 2, A 3 usw. Ferner – wie zuvor – eine Zweiteinstufung vornehmen nach der Leichtigkeit, mit der das betreffende Ziel erreicht werden kann. Es kristallisiert sich dabei (in wenigen Minuten, länger dürfte es nicht dauern) nicht nur eine Liste von Zielen mit bereits fertigen Prioritäten, sondern in Ansätzen auch gleich eine Art höherer »Lebensplan« heraus. Wenn Sie es bis jetzt noch nicht getan haben: ich lege es Ihnen dringend ans Herz. Aus diesem Kapitel und dem ganzen Buch werden Sie dann viel mehr Gewinn ziehen. Ich glaube, daß es hilft.

Der nächste Schritt: ein oder höchstens zwei Ziele wählen, an denen man zuerst arbeiten will. Wie bei der Lernprioritätenliste bieten sich hier jene Ziele an, die in beiden Kategorien am höchsten rangieren. Besonders wichtig: die »Leichtigkeit«, denn wenn Sie alles, was ich vorzuschlagen habe, befolgen, dann lernen Sie ein *System* der Selbstverbesserung. Setzt man bei den relativ leicht erreichbaren Zielen an, erhöht man seine Anfangs-Erfolgschancen, und diese frühen Erfolgserlebnisse werden einen dann ermutigen, auch die schwierigeren Probleme mit diesem System anzupacken.

Nun zur Aufgliederung. Haben Sie ein oder zwei Ziele ausgesondert, auf die Sie Zeit verwenden wollen, fragen Sie sich, welche Unter- oder kurzfristigen Ziele den Weg zum längerfristigen Ziel markieren. Beim Fernziel »Gesünder leben« kann das etwa heißen: Ernährung verbessern, Sport treiben, Schlafgewohnheiten ändern usw. Für jedes in diesem Buch behandelte Gebiet habe ich Unterziele zu skizzieren versucht, und in jeder Bücherei gibt es praxisnahe »Wie macht man's«-Bücher über Haushaltsführung, Kochen, Finanzplanung, Auto-Instandhaltung und andere Fertigkeiten, die man im Alltag braucht. Wie man es auch anstellt: Vorrangig ist zunächst, die Unterziele zu finden, die kleinen Schritte auf dem Weg zum großen Ziel. Zur Veranschaulichung hier eine Aufstellung von Zielen, darunter die Unterziele, in die es sich aufgliedern ließe:

1. Bessere Finanzplanung
   a) Wissen, wo das Geld hingeht.
   b) Bilanz ziehen: Monatseinkommen, feste Ausgaben, Ersparnisse, Nebeneinkünfte usw.
   c) Einen Haushaltsplan aufstellen, der alle unter b) aufgeführten Punkte umfaßt.
   d) Den festgelegten Etat nicht überschreiten.
   e) Finanzielle Lebensziele (sofern vorhanden) ausformulieren.
2. Alleinsein ertragen/genießen
   a) Allein sein können ohne Angst und Depression.
   b) Allein ausgehen können.
   c) Gern allein essen gehen, reisen oder sonstige Dinge außer Haus unternehmen können.
   d) Gern allein sein können und nichts tun.
   e) Gern zu Hause allein Dinge tun.
3. Haushalt
   a) Wohnung angemessen instandhalten.
   b) Tagesarbeiten im Haushalt erledigen (z. B. Kleider in den Schrank hängen, Geschirr nicht ungespült lassen, aufräumen).
   c) Lernen, wie man die periodisch anfallenden Arbeiten tut (z. B. Wäsche waschen, Staubsaugen, Staubwischen, Fußboden scheuern).
   d) Die unter c) aufgeführten periodischen Arbeiten erledigen.

Auf jedem Einzelgebiet wie Haushalt oder Kochen muß man nun feststellen: Liegt das Problem eher im Theoretischen (ich kann es nicht) oder im Praktischen (ich kann es, ich tue es nur nicht). Muß man eine bestimmte Arbeit erst erlernen, oder muß man sich nur dazu bringen, sie zu tun? Die hier besprochenen Techniken eignen sich für beides, aber die Unterziele und Anfangsschritte werden sich unterscheiden, je nachdem, ob etwas erst »gelernt« oder »nur getan« werden muß.

Generell ist es am besten, nicht zu viele Unterziele auf einmal in Angriff zu nehmen. Man wähle ein bis zwei für den Anfang.

Man denke daran: Ein System zur Veränderung des eigenen Verhaltens wird hier gelernt. Hat man das System einmal »intus«, ist es grundsätzlich auf jedes Problem anwendbar. Da es – unter anderem – gleichsam als Salamitaktik den Sinn hat, große Dinge durch Aufsplitterung handhabbar zu machen, darf man nicht zu viele Unterziele gleichzeitig in Angriff nehmen; dann zerstört man die Wirkung, das System wird also nicht mehr anwendbar.

»Zweierbeziehungsgeschädigten« Männern, denen das Rüstzeug fürs selbständige Leben zum großen Teil fehlt, rate ich normalerweise: Grundkenntnisse im Kochen erwerben und, wenn möglich, sich zu ein bißchen mehr Ordnung im Haushalt erziehen. Bis er diese beiden Ziele meistert, können die anderen Ziele zunächst ruhen; er kann weiter, wenn er will, abends essen gehen, die Wohnungsreinigung von einer Putzfrau besorgen lassen, kurz, andere Arbeiten zunächst »abtreten«. Auch Unterziele sind oft noch zu »groß« und müssen weiter zerlegt werden. Dazu dient der *abgestufte Aufgabenplan*.

Technik II: Der abgestufte Aufgabenplan

Nun geht es »in medias res«: Planung einzelner, konkreter, kleiner Schritte, um die gewählten Unterziele zu erreichen. Zunächst sich fragen: »Womit kann ich am leichtesten anfangen?« Und ich meine wirklich *am leichtesten*. Es sei noch einmal hervorgehoben, daß man es sich am Anfang eher zu leicht als zu schwer machen sollte; das ist psychologisch besonders wichtig. Sich zunächst leichte Dinge vorzunehmen erhöht die Wahrscheinlichkeit, daß man erstens überhaupt darangeht und es zweitens auch schafft. Mit leichten Dingen anzufangen erhöht die Chance, daß man später richtig in das Projekt »einsteigt« und vielleicht noch weit mehr leistet, als man sich vorgenommen hatte. Es geht darum, die Anfangsschwierigkeiten zu überwinden, es geht darum, das Ungewohnte, Neue systematisch mit »Gewohnheiten« zu umgeben. Man wähle, wenn möglich, eine Aufgabe, die nur wenige Minuten am Tag beansprucht. Steigert man sich dann hinein und verwendet mehr Zeit darauf, um so besser. Wenn nicht, hat man dennoch begonnen, sich zu ändern,

104

und ist der gestellten Aufgabe gerecht geworden. Zu einer guten Aufgabenstellung gehört:

1. Sie muß konkretes, genau beschriebenes Handeln verlangen.
2. Sie muß ein Zeitlimit haben (spätestens bis ...).
3. Sie darf uns nicht überfordern (d. h. Fähigkeiten und Kenntnisse voraussetzen, die wir nicht oder noch nicht haben).

Wenn irgend möglich, sollten die selbstgestellten Aufgaben logisch und schrittweise aufeinander aufbauen. Als Beispiel ein Aufgabenplan für den Anfänger, der Grundkenntnisse im Kochen erwerben will:

1. Kochen
   a) In den nächsten zwei Tagen ein oder mehrere Anfänger-Kochbücher kaufen.
   b) Aufstellung der Küchengeräte machen, die man braucht (Anregungen im Kochbuch).
   c) Aufstellung der Vorräte machen, die man braucht (Zukker, Mehl, Salz, Gewürze usw.).
   d) Vorräte und Arbeitsgeräte kaufen.
   e) Mindestens drei einfache Gerichte für Mahlzeiten in den nächsten drei Tagen zusammenstellen. (Die Standardgerichte in vielen Eßlokalen sind durchaus nicht schwer zu kochen. Einfach aufschreiben, was einem gefällt.)
   f) Bis morgen abend nachlesen, wie die Bestandteile der drei Gerichte, die man sich ausgesucht hat, zubereitet werden.
   g) Bis morgen abend die Zutaten für mindestens eines dieser Gerichte kaufen.
   h) In den nächsten vier Tagen mindestens ein Gericht zubereiten.
   i) Systematisch jede Woche ein neues Gericht lernen und zubereiten.
   j) Bekannte Rezepte allmählich abwandeln; beginnen, individueller zu kochen.
   k) Diese Woche (mindestens) einen Freund zu einem selbstgekochten Essen einladen.

l) Kommende Woche ein Essen für drei oder mehr Gäste zubereiten.

m) Einen Monat lang jede Woche ein aufwendigeres Gericht machen.

n) Mindestens zweimal pro Woche auch einmal Wert auf »äußere Eßkultur« legen (Tischtuch, gefaltete Serviette, gut gedeckter Tisch, Hintergrundmusik, guter Wein usw.).

Der Anfänger sollte sich nicht scheuen, auf Arbeitserleichterungen zurückzugreifen. Für erste Kochversuche mag man zum Beispiel tiefgefrorene oder vorgefertigte kleine Speisen verwenden wollen, für die man nur noch die Beigaben selbst macht, etwa Salat und Röstkartoffeln.

Also: Es sich zunächst aus den besprochenen Gründen leicht machen und daran denken, daß man, ist das gesteckte Ziel erreicht, aufhören kann. Wenn Sie autonom geworden sind in dem Sinn, daß Sie sich selbst versorgen können, haben Sie genug getan. Ob Sie sich nach Aneignung der Grundkenntnisse zum Feinschmeckerkoch weiterentwickeln wollen, ob Sie gelernt haben, einen Haushaltsplan aufzustellen, einen Fortbildungskursus über persönliche Finanzplanung besuchen wollen, das liegt bei Ihnen. Gehen Sie so weit, wie es Ihnen Spaß macht.

Bei Aufgabenplänen dieser Art ist es wichtig, die Aufgaben klar und unmißverständlich zu formulieren, damit abzulesen ist, welche Fortschritte man macht. Legen Sie jede Aufgabe schriftlich nieder, damit Sie einen geschriebenen Vertrag, ein Abkommen mit sich haben.

Aufgeführt sind Beispiele für abgestufte Aufgabenpläne in weiteren Bereichen des Alltags, in denen Autonomie geübt werden sollte. Zu jeder Aufgabe, die Sie sich stellen, sollten Sie sich ein Zeitlimit, abgestimmt auf die eigenen Verhältnisse, setzen.

2. Finanzplanung

a) Tagebuch führen über alle Ausgaben.

b) Alle festen monatlichen Ausgaben wie Miete, Telefon, Nebenkosten zusammenrechnen und vom monatlichen Nettoeinkommen abziehen.

c) Die übrigen Ausgaben (ggf. geschätzt) aufstellen: Lebensmittel, Kleidung, Freizeit, Abzweigung aufs Sparkonto usw.

d) Jahresziele für Ausgaben und Ersparnisse setzen.

e) Einen Wochen- oder Monats-Zieletat aufstellen.

f) Den festgelegten Etat nicht überschreiten.

g) Dennoch flexibel bleiben: Den Etat wöchentlich oder monatlich – wenn es die Umstände oder wenn neue Ziele es erfordern – revidieren. Aber immer wieder festlegen.

3. Haushalt

a) Ein empfohlenes Buch über Haushaltsführung kaufen.

b) Liste aller Haushaltsartikel machen, die man braucht.

c) Diese Artikel kaufen.

d) Sich, wenn nötig, theoretisch informieren über alle Hausarbeiten, die man nicht beherrscht.

e) Jeden Tag aufräumen, entweder abends vor dem Schlafengehen oder morgens, ehe man das Haus verläßt.

f) Sich verpflichten, die regelmäßig anfallenden Hausarbeiten im Wochen-, Zehntages- oder Vierzehntagesturnus zu tun, je nach persönlichen Gegebenheiten.

g) Eine Haushaltsbedarfsliste führen (was muß nachgekauft werden).

h) Einen Plan für die weniger regelmäßig anfallenden Hausarbeiten machen, z.B. Fensterputzen, Ofen reinigen, Kühlschrank abtauen, Regale abstauben, Schränke säubern.

4. Wohnungseinrichtung und -ausgestaltung

a) Liste aller nötigen Anschaffungen aufstellen: mit voraussichtlichen Kosten, gestaffelt nach Priorität.

b) In einer festgesetzten Zeit eine festgesetzte Zahl von Möbel- und Innendekorationsgeschäften aufsuchen.

c) Sich bis zu einer festgesetzten Zeit für einen bestimmten Stil bzw. Stilmischung entscheiden.

d) Freunde fragen, wo man die Möbel, die man sich vorstellt, kaufen kann.

e) Regelmäßig Gebrauchtmöbelanzeigen durchgehen.

f) Freunde um ihre Meinung zu Einrichtung und Ausgestaltung der Wohnung fragen.

g) Einschlägige Zeitschriften kaufen und lesen, um Anregungen zu gewinnen.

Dies sollen keine starren Schemata sein, nur Beispiele. Man wird sie in jedwedem Tätigkeitsbereich, befaßt man sich erst theoretisch und dann auch praktisch damit, nach eigenen Gegebenheiten abändern, die Aufgabenstellung so gestalten, wie es persönlich am sinnvollsten ist. Das wichtige ist die Aufgabenstellung überhaupt – daß man mit sich selbst einen Vertrag schließt, der genau umreißt, was man tun soll, und der auch Endtermine nennt. Wichtig ist auch, daß die Aufgaben – wenn irgend möglich – leicht anfangen und erst allmählich an Schwierigkeitsgrad, Kompliziertheit und Umfang zunehmen. Geradezu ideal ist es, die frühen Aufgaben so zu gestalten, daß man dabei sukzessive Fertigkeiten einübt, die einem bei den späteren komplizierteren Aufgaben zugute kommen; jede Aufgabe gleichsam als Vorübung für die nächste sehen.

Technik III: Selbstbeobachtung und -protokollierung

Nun gilt es systematisch Buch darüber zu führen, ob und wie gut man die selbstgestellten Aufgaben erfüllt. Ein unwichtiger, formalistischer Schritt, mag mancher denken. Das stimmt keineswegs, wie wissenschaftliche Untersuchungen und klinische Erfahrung bewiesen haben. Tägliches Protokollieren der Erfüllung und Nichterfüllung der selbstgestellten Aufgaben hilft in vielerlei Weise. Erstens: Selbstbeobachtung hält ehrlich. Sie übt »moralischen Druck« aus, die Verträge, die man mit sich abgeschlossen hat, einzuhalten, und zeigt konkret, wann man sie eingehalten hat und wann nicht. Zweitens: Selbstbeobachtung ist Mahnung und Anstoß, das zu tun, was man sich vorgenommen hat. Trägt man Notizblock und Kuli bei sich und protokolliert die Zahl der Kontaktversuche, die man Fremden gegenüber unternimmt, oder heftet man ein Diagramm an die Kühlschranktür, das die Zahl neuer Rezepte, die man »geschafft« hat, verzeichnet, dann wird man eher angeregt sein, die jeweilige Aktivität zu wiederholen. Drittens: Selbstbeobachtung und -protokollierung gibt einem Rückmeldung (»feedback«), anhand derer man kontrollieren kann, ob die Aufgaben zu schwer sind. Viertens: Allmähliche Veränderungen, sonst vielleicht kaum wahrnehmbar und nicht zu würdigen, werden erkennbar, meßbar. Beispiel: Wer die Kalorienmenge, die er täglich zu sich nimmt, herabzusetzen sucht, ist unter Umständen verzweifelt über seine langsame Gewichtsabnahme, bis er sowohl Kalorienmenge als auch Gewichtsverlust protokolliert vor sich hat und daran seinen Fortschritt »sieht«. Fünftens geben Selbstbeobachtungsdaten Stoff zum Prahlen: »Seit ich vor zwei Wochen mit dem Programm angefangen habe, habe ich sechs neue Rezepte gelernt und bin zwei Kilometer am Tag gelaufen.« Jede Ermutigung, jede Verstärkung, die man von anderen wegen positiver Veränderungen in seinem Leben bekommen kann, ist hoch willkommen.

An diesen Nutzeffekten liegt es wohl, daß die vorliegenden psychologischen Forschungsergebnisse überwiegend zeigen, daß schriftlich festgehaltene Selbstbeobachtung allein oft schon positive Veränderungen im Leben von Menschen bewirken kann. Ich jedenfalls glaube, daß solcherart Protokollierung für jedes Selbstveränderungsprogramm wesentlich ist. Wenn ich eine Sache, die ich verändern will, zu beobachten beginne, dann weiß ich: ich meine es ernst, und beginne auch schon mit der Veränderung. Mache ich kein Verhaltensprotokoll, dann gehen meine guten Vorsätze in der Alltagstretmühle bald unter.

Für Aufgaben, die in Verbindung stehen mit dem Einüben von Fertigkeiten fürs autonome Erwachsensein, eignet sich häufig die einfachste Protokollierungsmethode; gewöhnlich lassen sie sich so formulieren, daß man nur protokollieren muß, ob man sie erfüllt hat oder nicht. Bei nur ein oder zwei Aufgaben pro Tag oder Woche kann man einen Kalender nehmen und einfach eintragen, ob und wann man sie erledigt hat. Eine manchmal wirksamere Methode: der selbstangefertigte Protokollkalender, in dem man die selbstgestellten Aufgaben aufführt und dahinter Platz zum Ankreuzen läßt. Dort aufgehängt, wo man es oft sieht (etwa an der Kühlschranktür), kann dieses Blatt ein starker

»Mahner« sein, Aufgaben zu erfüllen und das Ergebnis zu protokollieren. Ein Beispiel:

Protokollkalender

Aufgabe	Mo	Di	Mi	Do	Fr	Sa	So
An mindestens vier Tagen in dieser Woche Kontaktversuche machen	+		+	+ + + +	+		+
Mir mindestens zweimal Abendessen kochen		+				+	
Jeden Tag Trimmtrab	+	+	+	+	−	+	+
Wohnung bei willkürlicher Stichprobe in Ordnung (vier Kreuze = Wochenerfolg)	−	−	+	+	+	+	+
Diese Woche zu einem Gruppentreff gehen			+				

Häufig wird es Aufgaben geben, die nicht täglich getan werden müssen. Trotzdem sollte man sie in den Tageskalender aufnehmen. Im obigen Beispiel ist das selbstgekochte Abendessen nur zweimal in der Woche vorgesehen, der Gruppentreff nur einmal, dennoch paßt beides gut in den täglichen Aufzeichnungsmodus hinein. Es geht darum, das, was man tut, so einfach wie möglich zu protokollieren, ohne die besprochenen Nutzeffekte einzubüßen.

Arbeiten Sie an Dingen mit relativ hoher Tageshäufigkeit, dann wird eine etwas kompliziertere, aber informativere Buchführungsmethode erforderlich. Zum Beispiel: Will man im Rahmen seines »Geselligkeitstrainings« die Zahl der Menschen feststellen, mit denen man täglich spricht, oder zählt man Kalorien, Zigarettenverbrauch etc., dann trägt man am besten Notizblock und Kuli oder ein Taschenzählgerät bei sich. Außerdem empfiehlt sich Übertragung der Tagesergebnisse auf ein Diagramm, möglichst mit Vergleichsdaten über den Zustand vor Beginn des Änderungsprogramms. Das hilft nicht nur, »schleichende« Veränderungen erkennbarer zu machen, das hilft auch bei der realistischen Festlegung der Aufgaben. Beabsichtigt man etwa sein tägliches Fernseh-, Eß- oder Rauchquantum zu drücken, dann gibt eine Woche Selbstbeobachtung schon einen ungefähren Anhalt, welche kleine Anfangsveränderung realistisch »machbar« wäre. Auch gewinnt man bessere Einsicht in die Auslöserreize seines jeweiligen Fernseh-, Eß- oder Rauchverhaltens. Die graphische Darstellung dieser Häufig-Daten zeigt nicht nur »schleichende« Veränderung augenfälliger, sondern auch solche, die sonst von Tag-zu-Tag-Schwankungen verdeckt wird – etwa Gewichtsabnahme.

Technik IV: Selbstauferlegte Konsequenzen

Wem die Selbstbeobachtung gefallen hat, der wird die selbstauferlegten Konsequenzen geradezu lieben. Andernfalls wird das Zuckerbrot-und-Peitsche-System, das ich hier meine, hassenswert erscheinen: nämlich die Selbstbelohnung bei Erfüllung einer Aufgabe, die Selbstbestrafung bei Nichterfüllung. In gewisser Hinsicht ist dies die »künstlichste« aller Selbstdisziplin-Techniken, die ich hier vorstelle, vereinigt sie doch den Belohnenden und den Belohnten, den Strafenden und den Bestraften in einer Person. Wem ein hohes Maß an »natürlicher« Selbstdisziplin gegeben ist, der scheint diese Methode – oft gänzlich unbewußt – am wirksamsten zu beherrschen. Wenn Sie mir zustimmen, daß Menschen vorwiegend aus zwei Antrieben handeln: entweder des Lustgewinns bzw. des guten Gewissens wegen oder, umgekehrt, um Schmerz bzw. Schuldgefühle zu vermeiden, dann können Sie sehen, daß wir das Lohn-und-Strafe-System »ohnehin« bei uns anwenden, wenn auch ungezielter, unbewußter, unsystematischer. So sind wir unseren Selbstwert- und Schuldgefühlen mehr ausgeliefert, als normalerweise gut für uns ist. Ich persönlich halte es für besser, wenn wir diese inhaltlich fragwürdigen Emotionen ganz aus dem Spiele lassen und uns zur Verhaltensbeeinflussung mehr auf die selbstauferlegten Konsequenzen stützen; sie sind der Sache dienlicher. In jedem Fall verwendet man eine Zeitlang Technik IV, dann wird der Lohn- und Strafeffekt dieser Gefühle einsichtiger, und man lernt den Umgang mit dem neutraleren Mittel, den selbstauferlegten Konsequenzen.

Hat man den ersten Schritt auf das Ziel hin – eine Aufgabe – und ein Verfahren, ihre Erfüllung zu überwachen – Selbstbeobachtung – gefunden, so ist der Rahmen gesteckt, in den sich Selbstbelohnung und Selbstbestrafung einsetzen lassen. Bei »Vertragsabschluß« mit sich kann gleich die Belohnung eingeplant werden, für die Erfüllung der Aufgabe und/oder die Strafe für den umgekehrten Fall. Für die Erledigung der Aufgabe kann man eine beliebige, frei verfügbare angenehme Konsequenz festsetzen (wenn ich das Geschirr gespült habe, darf ich ins Kino). Oder man kann sich etwas Verfügbares vorenthalten, bis die Aufgabe erledigt ist (erst wenn ich heute gespült habe, darf ich fernsehen). Oder man kann sich, bleibt die Aufgabe unerfüllt, zu etwas Unangenehmem verpflichten (wenn ich heute nicht spüle, muß ich morgen um sechs aufstehen und vor dem Frühstück spülen).

Dazu einige grundsätzliche Tips. Für den Anfang rät es sich meist, nur mit Belohnungen zu arbeiten, und zwar solchen, die man sich gewöhnlich nicht gestatten würde. Das Zuckerbrot macht einem die Selbständerungsarbeit nun einmal schmackhafter als die Peitsche. Gehört man zum »genußsüchtigeren« Menschentyp, kann es freilich sinnvoller sein, Dinge zu finden, die man sich vorenthält, bis die Aufgabe erfüllt ist. Dagegen ist nichts zu sagen, nur wird im allgemeinen das Belohnungsverfahren bevorzugt.

Dann: Die Belohnung auf jeden Fall »reizvoll« genug ansetzen. Belohnungen, die einem nicht viel bedeuten, sind kein wirksamer Ansporn.

Schließlich: Der Lohn – oder die Strafe, je nachdem – sollte der jeweiligen, klein genug angesetzten Aufgabe möglichst auf dem Fuße folgen. Oft wird der Fehler begangen, die selbstauferlegten Konsequenzen zu »hoch« oder zu »fern« von dem Verhalten, das man beeinflussen will, anzusetzen. Sich als Lohn für ein schwieriges, ein Jahr währendes Programm eine Südseereise zu versprechen, wird für die tägliche Arbeit kaum ein ebenso starker Anreiz sein wie eine sinnvolle *tägliche* Belohnung dafür, daß man eine Stunde am Tag an dem Projekt gearbeitet hat. Wenn schon ein so »großes Schlußbonbon«, dann besser aufgeteilt in mehrere kleine: etwa indem man mehrmals im Jahr (jeweils bei Erfüllung einer Aufgabe) einen Teil der Reisekosten hinterlegt oder indem man sich im Verlauf der Arbeit als Belohnung ein Reiseutensil nach dem anderen anschafft. Das sollte natürlich ergänzt werden mit einem guten Programm täglicher oder wöchentlicher Konsequenzen. Merke: Häufige Belohnungen für kleine Schritte wirken meist am besten.

Zugegeben, die Anwendung selbstauferlegter Konsequenzen, wie hier beschrieben, ist irgendwie »Mache«. Manche halten es für entwürdigend, für Dressur, und die meisten haben Schwierigkeiten mit der gewissenhaften Durchführung. Aber es ist eine Methode, die bei richtiger Anwendung Erfolg verheißt. Und man kann sie – wie alle in diesem Buch empfohlenen Vorgehensweisen – absetzen, wenn sie nicht mehr notwendig ist. Für kurze Zeit habe ich selber mit einer selbstauferlegten Belohnung gearbeitet, um mich morgens zu einem Trimmtrab zu zwingen. Heute kann ich ohne Trimmtrab nicht mehr leben, und ich könnte ihn seinerseits als Belohnung einsetzen für etwas anderes, das zu beginnen mir schwerfällt. Und wenn man sich mit ein paar künstlichen Manövern auf einen Weg »stößt«, der gut für einen ist – na und? Entscheidet jemand sich für diese Selbstdisziplin-Techniken von selbst, dann bleibt man nach wie vor Herr der Dinge, und ein Anfang ist gemacht. Beobachtung, Protokollierung, Selbstbelohnung sollen ja nicht bis zum Tode weitergehen.

Es sind nur Starthilfen, die einem die ersten Schritte erleichtern sollen.

Ja, sie können auch mißbraucht werden, glaube ich, und zwar wenn man sie über längeren Zeitraum anwendet, um hartnäckigen Widerstand zu brechen. Gelingt es einem nämlich auch nach längerem Gewöhnungsversuch nicht, eine Tätigkeit, in die man sich einfinden will, »gern« zu tun, dann ist diese Tätigkeit wahrscheinlich für einen ungeeignet. Wer also die beschriebenen technischen Hilfen einsetzt, um etwas Neues anzufangen, plane dabei am besten auch gleich ein Zeitlimit ein, nach dessen Ablauf man die Sache noch einmal kritisch überdenkt. Ist die neue Aktivität, die man erlernen will, dann immer noch völlig reizlos – kann man ihr gar nichts abgewinnen –, hat es wenig Sinn weiterzumachen. Hätte zum Beispiel der Trimmtrab für mich nach einiger Zeit – aus sich selbst heraus – nicht an Reiz gewonnen, hätte ich damit aufgehört und mich nach einem anderen Sport, der mir mehr zugesagt hätte, umgesehen. *Anhaltender* Widerstand gegen etwas, das man tun zu müssen glaubt, kann ein heilsames Symptom sein, daß man sich geirrt hat, und kann einen motivieren, etwas anderes zu tun. Sich am Anfang zu etwas zwingen zu müssen, ist gut und oft notwendig; selbstauferlegter Zwang ein ganzes Leben lang höchst fragwürdig.

Technik V: Umweltplanung

Eine letzte Technik, mit der wir unsere Selbstdisziplin steigern können, arbeitet mit der verhaltensauslösenden Kraft von Umweltreizen. Der Anblick eines Kühlschranks kann Eßlust auslösen, der Anblick einer Zigarettenpackung Rauchverlangen, ein unaufgeräumter Schreibtisch langes, unproduktives Herumfummeln. Diese Signalreize aus der Umwelt kann man, gezielt verändert, in die erwünschte Richtung hin abschwächen oder verstärken. Einer meiner Klienten zum Beispiel fand, daß er weniger rauchte, wenn er die Zigaretten tagsüber im Büro seiner Sekretärin und zu Hause im Keller aufbewahrte, also einfach aus seinem Gesichtskreis entfernte. Eine Klientin schwächte den Signalreiz »Kühlschrank« ab, indem sie an der Kühlschranktür Bilder von schlanken Mannequins aufhängte und daneben ein

Diagramm ihrer Gewichtsabnahme. Eine andere zügelte ihre spontane Kauflust dadurch, daß sie Kreditkarten, Scheckbuch und überzähliges Bargeld einfach immer zu Hause ließ. In allen Fällen richtete der Betreffende seine Umwelt so ein, daß das unerwünschte Verhalten nicht automatisch ausgelöst wurde. Das können Sie auch. Beispiel: Vielleicht finden Sie, daß ein preiswerter Taschenrechner das Budgetieren erleichtert; daß eine aufgeräumte, ordentliche Küche das Kochen angenehmer macht und Sie deshalb häufiger dazu Lust haben.

Oft bricht schon *beliebige* Umweltveränderung alte, unerwünschte Gewohnheiten auf. Wenn für Sie – zum Beispiel – der tägliche Trott darin besteht, nach der Arbeit nach Hause zu gehen, ein fades Fertiggericht nebst fadem Fernsehprogramm zu konsumieren: Gehen Sie nicht nach Hause! Tun Sie etwas anderes – irgendwas. Wenn Sie an Ihrem Arbeitsplatz nicht effektiv arbeiten können, dann erledigen Sie – wenn möglich – die Arbeit anderswo oder gestalten Sie den Arbeitsplatz durchgreifend um. Verhaltensmuster hängen sich gern an bestimmten Umgebungen auf. Passen einem diejenigen, die man hat, nicht, kann man erste Schritte zu ihrer Veränderung tun, indem man die Umwelt, mit der sie verkoppelt sind, ändert. Kennen wir die spezifischen Auslöserreize für unser unerwünschtes Verhalten, läßt sich durch einfache Modifikation dieser Reize schon eine Menge erreichen. Welche Signalreize aus der Umwelt lösen bei Ihnen unerwünschtes Verhalten aus? Und welche würden *erwünschtes* Verhalten verstärken, fördern? Wie können Sie Ihre Umwelt dahingehend umgestalten, daß das, was Sie tun wollen, leichter, und das, was Sie nicht tun wollen, schwerer wird?

Zusammenfassung

Nach separater Betrachtung der Techniken wollen wir nun sehen, wie sie sich zusammen in ein maßgeschneidertes Selbständerungsprogramm einbauen lassen. Bei Paul (Fallbeispiel) hieß das Ziel mit der höchsten Priorität: mehr Kontakte zu anderen Menschen. Als Unterziele legte er fest:

1. Neue Leute kennenlernen.
2. Sich dazu befähigen, neue Freundschaften schließen zu können.
3. Seine alten Freunde öfter besuchen.
4. Öfter Leute einladen.
5. Herausfinden, was andere an ihm mochten und was nicht.
6. Sein Verhalten so ändern, daß er bei anderen beliebter wurde.

Anhand von Vorschlägen aus diesem und anderen Büchern stellte Paul seine Aufgaben zusammen. Im wesentlichen umfaßten sie: Aktivitäten pflegen, wo er Leute kennenlernen konnte; sich täglich aus seinem angestammten Kreis herausbewegen; an neue Leute herantreten; Freunde in seine Wohnung einladen; später schließlich: von engen Freunden erfragen, was an ihm attraktiv war und was nicht. Jeden Sonntagabend stellte er für die kommende Woche seinen Aufgabenplan zusammen und ein Protokollblatt, auf dem die Einhaltung kontrolliert werden sollte. Über die normale Beobachtung hinaus trug er in sein privates Telefonnummernverzeichnis die Namen aller neuen Leute ein, die er bei seinen immer häufigeren »Ausflügen« in die Welt kennenlernte. Nach wenigen Wochen hatte er jeden Tag wenigstens eine simple Aufgabe, die ihn mit alten oder neuen Freunden in Kontakt brachte. So hatte er täglich etwas zu beobachten, für das er Konsequenzen festsetzen konnte.

Für seine selbstauferlegten Konsequenzen (Lohn/Strafe) wählte Paul das Fernsehen. Er wußte, daß er ohnehin zuviel vor dem Fernseher saß und daß das auch seinen sozialen Kontakten abträglich war. So erhob er das Fernsehen als tägliche Belohnung für sein »Geselligkeitstraining«: Erfüllte er die vorgesehenen Aufgaben, durfte er fernsehen, soviel er wollte; wenn nicht, durfte der Apparat nicht eingeschaltet werden. Auch Umweltplanung wandte er an, wenn auch nicht direkt zur Erhöhung seiner sozialen Aktivität: Seine Umweltveränderung bestand darin, daß er sein tragbares Fernsehgerät in einen Schrank sperrte. Wollte er sich belohnen, mußte er den Apparat jedesmal erst herausholen und wieder anschließen. Damit reduzierte er gleichzeitig auch sein *gewohnheitsmäßiges* Fernsehquantum. Bitte bedenken: Fast jeder, der ein Selbstveränderungsprogramm aufstellt, hat mit der praktischen Durchführung Schwierigkeiten. Die meisten hören irgendwann einmal auf, sich gewissenhaft Aufgaben zu stellen, vergessen das Selbstprotokoll, sind bei den selbstauferlegten Konsequenzen nicht »konsequent«, vernachlässigen das wichtige Hilfsmittel Umweltplanung. Wenn bei Ihnen dergleichen einreißt: nicht verzagen. Das Selbstdisziplinierungsprogramm hat nicht total »versagt«, wenn Sie es einen Tag, eine Woche oder noch länger nicht einhalten. Suchen Sie in diesem Fall festzustellen, ob das Programm realistisch ist, arbeiten Sie es, wenn nötig, um, und machen Sie einen neuen Anlauf. Bei Programmen, die nicht mehr klappen wollen, frage man sich: Sind die Aufgaben zu schwer? Habe ich mir zu viele gestellt? Sind notwendige Anfangsschritte übersprungen worden? Sind die Aufgaben zu vage und unklar formuliert? Ist die Selbstprotokollierung zu schwierig? Spiegelt die schriftlich festgehaltene Selbstbeobachtung nicht die Kernpunkte dessen wider, was ich verändern will? Stimuliert die Protokollierung mich nicht genügend, an meinen selbstgestellten Tages- und Wochenaufgaben zu arbeiten? Geben die Daten meine Fortschritte nicht klar genug wieder? Folgen die selbstauferlegten Konsequenzen nicht unmittelbar genug dem Verhalten, das ich beeinflussen will? Sind Lohn/Strafe zu geringfügig – bzw. haben sie sich abgenutzt? Arbeite ich ausschließlich mit Bestrafungen in meinem Selbstbeeinflussungsprogramm und verzichte auf »angenehme Bereicherungen«, sprich: Lohn? Sind die Belohnungen so wichtig für mich, daß ich nicht auf sie verzichten kann, auch bei Nichterfüllung der Aufgaben nicht?

Und vor allem: keine Katastrophenmache, wenn Sie den mit sich geschlossenen Vertrag nicht durchhalten. Einfach noch einmal die Techniken durchgehen, das Programm gegebenenfalls umarbeiten und sich wieder daran halten, systematisch. Mißerfolge im Selbstveränderungskampf sind zu erwarten und keine Schande. Gefährlich werden sie erst dann, wenn sie bewirken, daß man den Kampf ganz aufgibt.

Die fünf Techniken geben Ihnen ein Grundinstrumentarium

zur Selbstbeeinflussung und -veränderung. Vielleicht brauchen Sie das Instrumentarium gar nicht, vielleicht paßt es nicht in Ihren Stil, vielleicht kommen Sie nie dazu, es einzusetzen. Aber es wirkt. Es liegt bei Ihnen.

Ein Modell finden

Alles bisher Besprochene dient der Selbstveränderung *im Alleingang*. Aber alles, was die Veränderung erleichtern kann, ist willkommen, also auch ein guter Lehrer bzw. ein Abguck-Modell. Der frischgebackene Alleinstehende profitiert meist sehr stark von einem alleinstehenden Freund, der die Arbeitsbeschreibung fürs autonome Erwachsensein bereits besser meistert als er. Ein Freund, der bei den ersten Gehversuchen Hilfestellung gibt, kann viele Hindernisse aus dem Wege räumen, Fehler verhüten und Enttäuschungen auffangen helfen. Nicht warten, bis man einen Lehrer gefunden hat, aber Ausschau nach einem halten.

Widerstand gegen Veränderung

Die meisten sträuben sich gegen Veränderung ihres persönlichen Verhaltens, nicht nur, weil sich heftige Widerstände entgegenzustellen scheinen, sondern auch, weil wir unser gewohnheitsmäßiges Verhalten, sagen wir ruhig: liebgewonnen haben. Wie problematisch auch immer, es gibt unserem Leben inmitten all der Unbeständigkeit der Welt eine beruhigende Kontinuität. Eingespielte persönliche Verhaltensweisen, ob positiv oder negativ, spiegeln die Art und Weise wider, wie wir mit der Welt umzugehen gelernt haben. Ein Wandel zum Besseren heißt gewöhnlich: Schritt ins Unbekannte – und das erzeugt immer Angst. Und: Zu etwas Neuem übergehen heißt bestimmte Dinge aufgeben, die dem Alten eigen waren. Auch in den gestörtesten und schmerzhaftesten Verhaltensweisen steckt immer irgendwo etwas Gutes. Um sich zu verändern, muß man bereit sein, diese Vorteile aufzugeben, im Bewußtsein, daß die neuen Vorteile die alten überwiegen werden. Leider ist es oft so, daß die alten Vorteile aufgegeben werden müssen, *bevor* die neuen sichtbar werden bzw. wirken. Das macht die Veränderung so schwierig.

Ein weiterer Grund, daß uns Veränderungen so hart ankommen, ist, daß wir nur ungern eingestehen, daß mit unserem So-Sein etwas »nicht stimmt«. Fast ist es, als sagten wir uns: »Wenn ich mich verändern muß, heißt das, daß ich ein schweres Problem habe, an dem ich schuld bin.« Diese Haltung muß man sich aus dem Kopf schlagen. Niemand ist ganz so, wie er zu sein wünscht. Und das ist nicht seine »Schuld«. Und umgekehrt ist niemand deshalb tugendhafter, weil er es geschafft hat, eine Veränderung einzuleiten. Man hat einfach weniger vom Leben, wenn man in störenden, problematischen Verhaltensweisen steckenbleibt, und (meist) mehr vom Leben, wenn man auf Veränderungen hinarbeitet, von denen man meint, daß sie konstruktiv sind. Ein bißchen Veränderung tut jedem gut. Und, wohlgemerkt, das Schuldprinzip schalten wir aus.

Ein dritter Widerstand gegen Lebensveränderung kann ungefähr so aussehen: »Ich bin, wie ich bin. Ändern kann ich mich nicht. Ich bin zu willensschwach.« Mag sein, daß man auf die Veränderung noch nicht psychologisch vorbereitet ist oder noch nicht das technische Rüstzeug, das Instrumentarium der Selbstkontrolle, besitzt. Ist man vorbereitet und hat man das Rüstzeug, dann kann man sich auch ändern. »Wille« ist ein rein fiktives, willkürliches Etikett für diese Verbindung von ausreichender Motivation und technischer Befähigung. Daß man ein feststehendes Maß an Willenskraft besitze, das einem sozusagen eingebaut sei, ist ein unhaltbarer, schädlicher Standpunkt, der einem dann tatsächlich die Kraft nimmt, sich zu ändern. Verharrt man auf ihm, ist man verloren.

Bei Menschen, die Zweierbeziehungen verlassen haben und sich nun fürs Alleinleben rüsten müssen, ist mir ein letzter Widerstand gegen Veränderung aufgefallen: Selbstveränderung symbolisiert für sie die endgültige Umstellung aufs Alleinleben, »Abbruch der Brücken«, und das wollen sie nicht, weil sie irgendwann eine neue Zweierbeziehung eingehen wollen. Spaß am Alleinsein zu bekommen oder zu lernen, sich auf neue Weise selbst zu versorgen, das betrachten sie als antithetisch zur Fähigkeit, sich zu binden. Doch gerade das, glaube ich, dies Verlangen nach starrer gegenseitiger Abhängigkeit in Bindungen schadet den Bindungen selbst am meisten; autonom leben zu können ist in unserer Zeit immer gut, ob man gebunden ist oder nicht. Die moderne Zweierbeziehung verschiebt sich von der »institutionalisierten« gegenseitigen Abhängigkeit zu mehr Unabhängigkeit, gemeinsamer Verantwortung und fließender Funktionenaufteilung hin. Hoffentlich scheuen Sie nicht vor dem Autonom-Werden zurück, weil Sie glauben, das stünde einer eventuellen späteren Zweierbeziehung im Wege. Autonomie macht Sie nur weniger beziehungsbedürftig, gleichzeitig aber grundsätzlich fähiger, eine Beziehung einzugehen und mitzutragen.

Nun ist man sich dieser Veränderungshemmnisse oft nur sehr diffus bewußt. Ich habe sie auf den Begriff zu bringen versucht, damit Ihnen die Widerstände in Ihrem speziellen Fall klarer werden. An Ideen, Gedanken, inneren Sentenzen, die uns im Wege stehen, kann man systematisch arbeiten (siehe Kapitel zwei). Ist Ihr Veränderungswiderstand behandlungsbedürftig, dann können Sie an diesem Widerstand arbeiten und gleichzeitig schon systematisch und hartnäckig die Veränderung selbst in Angriff nehmen.

Leichter gesagt als getan

Die Veränderungsideen und -rezepte in diesem Buch – das werden Sie merken – sind alle leicht einzusehen, aber schwer zu verwirklichen. Wenn Sie beispielsweise Probleme mit dem Alleinsein haben, wird Ihnen die theoretische Einsicht in die Wirksamkeit des Programms, das ich zur Behebung dieses Defizits vorschlage, leichterfallen als die praktische Ausführung. Stecken Sie in einem schweren Beziehungskonflikt, wird Ihnen die theoretische Einsicht in den Nutzeffekt der »unpolemischen Kommunikation« leichterfallen als die praktische Verwirklichung solcher Kommunikation in der Hitze des Konflikts. Manche Veränderungen, die das autonome Erwachsenwerden verlangt, können jahrelange mühselige Arbeit kosten, bis sie sich stabilisiert haben. Einsicht in die Notwendigkeit der Veränderung ist nur der erste Schritt, aber derjenige, mit dem der Weg beginnt. Fortlaufende Annäherung an das Ideal, ohne es je ganz zu erreichen, ist das Höchste, was Sie erwarten können. Unterwegs sein ist gut. Man kann sogar sagen: Unterwegs sein ist alles.

Allein leben und zusammenkommen

Vereinsamt, einsam, allein

Verzweifelte Einsamkeit. Kennen Sie das? Ich meine würgendes, drückendes, qualvolles Einsamsein. Eine bodenlose Angst ohne Namen, verbunden mit durchdringender, lähmender Langeweile. Alles würde man darum geben, ihr zu entkommen. Draußen ist es dunkel. Man wartet, daß das Telefon klingelt; holt sich etwas zu trinken, raucht eine Zigarette, schaltet nervös die Fernsehprogramme durch, ob nicht etwas Sehenswertes läuft, das einen ablenkt. Man geht zum Kühlschrank, aber nichts stillt diesen Hunger. Man versucht zu lesen, aber nichts, was man zur Hand nimmt, weckt Interesse. Man kann sich nicht konzentrieren. Man geht die Liste der Leute durch, die man anrufen, der Dinge, die man tun könnte, um die Enge der vier Wände zu sprengen. Vielleicht telefoniert man mit jemandem und es geht einem eine Zeitlang besser, aber nur eine Zeitlang. Man schämt sich, daß man mit diesem »bißchen« Einsamkeit nicht fertig wird – aber sie drückt eben mehr als ein »bißchen«, und man hat das Gefühl, daß sie in alle Ewigkeit kein Ende nehmen, daß man nie aus ihr herauskommen wird. Warum peinigt Einsamkeit dermaßen? Irgendwie übersteht man den Abend. Und hofft, daß man lange, lange verschont bleibt vom nächsten Abend dieser Art. Und macht vielleicht schon Pläne, dem vorzubeugen.

Wem das nicht dann und wann widerfährt, der hat wohl einfach mehr Talent als die meisten, die Empfindung »Einsamkeit« abzublocken, ehe sie zu sehr schmerzt. Sie kann einen jederzeit überfallen: wenn man allein essen gegangen ist und alle Welt pärchenweise das Restaurant betritt; wenn man nach einer

Party nach Hause geht mit nichts als der Erinnerung an oberflächliches Plaudern zu vieler Leute, die zuviel getrunken hatten; wenn man versucht hat, mit jemandem zu sprechen, und es ging nicht, und man fragt sich hinterher: Warum hast du es versucht, du Idiot.

Man ist einsam, aber man steht in diesem Lebensdilemma nicht allein da. Allein zu sein gehört – ohne in individualistische Philosophie zu verfallen – unausweichlich zur »condition humaine«. Und da nur ganz wenige Menschen im Alleinsein geschult sind, ist Einsamkeit ein nahezu universales Problem. Niemand kann unsere Schwierigkeiten, unseren Schmerz, unser Leben so nachempfinden, wie wir es empfinden. Grundsätzlich ist *jeder* Mensch allein. Gleichwohl sind wir in vielerlei Hinsicht von unseren Mitmenschen abhängig (wenn auch nicht *so* abhängig, wie man manchmal glaubt). Abhängig, aber gleichzeitig grundsätzlich allein: kein schönes Dilemma. Ein Patentrezept dagegen habe ich nicht, kann aber Wege vorschlagen, wie Sie der negativsten Reaktion darauf – Einsamkeit – Gutes abzugewinnen vermögen. Im Schmerz der Einsamkeit können Sie neue Dinge entdecken, über sich, über das Leben; Sie können lernen, freiwillig gewählte Einsamkeit »fruchtbar«, ja »lustvoll« zu machen.

J. Krishnamurti: »Wenn die Pein der Einsamkeit einen überfällt: sich ihr stellen, ihr ins Auge sehen, ohne ans Weglaufen zu denken. Wer vor ihr wegläuft, wird sie nie begreifen, und stets wird sie hinter der nächsten Ecke auf einen lauern ...«

Daß man zu Ablenkungen greift – Unterhaltung, Gesellschaft –, um den Einsamkeitsschmerz zu betäuben, ist nur natürlich. Aber es bleibt Betäubung; das Problem tritt immer wieder auf und verlangt nach neuer Betäubung. Panische Einsamkeitsflucht kann besonders bei frisch Getrennten beobachtet werden, die Abend für Abend zwanghaft von einer Zerstreuung zur nächsten laufen. In den Anfangsqualen der Trennungskrise ist solche Flucht verständlich, unter Umständen sogar notwendig.

Nach einer gewissen Zeit aber müssen – will man nicht stagnieren – Ausweichen, Umgehen und Fliehen ein Ende haben. Wie schmerzvoll es auch ist, man muß sich der Einsamkeit stellen, sie sich »zu eigen machen«, sonst bewältigt man sie nie. Anders läßt sich ihre Umklammerung nicht sprengen: direkt, bewußt konfrontieren, sie durchleben, ihr nachgeben, ihren Sinn erforschen. Zu Anfang nehme man diese bittere Medizin am besten in kleinen Dosen, aber genommen muß sie werden. Ehe wir zu den Dosierungsmöglichkeiten kommen, noch ein paar Worte zur Therapie und ihrer möglichen Wirkung.

Irgendwann, wenn Sie psychologisch bereit sind, sich unerwünschter Einsamkeit zu stellen, müssen Sie sich selbst die Fluchtwege versperren – das Telefon nicht mehr anrühren, den Fernseher abstellen, nicht mehr zum Kühlschrank gehen. Und sich dann hinsetzen oder allein spazierengehen und der Einsamkeit nachgeben, sie erforschen. Eine detaillierte »Straßenkarte« dafür kann ich Ihnen nicht bieten, auch keine Gewißheit, was die Reise bringen wird, aber ein paar grundsätzliche Anhaltspunkte. Wenn Ihre Einsamkeit mehr ist als ein leises Sich-Sehnen nach Gesellschaft, mehr als milde Melancholie, dann zeigt dies gewöhnlich an, daß Sie etwas Unangenehmem ausweichen. Ist sie wirklich drückend genug, um den Namen zu verdienen, werden Sie ihr zu entkommen suchen, und dieses Entkommen-Wollen zeigt, daß Sie vor etwas fliehen. Was ist es? Welchen Gedanken wollen Sie ausweichen, wovor haben Sie in Wirklichkeit Angst? Ist es so schlimm, niemanden zur Gesellschaft zu haben außer sich selbst?

Lassen Sie Ihre Gedanken – mit obigen Fragen als Anhaltspunkt – frei schweifen, und sehen Sie, was Sie in Erfahrung bringen können. Erwarten Sie nicht, gleich zu Anfang Tiefgründiges zu finden, und *bitte* quälen Sie sich nicht mit den Fragen herum und beschränken Sie sich nicht auf die oben angegebenen; einfach entspannen und eine Weile einsam *sein* – und sehen, was passiert!

Was Sie dabei entdecken, weiß ich – wie gesagt – nicht und kann es nicht wissen. Aus reicher Erfahrung mit anderen könnte ich eine Reihe von Möglichkeiten nennen. Ohne Ihren individuellen Feststellungen vorzugreifen, die ich nicht beeinflussen will, sei doch schon skizziert:

Der Leidensdruck der Einsamkeit verringert sich gewöhnlich schon dadurch, daß man sich ihr stellt, sie akzeptiert. Ihr »Stachel« kommt zum Teil aus dem Gefühl, daß man keine Gewalt über sie hat. Läßt man sich bewußt auf sie ein, macht man sie sich »zu eigen«, hat man von diesem Augenblick an Gewalt über sie und damit über *sich selbst.* Man hat die kleine Erstdosis der Medizin geschluckt, und selbst wenn sie scheußlich schmeckt, erwächst – unter Umständen – erste Befriedigung und ein »Ich hab' die Oberhand«-Gefühl aus der Erkenntnis, daß man sie zumindest ertragen kann. Und dann, vielleicht aus der nächsten Dosis Einsamkeit – oder der übernächsten, oder einer noch weit entfernt liegenden –, kann man Dinge über sich lernen, die man nie vermutet hätte.

Die Angst vor der Einsamkeit mag in Wirklichkeit Angst vor gewissen Grundeinsichten sein: Grundeinsichten in das, was richtig und falsch in Ihrem Leben ist; Einsichten, die harte Selbstkritik zutage fördern oder die – angenehme wie unangenehme – unerwartet befreiend auf Sie wirken können. Bei richtiger Nutzanwendung können sie wesentliche Lebensveränderungen anstoßen – oder zum Fundament neuer Selbstbejahung werden. Aus meinen Therapieerfahrungen kann ich einige Möglichkeiten vorzeichnen. Versuchen Sie in Ihrer Auseinandersetzung mit dem »Problem Einsamkeit« festzustellen, welche für Ihren Fall zutreffen.:

1. Andere Menschen bedeuten mir sehr viel, aber ich widme ihnen nicht genug Zeit.
2. Andere Menschen bedeuten mir viel, aber nicht alles, und unangenehmes Alleinsein ist eben der Preis, den ich zahlen muß, daß ich mich auch anderen Dingen widme.
3. Ich war (bin) a) zu stolz, b) zu träge oder c) zu ängstlich, um mich in Kontaktsituationen mit anderen zu begeben.
4. Meine Beziehungen zu anderen sind oberflächlich und lassen mein Intimitätsbedürfnis unerfüllt.
5. Aufgrund böser Erfahrung mit früheren Beziehungen bin ich Menschen aus dem Wege gegangen, die mir jetzt viel bedeuten könnten (»Gebranntes Kind ...«).
6. Weil ich selbst partnerlos bin, scheue ich Kontakt zu wichtigen Freunden, die Partner haben.

7. Ich tue Dinge, die andere abschrecken, etwa: a) lamentiere zuviel, b) ergehe mich in Selbstvorwürfen, c) bin zu aggressiv oder d) zu zugeknöpft.

8. Ich bin, was Freunde betrifft, wählerisch und bin lieber allein als in Gesellschaft von Menschen, die meinen Bedürfnissen nicht entgegenkommen.

9. Es fehlt mir an sinnvollen, befriedigenden Tätigkeiten, die ich allein ausüben kann (kreative Operants).

10. Ich habe lange mit anderen zusammengelebt; Alleinsein ist mir daher fremd und macht mir Angst.

11. Ich habe gerade irgendeine Lebensveränderung durchgemacht und brauche Zeit, mir einen neuen Freundeskreis zu schaffen.

12. Ich kann mit mir allein nichts anfangen – ich mußte es nie lernen; man hat es mir nie beigebracht.

13. Meine begrenzten Interessen machen mich für andere – und für mich selbst – langweilig.

Dies nur als kleine Auswahl aus typischen Einsichten, die zur Selbstprüfung in Sachen »Einsamkeit« zutage fördern kann. Die für Sie relevanten Einsichten müssen sich natürlich nicht darauf beschränken – da sind keinerlei Grenzen gesetzt.

Es kann sein, daß Sie bei dieser Selbstprüfung feststellen, daß Sie ganz einfach Katastrophenmache betreiben – sei es in Sachen Einsamkeitserlebnis, sei es auf einem anderen Gebiet. Jetzt, in der Stille, werden Sie vielleicht das irrationale »Tonband« hören, das in Ihrem Innern abläuft und das bisher von Ihren Zerstreuungen übertönt worden ist; das Katastrophenmache-Tonband, das alles mögliche zum Thema haben kann, und das, geht es um die Einsamkeit selbst, sich womöglich so anhört: »Alleinsein ertrage ich nicht. Ohne Partner bin ich nichts wert. Mein Leben hat keinen Sinn ohne jemanden, den ich lieben kann. Ich werde immer allein sein. Einsamkeit ist meine Strafe dafür, daß ich dies und jenes falsch gemacht habe. Ich sollte nicht so allein sein müssen; ich bin betrogen worden ...«

Wie man derlei Unsinn behandelt, wissen Sie aus Kapitel zwei. Wenn Sie in Ihrer Einsamkeitspanik einfach eine ungewohnte, fremde Situation zur Katastrophe aufbauschen, ist es wichtig, daß Sie anfangen, sich das auszureden, und daß Sie wieder ins »Leben einsteigen«. Der Himmel stürzt nicht ein, wenn Sie mal allein sein müssen; ein bißchen »Absonderung wider Willen« bringt Sie nicht um. Menschen haben jahrelang auf sich allein gestellt überlebt; dann schaffen Sie doch sicher einen Abend, eine Woche, vielleicht ein paar Monate, wenn es sein muß. Gut, vielleicht hätten Sie lieber Gesellschaft; vielleicht gibt es wenig befriedigende Dinge, die Sie allein tun können; vielleicht müssen Sie noch lernen, allein Spaß zu haben, Ihre Zeit besser einzuteilen, daß mehr Kontakte zu anderen Menschen zustande kommen – aber in die Knie zwingen kann das Alleinsein Sie nur, wenn Sie es widerstandslos gestatten.

Es kann sein, daß Sie sich in der Auseinandersetzung mit der Einsamkeit ähnlich neu indoktrinieren müssen wie in den Fragen Wut, Schuld- und Wertlosigkeitsgefühle. Das wird sicher Zeit kosten, und einen Teil dieser Zeit werden Sie allein verbringen müssen. Doch es kann Sie befreien vom zwanghaften Angewiesensein auf andere Leute; es kann Sie frei machen für neue, kreative, lustvolle Tätigkeiten, die Sie allein verfolgen können, ohne die Krücke eines Begleiters; und – wichtiger als alles – es kann Sie von Angst befreien. Angstfreiheit gehört für mich zu den Grundvoraussetzungen des Lebens.

Allerdings: So frei Sie auch werden, es wird immer Zeiten geben, wo Sie mehr oder weniger unfreiwillig allein sind und lieber Menschen um sich hätten. Ich nenne dies Gefühl »kleine Einsamkeit«, ein leichtes Unbehagen ohne jede Panik, ohne Selbstbemitleidung oder Katastrophenmache. Einsamkeit, die so »klein« bleibt, ist völlig normal und keineswegs ein Alarmzeichen. Das Gefühl signalisiert lediglich, daß man etwas anderes tun sollte. Die Kur: andere Leute aufsuchen oder irgend etwas tun, das einem allein Freude macht. Wer gelegentlich, allein, das Verlangen spürt, »unter Menschen« zu sein, der konstatiere »kleine Einsamkeit« – er gehe hin und mische sich unter Menschen.

Unter »Alleinheit« dagegen verstehe ich die Freude am Alleinsein, das entspannte Behagen des »Niemanden-um-sich-Habens«. Das Entdecken des Spaßes am eigenen Ich, der ungestörte Genuß, genau das tun zu können, was man will, wann man will. Es ist, wie die Liebe, eine der schönsten Lebenserfahrungen. Wer sie nicht (oder nur flüchtig) kennt, hat noch viel vor sich, auf das er sich freuen kann. Wenn man Glück hat, durchläuft man die ganze Bandbreite von Einsamkeitspanik bis »Alleinheit« in einer einzigen Episode des Alleinseins.

Eine meiner Klientinnen, sie hieß Judy, hat eine solche Metamorphose durchgemacht. Monatelang hatte sie unter häufigen »Einsamkeitsanfällen« gelitten, ehe sie sich zu mir in Beratung begab. Aufgewachsen war sie in einer Kleinstadt im Mittelwesten als jüngste von drei Schwestern in einer Familie mit engen Bindungen. Sie war immer begabt gewesen, bekam gute Noten in der Schule, ohne sich sonderlich anzustrengen. In ihren ersten beiden Jahren auf dem College in Chicago wohnte sie mit zwei Zimmergenossinnen in einem Wohnheim. Dann bezog sie außerhalb des Campus eine Wohnung, die sie mit engen Freundinnen teilte, und hatte viele Männerkontakte, bis sie sich im dritten Studienjahr für Joe als festen Begleiter entschied. Bald nach der Abschlußprüfung heirateten die beiden. Sie blieben in Chicago, wo Joe arbeitete; Judy ging auf die Juristen-Akademie. Im vierten Jahr ihrer Ehe trat Judy als frischgebackene Anwältin ihre erste Stelle an, und alles schien für die beiden wirklich gut zu laufen. Mit elterlicher Hilfe hatten sie bald genug Geld, um im Norden der Stadt ein Eigenheim zu kaufen. Für all ihre Freunde sah es aus, als hätten sie's geschafft, als sei die Basis stabil.

Von innen gesehen, stand die Beziehung auf weniger festem Boden: die Attraktion hatte sich abgenutzt. Und Judy hatte begonnen, sich selbstkritisch zu befragen. Wie sie mir erklärte, hatte sie Identitätsprobleme; ihre Entwicklung war in einem schützenden Kokon von Familie, Freunden, College-Intimität, verstärkt durch eine Geborgenheit bietende gutbürgerliche, aber innerlich kühle Liebesbeziehung und Ehe, vor sich gegangen. Es war keine schlechte Ehe, sagte sie, aber eine langweilige.

»Nach dem ersten Arbeitsjahr, als ich mir keine Sorgen mehr ums berufliche Fortkommen machte, merkte ich, daß ich nicht glücklich war. Ich beneidete die Leute, die die akademische

Karriere eingeschlagen oder auf Europareise gegangen oder irgendwas aus dem Rahmen Fallendes getan hatten, was sie herausforderte. Da wurde mir diese Stelle in einer Kanzlei in Los Angeles angeboten. Eine wirklich gute Kanzlei, wo ich auch viel mehr auf meinem Spezialgebiet würde lernen können. Also sprach ich darüber mit Joe, und das Angebot anzunehmen schien das einzig richtige.«

Ihrer Trennung ungeachtet, hatten weder Judy noch Joe eine Scheidung gewollt (die Frage war immer noch offen). Die ersten Monate in Los Angeles war Judy sehr einsam, aber das, so wußte sie, gehörte zu dem Preis, den sie zu zahlen hatte. Zunächst machte sie sich auch nicht übermäßig Gedanken darüber, aber nach einem Dreivierteljahr nahmen die Einsamkeit und die sich ständig verstärkende Depression unerträgliches Maß an. Daß sie viel allein war, hatte seine Gründe. Als jüngstes und unerfahrenstes Kanzleimitglied hatte sie nicht nur eine Menge zu lernen, sondern bekam auch von den Älteren, »Etablierteren« übermäßig viel Arbeit aufgehalst. Und zum erstenmal hatte sie keinen Mann in ihrem Leben und nicht den gewohnten Freundeskreis. In Sachen Joe immer noch unentschlossen, knüpfte sie kaum Männerbekanntschaften, und jüngere Kolleginnen in der Kanzlei, mit denen sie »unverfänglicher« zurechtgekommen wäre, gab es nicht. Ihre Depression wurde zum Teufelskreis, sich zunehmend selbst verstärkend; ihr Gefühl der Niedergeschlagenheit und Hilflosigkeit lähmte ihre Arbeitsproduktivität (sie mußte nun länger arbeiten, um ihr Pensum zu bewältigen) und steigerte ihre Kontaktscheu noch mehr.

Nachdem wir über die Ursachen ihrer Depression gesprochen hatten, bewog ich Judy zunächst, sich nach Gruppen umzusehen, wo sie andere Leute kennenlernen konnte. Dann – in der dritten Sitzung – schlug ich ihr vor, sie möge doch die »Herausforderung Einsamkeit« das nächstemal bewußt annehmen, sich damit auseinandersetzen. Als sie zum vierten Termin erschien, strahlte sie: »Ich glaube, ich hab's geschafft«, und erzählte mir folgende Geschichte.

»Vorgestern abend ging's mir wirklich dreckig. Ich kam von der Arbeit nach Hause und war zu müde, um irgend etwas anderes zu tun als mir ein paar nichtssagende Fernsehsendungen anzusehen. Ich kam mir einsam, hundeelend und kaputt vor und fing wieder grundlos an zu weinen. Gegen acht habe ich eine neue Freundin in Los Angeles angerufen. Nicht zu erreichen. Dann rief ich Joe an, er war auch nicht da. Nun ging's mir noch schlimmer. Es war, als hätte ich richtig Angst vor etwas, ich wußte bloß nicht, wovor. Ich war so einsam; niemand und nichts konnte da noch helfen, so schien es mir. Ich fühlte mich mutterseelenallein und isoliert. Erst wollte ich meine Familie oder Freunde in Chicago anrufen, doch ich wollte nicht, daß sie wußten, wie schlecht es mir ging; sie hätten ja sowieso nicht helfen können. Womöglich verstanden sie mich gar nicht, und zudem ist meine Telefonrechnung sowieso zu hoch – über hundert Dollar im Monat. Dann fiel mir ein, worüber wir gesprochen hatten … und ich beschloß, ans Meer zu fahren, einen Strandspaziergang zu machen und zu sehen, was passiert. Ich wollte mich mit der Einsamkeit auseinandersetzen, und wenn es mich umbrachte.

Schon als ich in den Wagen stieg, ging's mir viel besser. Immerhin hatte ich mich zu etwas durchgerungen, das konstruktiv sein konnte. Als ich zum Strand kam, wirkten die Wellen irgendwie beruhigend auf mich; alle Panik, die ich gespürt hatte, verflog. Bei meinem Spaziergang am Wasser entlang dachte ich daran, wie schön es jetzt wäre, jemanden bei mir zu haben, den ich liebte. Aber das war nun einmal nicht so, und ich wollte aus meiner Situation das Beste machen. Ich dachte an meine Freundinnen in Chicago und sehnte mich nach ihnen. Aber andererseits: Selbstmitleid kam nicht mehr auf. Ich hatte nun einmal nach Los Angeles gewollt, und es war eine mutige Entscheidung gewesen. Ja, sie hatte ihren Preis – einen höheren Preis, als ich vorausgesehen hatte, aber ich wollte und würde ihn zahlen. In diesem Augenblick fühlte ich mich besonders stark und war stolz auf mich. Meine Situation gefiel mir nicht sonderlich, aber ich war froh, daß ich den Mut hatte, mich ihr zu stellen. Ich glaube, an diesem Punkt schlug die Einsamkeitspanik um in das, was Sie ›kleine Einsamkeit‹ nennen. Ich hätte es immer noch lieber gehabt, wenn die Dinge anders gewesen wären, merkte aber, daß ich damit leben konnte, daß sie es nicht waren.

Dann fing ich an zu überlegen: Wo kannst du ansetzen zum Positiven? Das erste, was mir einfiel: endlich Männerkontakte suchen, dich richtig bemühen. Ich meine, ich wollte ja doch die Trennung von Joe. Ich war nicht glücklich mit ihm, wenn ich ihn auch sehr mochte. Ich dachte, stell dich jetzt endlich mal auf eigene Füße. Dann wirst du dir klar werden, was du willst, die Unabhängigkeit oder Joe. Und ich merkte, daß ich mich beruflich nicht so überlasten durfte. Diese alten Kollegen schieben mir soviel Arbeit zu, und ich will mich einfach nicht mehr so abquälen. Im schlimmsten Fall verliere ich die Stelle, aber es gibt genug Möglichkeiten für mich hier oder in Chicago. Ich sehe nicht ein, warum ich mich in dieser verdammten Kanzlei kaputtarbeiten soll. Das dritte, was ich mir vornahm, war, mich endlich an ein paar Gruppen zu beteiligen. Offen gestanden, bin ich erst zu einer einzigen gegangen, und das nur auf Ihren Wunsch hin. Da muß ich mich viel mehr engagieren. Jedenfalls: Nun ging's mir schon viel besser, weil mir schien, daß diese Veränderungen mein Leben lebenswerter machen würden, als es bisher war.

Ich schlenderte über den Strand, sah mir die weißen Wellen an, die aus dem Nichts heranrauschten, schaute zu den Sternen hoch und fand alles plötzlich ganz wunderschön. Ich setzte mich hin und dachte: ›Ist das Leben nicht interessant!‹ Und von hier an wird's schwer zu erklären ... eine Art mystisches Erlebnis. Ich sah das Universum als eine unendliche Zahl einzelner Elemente, alle miteinander verbunden. Und sah mich selbst als Teil davon, aber eigenständig, ganz und gar unverwechselbar. Diese Situation, unter der ich vorher so gelitten hatte, schien mir nun ganz selbstverständlich zur Ordnung der Dinge zu gehören, Bestandteil der unbegreiflichen Schönheit des Ganzen, ein Bestandteil, den ich akzeptieren mußte, ob es mir gefiel oder nicht.

Ich kam spät nach Hause und schlief lange in den nächsten Tag hinein. Dann ging ich essen, richtig gut, und statt traurig zu sein, daß ich es allein tun mußte, hatte ich richtig Spaß daran. Dann ging ich ins Büro und verabredete mich gleich als erstes mit einem Mann, der mir ganz gut gefällt, den ich aber bisher auf Armeslänge gehalten habe. Dann, und erst dann, ging ich an die Arbeit. Und ich habe an diesem Nachmittag mehr geschafft als sonst an einem ganzen Tag. Ich weiß nicht, ob ich ›geheilt‹ bin«, schloß Judy, »aber jedenfalls ist es mir in den letzten beiden Tagen viel besser gegangen.«

»Geheilt« war Judy nicht. Hin und wieder kehrte der Leidensdruck der Einsamkeit zurück, häufig auch die »kleine Einsamkeit«. Doch das Schlüsselerlebnis am Strand bedeutete einen Durchbruch, eine Wende zum Besseren. Sie erfuhr, daß man sich durch Einsamkeit »durchbeißen« kann, und schaffte einige grundlegende Selbständerungen, die ihr Leben abrundeten und weniger einzelgängerisch machten. Sie durchlief die Metamorphose »große Einsamkeit« – »kleine Einsamkeit« – »Alleinheit«.

Wenn Sie unter »großer« oder sehr häufig unter »kleiner« Einsamkeit leiden, dann haben Sie wahrscheinlich nicht gut genug gelernt, Dinge, die Spaß machen, auf sich selbst gestellt zu tun. Wir Amerikaner zum Beispiel sind ein Herdenvolk, oft unsicher, wenn wir allein sind; als Individuen können wir nichts rechtes mit uns anfangen. Die meisten von uns haben gelernt, daß die guten Zeiten im Leben immer kollektiv genossen werden. Kaum jemand vermag ein gutes Essen allein zu genießen, ob zu Hause oder im Restaurant; allein in Urlaub zu fahren ist ungewöhnlich; viele Freizeitbeschäftigungen gelten als ausschließliche Domäne für Paare oder Gruppen. Einzelgänger – so die Konvention – sind wunderliche, unglückliche Menschen.

Um dieser kulturbedingten Denkungsart entgegenzuwirken und sie auszuschalten, müssen Sie ein Repertoire von Tätigkeiten aufbauen, denen Sie nachgehen können, wenn Sie allein sind. Besonders, wenn Ihr Einsamkeitsdruck auf simple Langeweile zurückgeht, hat der Aufbau eines solchen Repertoires hohen Vorrang, wenn Sie autonom werden wollen.

Da der Genuß vieler Tätigkeiten eben verkoppelt ist mit dem Kollektiverlebnis, werden Sie vielleicht der Meinung sein, daß es gar keinen Sinn hat, sie allein zu versuchen, es sei ja doch nur deprimierend. Bei einigen Tätigkeiten mag das tatsächlich stimmen; um herauszufinden, welche Ihnen im Alleingang Freude machen und welche nicht, hilft nur das Ausprobieren, am besten eine nach der anderen. Betrachten Sie diese Experimente doch einfach als selbstgestellte Aufgaben im Rahmen Ihres Autonomieprogramms.

Ein letztes Wort zu »großer Einsamkeit«, »kleiner Einsamkeit« und »Alleinheit«. Völlig immun gegen den Leidensdruck der Einsamkeit werden Sie wahrscheinlich nie; ab und an wird er wiederkommen, eine sehr menschliche Reaktion auf ein allgegenwärtiges Dilemma. Sehen Sie es nicht als Fehlschlag an, wenn überwunden geglaubte Einsamkeit Sie »überfällt«. Einfach daran denken, was Sie gelernt haben, und es immer wieder anwenden.

Einsamkeitstoleranztraining

Ein schreckliches Wort. Es bedeutet schlicht: schrittweise Erhöhung der Widerstandsfähigkeit (»Toleranz«) gegen Einsamkeit. Wenn Sie zu mir in die Praxis kämen, würde ich als erstes eine festgesetzte Zeitspanne »verordnen«, in der Sie sich dem Alleinsein aussetzen. Ich würde Sie bitten, sich eine Zeit auszusuchen – meist einen Abend nach eigener Wahl –, wo Sie allein sein können, und Sie weiter bitten, in dieser Zeit auf alle gewohnten »Krücken« zu verzichten: kein Radio, kein Fernsehen, keine Schallplatten, nicht telefonieren oder Telefongespräche annehmen. Von diesen »Tabu«-Dingen abgesehen, dürften Sie tun, was Sie wollten: spazierengehen, Auto fahren, eine Reise planen, im Garten arbeiten, musizieren, kochen, einen Brief schreiben, nähen, schattenboxen, lesen, auch einfach nachdenken – irgend etwas. Es kommt nur darauf an, daß Sie allein bleiben und nicht zu passiver Unterhaltung greifen. Tiefschürfende Selbstanalyse ist in dieser Zeit nicht nötig – Sie müssen nicht meditieren. Einziger Sinn der Sache: allein bleiben.

Die Länge der Zeit, die man dafür festsetzt, hängt von persönlichen Gegebenheiten und der anfangs vorhandenen Alleinseinstoleranz ab. Es ist viel besser, mit einer kurzen Zeit anzufangen, die »zu leicht« für einen ist – womöglich nur ein, zwei Stunden –, als mit einer zu langen, zu schwierigen Zeit. Keine gewaltsame Anstrengung zunächst. Auch nützt es, für das Ende der Übung einen Kontakt mit anderen Menschen anzusetzen, beispielsweise: die Übung am Abend zwischen acht und zehn, anschließend einen (vorher arrangierten) Freundesbesuch.

Die Zeit, in der man allein ist, kann man nun von Sitzung zu Sitzung schrittweise erhöhen. Endziel: mehrere Abende ganz allein ohne Leidensdruck. Im Verlauf dieser Übungen arbeitet man sich dann – *eventuell* – von der »großen« über die »kleine Einsamkeit« bis zur »Alleinheit« vor. Auf jeden Fall wird man dabei feststellen, welche Tätigkeiten, Beschäftigungen usw. einem das Alleinsein »versüßen« können, und merken, ob man sein Repertoire solcher Tätigkeiten eventuell wird erweitern müssen. Vor allem: Versuchen Sie herauszufinden, wie *Sie* Ihr Alleinsein genießen können. Vielleicht haben Sie es nie gelernt oder aber wieder verlernt und müssen ganz von vorn anfangen.

Ein großer Vorteil dieser Methode ist ihre Freiwilligkeit; man bleibt selbst Herr über das Vorgehen. Das »Dinge-allein-Tun« erfolgt hier nicht, weil man muß, sondern weil man sich bewußt dafür entschieden hat. Es gibt keinen Zwang, es gibt keine Verpflichtung, Anschluß an andere zu suchen – das wollten Sie ja gerade *nicht*. Sie experimentieren mit sich selbst, mit Ihrem Alleinsein, und verdienen Anerkennung dafür, daß Sie an sich arbeiten wollen.

Individuellen Speilraum berücksichtigt, müßte fast jeder, der so vorgeht, in wenigen Wochen seine Alleinseinstoleranz merklich erhöhen können. Seien Sie nicht überrascht, wenn die Gewöhnung ans Alleinsein, der ganze Angstabbau – also die Erhöhung der Alleinseinstoleranz – sich langsam über Monate, ja Jahre hinzieht. Wer zum Beispiel immer mit anderen zusammengewohnt hat und nun zum erstenmal allein ist, bei dem mag es geraume Zeit dauern, bis er sich eingelebt hat in die Solo-Existenz und sich wohl darin fühlt. Kein Grund zur Beunruhigung – einfach weiter daran arbeiten.

Die meisten meiner Klienten, die Probleme mit dem Alleinsein haben, lassen sich zuviel graue Haare wachsen über dieses, wie sie meinen, »schwere persönliche Defizit«. Dabei spüren sie das Unbehagen des Alleinseins nur empfindlicher als andere, das ist alles; die Empfindung selbst kennt jeder. Es ist uns beigebracht worden, uns unglücklich und einsam zu fühlen, wenn wir nicht »unter Menschen« sind. Strafen Sie sich nicht dafür, daß Sie diese Lektion so gut gelernt haben. Wenn Sie abhängiger oder einsamkeitsempfindlicher sind als andere, dann ist das eben Ihre persönliche Art und Weise, das Leben problematischer zu machen, als es in Wirklichkeit ist. Wer lernen *will*, auf sich selbst gestellt besser zurechtzukommen, der *kann* es auch.

Zusammenkommen

Wer eine Zweierbeziehung eingeht, steckt meist in zwei sehr wichtigen Lebensbereichen zurück – bei den kreativen Operants und bei den engen Freundschaften. Wird die Zweierbeziehung aufgelöst und man steht wieder allein, muß man in diesen beiden Bereichen vorrangig wieder investieren. Von der Güte dieser Investition wird es ganz wesentlich abhängen, ob man das Alleinleben dann als einsam und langweilig oder als sinnvoll und befriedigend empfindet. Der Alleinstehende hat, möchte ich behaupten, die idealen Voraussetzungen zum Aufbau guter, tragfähiger sozialer Beziehungen, denn er braucht sie mehr als der »Gebundene« und kann viel freier von ihnen Gebrauch machen. In den meisten Fällen kann er ungehindert einen Freundes- und Bekanntenkreis aufbauen, der Männer wie Frauen, Paare wie Alleinstehende, Menschen aller Altersgruppen umfaßt, ohne sich irgend jemandem verantworten zu müssen. Das Junggesellenleben kann – für Sie – die einsamste Alternative oder auch die geselligste sein. Es kommt nur darauf an, welchen Gebrauch Sie von Ihrer Freiheit machen.

Die Kleinfamilie, wie wir sie heute kennen – ein kleiner beweglicher Verband, gesellschaftlich weitgehend isoliert, auch vom verwandtschaftlichen Umfeld der »Großfamilie« –, ist eigentlich eine rare soziale Gruppierung. Viele Sozialforscher, auch ich, halten sie im Grunde für eine ungesunde Organisationsform, denn der Mensch muß in ihr seine Grundlebensbedürfnisse in einer übermäßig eingeengten Sphäre stillen. Zum Teil rührt die heutige Krise der Kleinfamilie daher, daß der Ehe das Scheitern einprogrammiert ist, weil höhere Erwartungen an sie gestellt werden, als sie erfüllen kann.

Jeder von uns hat viele Persönlichkeitsdimensionen – seinen

ganz eigenen Kreis von Interessen, Fähigkeiten, Empfänglichkeiten. Zur Entwicklung jeder Dimension, zum Aufbau jeder Fähigkeit brauchen wir Kontakte zu anderen, die an unserem vollen Potential teilhaben oder es noch bereichern können. Daß ein einziger Partner all diese Rollen zu spielen vermag, ist nahezu ausgeschlossen; dennoch sondern sich Paare oft von anderen Menschen ab, die eben diese Rolle spielen könnten, ja müßten. Diejenigen Persönlichkeitsdimensionen, die beim Partner auf keinen Widerhall stoßen, lassen sie verkümmern und absterben. Und dann, Jahre später manchmal, empfinden sie ihr Leben als öde und einengend und bedauern die Einbußen, die die Zweierbeziehung offenbar gebracht hat. Die Unaufgeklärteren geben dem Partner dafür die Schuld. So weit muß es nicht kommen, natürlich nicht; aber es ist ein schwer zu vermeidender Fallstrick in einer Gesellschaft, die diese Schlinge so raffiniert auslegt. Einer der vielen Vorteile des Ledigenlebens ist, daß Beziehungen zu anderen, die unseren Bedürfnissen, Interessen und Fähigkeiten entgegenkommen, durch nichts weiter begrenzt werden als unser Vermögen, sie anzuknüpfen und aufrechtzuerhalten.

Der Alleinstehende, der sein Alleinleben lediglich als Übergangsstadium zur nächsten heterosexuellen Bindung betrachtet, sieht seine Freunde oft nur als Lückenbüßer, bis ein Liebespartner ihn wieder auf den »begehrteren« Status hebt. Früher oder später kommt der Liebespartner auch meist; dann werden die Freunde abgetan oder die Beziehung zu ihnen verflacht und »verdünnt« sich. Erwartungen, die früher von Freunden erfüllt wurden, werden nun alle an den Partner gestellt. Naturgemäß geht das oft schief und führt zu dem Schluß, daß mit der Beziehung selbst etwas nicht stimmt. Dann trennt man sich, und der soziale Bezugsrahmen erweitert sich wieder; wird aber dieser Schritt wiederum nur als Wartesaalaufenthalt angesehen, bis der »Idealpartner« des Weges kommt, dann ist alles vorprogrammiert für eine Wiederholung der Tragödie samt ihren Begleiterscheinungen: Zerbröckeln guter Freundschaften, Verlust der reichen Erfahrungen, die breite soziale Teilhabe mit sich bringen könnte.

Eine tragfähige »Außengruppe« ist für fast jeden, unabhängig von seinen Lebensumständen, lebenswichtig. Unglücklich darüber zu sein, daß man sie nicht hat, ist normal – und sie nicht zu haben, ist in unserer Gesellschaft die Norm. Ein Gutteil Streß in unserer Kultur, persönlich wie gesellschaftlich, rührt von Isolierung her, von Nicht-Eingebettetsein in gute Gemeinschaft. Der Alleinstehende, speziell der frisch Getrennte, spürt diese Leere besonders schmerzlich, denn ihm fehlt plötzlich jener überbewertete Ersatz – der Partner. Dieses mehr oder weniger universale Bedürfnis nach Gemeinschaft ist – weitgehend – die Ursache dafür, daß Alleinstehende sich oft so verzweifelt einsam fühlen. Weil nun Paare weniger einsam *scheinen* und die Paar-Bindung das kulturell verordnete Gegenmittel ist, sucht der Alleinstehende oft mit aller Gewalt nach einem Partner. Gleichzeitig verlassen Menschen in Rekordzahl die als Zwangsjacke empfundene Ehezweisamkeit und versuchen sich als Alleinstehende. Für viele ein Kreis, aus dem sie nicht ausbrechen können – hier Einsamkeit, dort Einengung, keine schöne Alternative.

Wohl zwangsläufig ist heute Gegendruck entstanden, die Familie aufzubrechen und ihre Mitglieder von den starren Fesseln eines geschlossenen Systems zu befreien. Was aber noch fehlt, sind neue soziale Formen, Auffangbecken für diesen Druck, die gleichwohl nach wie vor dem menschlichen Bedürfnis nach Intimität, Geborgenheit und Zugehörigkeit Rechnung tragen. Solange solche Formen nicht entwickelt und »gesellschaftsfähig« geworden sind, stehen Sie, der Alleinstehende, allein auf weiter Flur. Die Freiheit zu erwerben, die aus friedlicher Bejahung unseres unvermeidlichen Alleinseins kommt, das ist der erste Teil der zweiteiligen Antwort auf dieses grundsätzliche Dilemma: Der zweite Teil, das ist Erweiterung der »sozialen Basis«, die man hat, menschlicher Gemeinsamkeit und Teilhabe durch die Freunde. Aufbau und Pflege eines funktionierenden Freundeskreises ist Grundvoraussetzung für eine gesunde Autonomie.

Wie diese Stützgruppe nun im einzelnen aussehen muß, dafür gibt es kein Patentrezept. Der eine braucht ein großes, vielfach verflochtenes Beziehungsgefüge, der andere eine kleinere, intimere Gruppe; die größere Gruppe des ersten würde ihn erdrükken. Meiner Erfahrung nach weiß der einzelne meist ganz gut, ob sein derzeitiger Freundeskreis seinen Bedürfnissen entspricht oder nicht. Durch gezielte Selbstbefragung müßten Sie feststellen können, wie es bei Ihnen in diesem Bereich aussieht. Stellen Sie sich – neben Fragen, die Ihnen selbst dazu einfallen – folgende Fragen:

1. Habe ich mindestens einen Menschen in der Nähe, an den ich mich in der Not wenden kann?
2. Kenne ich mehrere Leute, die ich ohne viel »Vorwarnung« und Entschuldigungen besuchen kann?
3. Kenne ich mehrere Leute, mit denen ich etwas unternehmen kann (Freizeit, Sport etc., etc.)?
4. Kenne ich Leute, die mir Geld borgen, wenn ich es brauche, die sich in anderen praktischen Bereichen um mich kümmern, wenn ich es nötig habe?

Bestehen hier Mängel, sollten Sie diese vorrangig abzubauen versuchen. Ich möchte im folgenden einige Maximen darstellen, die einer starren, nach innen gewandten, Freundschaften abwertenden Geisteshaltung entspringen, die mit der Zweierbeziehungsideologie zusammenhängt; Maximen, die den Freundschaftsspielraum einengen und sich besonders für Alleinstehende schädlich auswirken können.

Maxime I: Liebschaften gelten mehr als Freundschaften
Offen zu dieser Maxime bekennen würden sich nur wenige, dennoch lebt fast jeder danach. Zum Beispiel dann, wenn ein Mann eine Verabredung mit einem Freund absagt, weil die Freundin oder eine flüchtige Bekannte die Szene betritt; wenn er seine Freundschaften verkümmern läßt, sobald eine neue Liebe in sein Leben kommt; wenn die Freunde »abgeklingelt« sind und nur noch die Interessen des Partners zählen; wenn er voraussetzt, daß auch andere fast immer die Gesellschaft ihres Partners der eines Freundes vorziehen; wenn ihm »platonische« Freundschaften zwischen Männern und Frauen nicht ganz geheuer vorkommen. (Das gilt natürlich auch umgekehrt für Frauen.)

Diese schädliche Maxime ist derart verbreitet, daß Sie – bei sich und bei anderen – dagegen werden ankämpfen müssen. Nicht selten werden Sie sehen, daß Paare glauben, Sie fühlten sich als »drittes Rad am Wagen«, wenn Sie ohne Partner zu Besuch kommen. Sie werden sehen, daß Sie bei Freunden zweite Geige spielen neben deren »ständigen Begleitern« oder Geliebten. Und Ihre eigenen Partner bzw. Partnerinnen werden häufig *ihre* Freunde hintanstellen und tief beleidigt sein, wenn Sie das nicht auch tun.

Wenn Sie wirklich überzeugt sind, daß diese beiden Formen menschlicher Beziehungen gleich wichtig sind; daß möglichst breitgefächerte soziale Kontakte und Bindungen wichtig sind für das psychologische Wohl des Menschen; daß alle Formen von »Liebe«, »Freundschaft«, »Bindung« letztlich auf ein und denselben Nenner hinauslaufen, dann werden Sie sich und die Menschen Ihres Bekanntenkreises umerziehen müssen. Beobachten Sie sich einmal dabei, wie Sie nach Maxime I leben, und fragen Sie sich, ob Sie weiter dabei bleiben wollen.

Maxime II: Freundschaften sollten Zufallssache sein
Aus unzureichend geklärten Gründen scheuen viele Menschen vor der aktiven Pflege von Freundschaften, besonders neuer Freundschaften, zurück. Dabei ahnen sie im stillen, daß genau das eigentlich not tut. Ich kenne viele Männer, die zur Anknüpfung von Frauenkontakten alle Hebel in Bewegung setzen, aber zur Förderung von Freundschaften kaum etwas tun – teils, weil sie nicht wissen, wie wichtig Freundschaften für sie sein können, teils, weil sie es als unmännlich und Zeichen der Schwäche betrachten. Ein allgemeiner Eindruck, den ich gewonnen habe: Freundschaftspflege fällt Männern – erzogen zu Stärke, Selbständigkeit, individuellem Sich-Durchsetzen – meist schwerer als Frauen, denen solche Rollenforderungen weniger obliegen.

Die meisten Menschen in unserer Gesellschaft gehen nach wie vor dem Kleinfamilien-Lebensstil nach, und es ist für den einzelnen, alleinstehend oder nicht, alles andere als leicht, durch andere Menschen mehr Freiheit und mehr Sinn in sein Leben zu bringen, so sehr er das auch wünschen mag. Wie gesagt: Er findet dieses »Mehr« an Freiheit und Sinn nur im Rahmen eines aktiven

Freundes- und Bekanntenkreises, der viele der Funktionen übernimmt, die in einer gesünder organisierten Gesellschaft die Großfamilie und die allgemein solidarischere Gesellschaft selbst übernehmen würden. Eine solche Gruppe aufzubauen ist keine leichte Aufgabe; sie paßt nicht gut in unsere herrschende gesellschaftliche Struktur, wo alle Beziehungen der Paar-Beziehung untergeordnet sind. Unter solch ungünstigen Bedingungen kostet der Aufbau einer Stützgruppe, wie man sie braucht, einige Arbeit. Aber viele andere, die ein ähnliches Bedürfnis spüren wie Sie, werden die, sagen wir, soziale Basisverbreiterung, die eine Bekanntschaft mit Ihnen bringen kann, begrüßen. Sind sie sich ihrer sozialen Bedürfnisse zunächst nicht so bewußt, sobald man sie ihnen aber anbietet, werden sie die Vorteile dieser Basisverbreiterung kennen- und schätzen lernen.

Wie findet man neue Freunde? Drei grundsätzliche Hinweise: erstens, den eigenen Interessen nachgehen; zweitens, die Augen nach vielversprechenden Bekanntschaften offenhalten; drittens, bei Anknüpfung von Beziehungen eine gewisse »Hartnäckigkeit« an den Tag legen.

Man muß Freundschaften aktiv pflegen, bis sich der Freundes- und Bekanntenkreis so eingespielt hat, daß er sich bis zu einem gewissen Grade selbst trägt. Was soziale Kontakte betrifft, überwiegen die guten Vorsätze der Menschen meist weit ihre konstruktiven Taten. Das hat eine ganze Reihe von Gründen. So manche Beziehung, die sich gut anließ, ist durch beiderseitige Trägheit zweier wohlmeinender Möchtegern-Freunde wieder eingeschlafen. Jedoch: Hat man einen vielversprechenden Anfang gemacht, läßt sich darauf auch meist weiter aufbauen; es ist wahrscheinlich, daß der Vorstoß erwidert wird. Wie alle anderen Lebensveränderungen kann auch diese Aufgabe in kleinen Schritten angegangen werden. Sehen Sie sich einfach Ihr soziales Umfeld genau an und suchen Sie sich eine Person aus, mit der Sie gern näher in Beziehung treten würden. Ist Ihr Umfeld zu klein, dann verbreitern Sie es, indem Sie sich zum Beispiel Gruppen, Vereinen, die Ihren Interessen entgegenkommen, anschließen. Laden Sie dann Leute, die Sie finden, zu irgend etwas ein – und sei es nur zu einem Imbiß oder einem Drink nach der Arbeit.

Nicht jedesmal wird dabei etwas herauskommen; aber bei genügend vielen Kontakten werden bestimmt welche dabei sein, die sich lohnen. Haben Sie jemanden kennengelernt, der Ihnen gefällt, dann zögern Sie nicht, weitere Kontakte vorzuschlagen; nicht warten, bis der andere Ihre erste Einladung erwidert. Das ist falsche Scham, meine ich – lassen Sie sich von dieser überholten Konvention nicht hemmen.

Beschränken Sie ihre Freundschaftskontakte nicht auf eine bestimmte Kategorie von Menschen – Alleinstehende, Verheiratete, Männer, Frauen –; besondere Vorzüge aber brächte für Sie (wenn Sie noch nicht lange alleinstehend sind) zunächst die Freundschaft mit anderen Alleinstehenden des gleichen Geschlechts. Alleinstehende gleichen Geschlechts haben – im allgemeinen – das meiste gemeinsam, sie erwidern Freundschaftsversuche, der eigenen Interessenlage entsprechend, am ehesten. Alterfahrene Alleinstehende können frischgebackenen »Leidensgenossen« mit Rat und Tat zur Seite stehen. Als Resultat meiner Beobachtungen rate ich Leuten, die seit kurzem alleinstehend sind oder die aus anderen Gründen eine neue »social support group« aufbauen müssen, die Freundschaft zumindest *eines* gleichgeschlechtlichen Alleinstehenden zu suchen, aktiv anzustreben. Solche Menschen sind – wie Sie – nicht auf einen festen Begleiter als Stütze oder als Instanz, vor der sie sich rechtfertigen müssen, fixiert. Sie werden daher Ihre Kameradschaft benötigen und auch ansprechbarer sein. Sie können an Ihrer Entwicklung, an Ihren Nöten teilhaben, ohne sich bedroht zu fühlen, ohne herumkritteln zu müssen; sie können aus Ihren Erfahrungen profitieren wie Sie aus den ihren. Die gleiche Lebenslage – der Versuch, das Leben als Alleinstehender zu meistern – schafft am Anfang viele Gemeinsamkeiten. Also: sich nicht auf Alleinstehende gleichen Geschlechts beschränken, aber doch versuchen, einen zum Freund zu gewinnen.

Maxime III: Alleinstehende sollten sich nur mit anderen Alleinstehenden anfreunden

Wieder eine Maxime, die die meisten nicht offen vertreten würden, nach deren Diktat aber viele, Junggesellen wie Verheiratete, handeln. Der Alleinstehende hält sich in seinen Beziehungen zu Paaren oft zurück, weil er zu »stören« glaubt. Besucht er ein Ehepaar, hat er Angst, in ihrer trauten Zweisamkeit als Eindringling zu gelten. Besucht er einen Ehepartner allein, hat er Angst, ihn mit Beschlag zu belegen, ihn dem anderen Partner »wegzunehmen«. Eheleute ihrerseits sehen im Alleinstehenden oft den locker-lustigen, gefährlichen Junggesellen, neben dem sie sich fad auszunehmen fürchten. Ergebnis dieser verbreiteten Vorurteile: Viele Alleinstehende besuchen verheiratete Freunde nur selten und dann meist mit einem Partner im Schlepptau. Beziehungshemmnisse, die für alle Beteiligten eine große Einbuße darstellen. Wenn Sie mit beiden Teilen eines Paares befreundet sind oder sein könnten, dann, bitte, bringen Sie ihnen – gemeinsam – bei, daß Sie von Ihrer Seite gegen eine Dreisamkeit nichts einzuwenden haben. Ich halte diese soziale Gruppierung für eine der fruchtbarsten. Die meisten Paare pflegen Umgang mit anderen Paaren, aber zwischen den vier Menschen bestehen gewöhnlich nur eine, höchstens zwei wirklich enge Beziehungen. Häufig auch überhaupt keine, denn oft genug erschöpft sich der Kontakt in oberflächlicher Geselligkeit.

Wenn Sie mit einem Paar eine Freundschaft schließen können, die so aussieht, daß Sie mit jedem Partner allein wie auch mit beiden zusammen gut, ungezwungen und »selbstverständlich« zurechtkommen, kann das für alle Beteiligten eine unermeßliche Bereicherung sein. Meine eigenen Freundschaften mit Paar-Partnern, die einander mögen, zählen zu meinen schönsten. Bei drei Leuten gibt es drei mögliche »Zweiergruppen« (Dyaden), und ist jede positiv, kann das ungeheuer befriedigend sein. (Bei vier Leuten arbeiten bereits sechs Dyaden, von möglichen Koalitionen gar nicht zu reden. Auf jeden Fall wird das Beziehungsgefüge viel komplizierter – so sehr, daß häufig echte Intimität gar nicht aufkommt.) Zwischen drei Leuten, die einander vertrauen, gibt es ein außerordentlich reiches Beziehungspotential. Der Mann kann beobachten, wie seine Frau, die Frau, wie ihr Mann sich dem Freund gegenüber verhält; dem Alleinstehenden kann Einblick gegeben werden in die Beziehung des Paares. Allein durch seine Anwesenheit kann der alleinstehende Intimus schädliche Verhaltensweisen aufbrechen, die das Paar ohne soziale Rückmeldung womöglich entwickelt. Und er kann eine Menge darüber erfahren, wie andere Leute eine enge Bindung »handhaben«. Auch ist eine solche Dreisamkeit flexibler als andere Gruppen; ein einzelner kann sich zurückziehen, allein sein, ohne daß jemand ohne Begleiter sitzenbleibt. Auch zwischen den Geschlechtern kann in einer solchen Dreiergruppe eine gleichrangigere, demokratischere Beziehung herrschen – eine sozusagen übergeschlechtliche, nichtsexistische Kameraderie. Ein Freundespaar für sich zu haben kann einen dazu befreien, mit ihnen einfach als Menschen zu interagieren, statt sich Gedanken zu machen, wie man nun einen vierten in den Kreis einbezieht. Grundsätzlich ist gegen einen vierten natürlich nichts zu sagen; nur sollte sich die Dreiergruppe bewußt sein, daß sie den vierten nicht braucht.

Manchmal freilich wird sich unsere Freundschaft auf einen Teil des Paares beschränken. Auch dies kann für alle Beteiligten konstruktiv sein, und man braucht als Alleinstehender keineswegs Schuldgefühle zu bekommen, daß man jemanden seinem Partner oder seiner Familie »wegnimmt«. Normalerweise können sich solche Freundschaften nur positiv auswirken. Die Trennung Verheiratete/Alleinstehende bindet das Paar an den Ehe-Familie-Umkreis, während sie die Isolation des Alleinstehenden verstärkt. Freundschaftsbande, die für alle Beteiligten eine Ergänzung sind, zu stärken – das ist in jeder Hinsicht ratsam.

Maxime IV: Enge Freunde dürfen nur vom gleichen
Geschlecht sein
Wir zahlen einen hohen Preis, wenn wir die Mann-Frau-Liebesbeziehung als ungleich »höherwertiger«, als qualitativ gänzlich anders einstufen als alle anderen Formen menschlicher Bindung. Nicht nur, daß wir an die romantische Beziehung Heilserwartungen stellen, die sie enttäuschen muß; dies einseitige Fixiertsein schränkt unseren potentiellen Freundeskreis auf die Hälfte ein, beraubt uns der reichen Möglichkeiten, die eine enge, aber platonische Beziehung zu einem Menschen des anderen Geschlechts bieten kann. Besonders heute sind solche Beziehungen

wichtig, zum Teil schon aufgrund ihrer Seltenheit. Für Beziehungen zu Menschen, denen wir nahekommen – Liebende (anderes Geschlecht) und Freunde (gleiches Geschlecht) –, gibt es vorprogrammierte Verhaltensweisen. Oft entwickeln wir stereotype Arten und Weisen, sie zu manipulieren oder auf Distanz zu halten. Eine »platonische« Freundschaft zum anderen Geschlecht hebt sich von diesen beiden anderen Formen der Intimität genügend ab, um uns solches stereotype Verhalten bewußtzumachen und uns anzuregen, offenere, spontanere Beziehungsweisen zu suchen. Andersgeschlechtliche Freunde können uns wertvolle Hilfe leisten, mehr »zu uns selbst« zu finden, anderen gegenüber »unverfälschter« zu sein, und sie sind der beste aller Schulmeister darin, uns zu zeigen, daß die Mann-Frau-Beziehung sich nicht unbedingt grundsätzlich unterscheiden muß von anderen Formen der Freundschaft. Sie können die hochgespannt-romantischen Erwartungen abbauen helfen, die Liebesbeziehungen auf die Dauer so oft vergiften.

Auch auf der praktischen Seite kann das andere Geschlecht als Freund gute Dienste leisten: Es kann uns Fähigkeiten vermitteln, die wir zur Autonomwerdung brauchen und die es, aus seiner Geschlechterrolle, oft besser beherrscht. Und das in einer von Machtkämpfen und Rivalitäten freien Situation. Dies, glaube ich, ist einer der großen Vorzüge von Kommunen und Wohngemeinschaften, die sich hauptsächlich unter der Gegenkultur-Jugend durchgesetzt haben. Obschon vielfach durchaus »bürgerlich« geblieben, bietet die Kommune doch eine hervorragende praktische Schule fürs autonome Erwachsenwerden. Zudem – und wichtiger vielleicht – gibt diese Form des Zusammenlebens Gelegenheit, enge Beziehungen über die üblichen Ehe-, Geschlechter- und Altersgrenzen hinweg zu entwickeln. Es kann sehr wohl sein, daß die Kommune noch nicht die endgültige Alternative zum herkömmlichen Eheleben, zur herkömmlichen Junggesellenexistenz ist; auf jeden Fall ist sie ein Arrangement, das zumindest Möglichkeiten, Ansätze eines sinnvollen Gemeinschaftslebens bietet.

Maxime V: Nur »ganz gute« Freunde lohnen sich

Nicht nur im Bereich Liebe, auch im Bereich Freundschaft macht man oft den Fehler, die Kontakt- und Partnersuche auf den »einen und einzigen« zu beschränken, der all unsere Bedürfnisse, oder zumindest die meisten, zu stillen vermag. Folge: Es kann lange dauern, diese Idealfreunde zu finden, und wenn wir sie gefunden haben, belegen wir sie mit Besitzansprüchen, aus Angst, irgendeinen Teil eines so eng begrenzten sozialen Systems zu verlieren.

Jedoch: Es gibt mehr als nur eine Art Freund, so wie es mehr als nur eine Art Liebe gibt. Der Alleinstehenden-Status kann uns die Freiheit geben, aus jeder »Art« das Beste zu machen. Manche Freunde sind ideal als Freizeitkumpel, andere für lange philosophische Gespräche, andere fürs gegenseitige Lehren und Lernen, andere wieder – die willkommenste »Art« – der berühmte Freund in der Not, an den man sich wenden kann, wenn man Probleme hat. Natürlich, den Busenfreund, den »Mehrzweckfreund«, der mehrere dieser Funktionen gleichzeitig erfüllt, ihn gibt es auch; aber er ist nicht immer zur Hand, und wenn, wird er unsere Bedürfnisse auch nicht immer insgesamt stillen können. Wer sich Freundschaften aller Art zu öffnen vermag, der wird – wahrscheinlich – neue Seiten an sich entdecken, derer er sich vorher nur dunkel bewußt war. Entwicklung heißt oft: Begegnung mit dem Unbekannten. Machen Sie Gebrauch von Ihrer Alleinstehenden-Freiheit, erforschen Sie das »Draußen«, erforschen Sie sich selbst.

Maxime VI: Freunde sind immer da

Freunde, wie alles andere, haben ihre Grenzen. Zwar ist der Busenfreund per definitionem meist da, wenn man ihn braucht; doch an irgendeinem Punkt hört das, was andere für uns tun können, auf. Aufgrund ihrer eigenen Unzulänglichkeiten, Fehler und Grenzen enttäuschen uns andere Menschen zwangsläufig von Zeit zu Zeit. Wer seinen Freunden nie vergibt, hat meist auch nicht viele. Und wer hofft, daß andere seine Lebensprobleme lösen, wird sich häufig betrogen sehen. Grundsätzlich ist jeder allein. Das ist eine existentielle Lebenstatsache, die man nie vergessen sollte, auch dann, wenn man die zentrale Stellung bedenkt, die andere in unserem Leben haben.

Was nun?

Muß Ihr Freundeskreis erweitert werden, ist der nächstliegende und wichtigste Schritt: Vermehrung des Kontakts zu Menschen, die Ihre Freunde sind oder sein könnten. Um systematisch vorzugehen, machen Sie zunächst eine Liste *aller* Ihrer Freunde und potentiellen Freunde. Protokollieren Sie dann – möglichst mit Datum – die *Vorstöße*, die Sie ihnen gegenüber unternehmen. Alles notieren (Telefonanrufe, Einladungen zum Bier, zum Essen, Stippvisiten im Büro oder zu Hause). Auch die Vorstöße anderer Ihnen gegenüber können Sie im Protokoll vermerken. Mit diesem Protokoll als Grundlage gehen Sie dann vor, wie im letzten Kapitel beschrieben: Stellen Sie sich konkrete Aufgaben, um die Zahl Ihrer Kontakte zu steigern. (Belohnungen nicht vergessen!) Reicht Ihr tatsächlicher und potentieller Freundeskreis nicht aus, dann machen Sie eine Liste möglicher »kontaktreicher« Aktivitäten, in die Sie einsteigen, bei denen Sie Leute kennenlernen können. Anschließend konkrete Aufgabenstellung: An dieser und jener Aktivität beteilige ich mich. Später vielleicht: Diesem oder jenem gegenüber, den ich dabei »entdeckt« habe, mache ich einen Annäherungsversuch (ebenfalls als geplante Aufgabe). Gehen Sie anhand der Richtlinien aus Kapitel fünf ans Werk – Anknüpfen neuer, Pflege alter Freundschaften.

Nun könnte ich ins Detail gehen: Wie finde ich Menschen, wie vertiefe ich eine Bekanntschaft zur Freundschaft, wie wähle ich Freunde, was offeriere ich ihnen. Was ich da an Hilfe geben könnte, steht alles im nächsten Kapitel, weil man es normalerweise weit mehr zur Partner- als zur Freundessuche braucht. In Sachen Freunde wissen die meisten Menschen schon ganz gut, was zu tun ist; das Problem ist nur, sie dazu zu bringen, *daß* sie es tun. Wenn Sie Ihren Freundeskreis also ausbauen müssen, dann – tun Sie's.

DRITTER TEIL

Was macht das Liebesleben?

Kennenlern-Hilfen:
Wo suche ich, wie stell ich's an

Leute finden

»Ich hab's ja versucht, aber ich lerne einfach keinen anständigen Mann kennen. Alleinstehende haben es hier schwer.« So Marie, eine persönliche Freundin, achtundzwanzig Jahre alt, attraktiv, allein. Zwei Jahre hatte sie mit einem Mann gelebt und hatte vor etwa neun Monaten die Beziehung auf eigene Initiative abgebrochen. Die letzten sechs Monate hatte sie sich nun »strebend bemüht«, passende Männer kennenzulernen, sowohl für die lockere Bekanntschaft als auch in der Hoffnung, irgendwann eine neue, glücklichere Primärbeziehung einzugehen. Aber sie schien vom Pech verfolgt, Ärger und Enttäuschung gewannen die Oberhand. Ich fragte sie, wie sie bei der Suche denn vorgegangen sei.

»Also erst einmal sollst du wissen, ja, ich habe mich nach Männern umgesehen, an den üblichen Plätzen, aber die Sache gefällt mir grundsätzlich nicht. Es ist erniedrigend; man kommt sich so billig vor. Ich glaube, daß solche Sachen besser sind, wenn sie spontan zustande kommen. Diese dummen Alleinstehenden-Spielchen gefallen mir nicht – es ist nicht mein Stil. Alle guten Männer, die ich gekannt habe, habe ich *legitim* kennengelernt, entweder auf dem College oder im Beruf. Erst haben wir uns gründlich beschnuppert, dann konnte sich eine Beziehung ganz natürlich entwickeln. So gefällt es mir am besten, aber im Augenblick läuft das eben nicht.«

»Lernst du keine Männer kennen, wo du jetzt arbeitest?« fragte ich.

»Als Lehrerin? Daß ich nicht lache! Im ganzen Kollegium nur vier Männer, und die sind verheiratet und langweilig.«

»Und was«, fragte ich, »ist mit sonstigen Kontakten?«

»Oh, ich habe ein paar blinde Verabredungen mit Männern gehabt, die meine Freundinnen für mich arrangiert hatten. Die eine war eine Katastrophe, die andere schlicht langweilig. Vor der ersten hatte ich eine Heidenangst. Ich hab' sie zu einer großen Sache aufgebauscht, mir Sorgen gemacht, was ich anziehen sollte, ob ich auch gut genug aussähe. Als der Typ dann kam, war er genauso nervös wie ich. Wir gingen ins Kino und hinterher noch in ein Lokal. Wir hatten überhaupt keinen Gesprächsstoff. Als wir dann nach Hause kamen, auf der Basis dieser wunderbaren Beziehung, wurde er handgreiflich. Ich hab' ihn gleich weggeschickt und nie wieder was von ihm gehört. War wohl besser so. Wir hatten uns sowieso nichts zu sagen. Beim zweitenmal ging es ähnlich. Aber da habe ich es zumindest nicht mehr so aufgebauscht und war hinterher nicht so enttäuscht. Es war auch keine große Sache, glaub mir.«

»Was hast du noch versucht?«

»Nun«, sagte sie, »ich bin in einen Kunstkursus gegangen, teils aus echtem Interesse und teils, um zu sehen, wen ich kennenlernen konnte, und dann noch zu einem Skiklubabend.«

»Und?«

»Nichts und! Im Kunstkursus waren ganze zwei Männer, und beide haben mich nicht interessiert.«

»Der Skiklub?«

»Nichts. Der Abend war reine Zeitvergeudung. Ich bin auch bald wieder gegangen.«

»Und was ist mit Partys?« forschte ich.

»Auch ein hoffnungsloses Gebiet. Auf allen Partys, zu denen ich eingeladen war, sind nur meine Kolleginnen und ihre Männer. An sich keine schlechten Partys, wie Partys eben so sind, aber kein guter Ort, um Männer kennenzulernen.«

»Und Lokale, Nachtklubs?«

»Die Alleinstehenden-Treffs? Um Gottes willen! Das kenne ich. Diese oberflächliche, überdrehte Fleischbeschau, das deprimiert mich maßlos. Wenn ich schon soweit bin, daß ich in Lokalen auf Männersuche gehen muß, was sagt das über mich? Und die Männer, die man in Lokalen kennenlernt, *brrrrrr*!«

»Und wenn du nun jemanden im Supermarkt kennenlernen würdest, in der Buchhandlung, irgendwo? Sprichst du nicht mal jemanden an oder läßt dich ansprechen?«

»Das kommt mir auch ein bißchen billig vor«, sagte sie, »aber wenn sich mir der richtige Mann auf die richtige Weise näherte, könnte es schon gehen. Aber das passiert eben nicht. In einer Kunsthandlung hat sich mal ein schnöseliger Mensch an mich herangemacht und gesagt: ›Sind Sie aber hübsch!‹ Alles, was mir einfiel, war: ›Ja, ich weiß‹, und dann ging ich in die entgegengesetzte Richtung weg. Wer mit einer so dummen Eröffnung kommt, mit dem ist gleich gar nichts.«

»Die üblichen Alternativen sind wir nun wohl durch«, sagte ich. »Hast du an Computervermittlung oder Zeitungsannoncen gedacht?«

»Nur einen Sekundenbruchteil«, erwiderte sie. »Beides ist zu demütigend und zu riskant. Ich meine, man weiß ja nie, an wen man gerät; vielleicht an einen Verrückten. Solche Torschlußpanik habe ich noch nicht.«

Nun mag Marie etwas weniger unternehmungslustig sein als die meisten, aber leider eben nur wenig! Ihre Klagen sind typisch und enthalten alle ein Körnchen Wahrheit. Unsere Kultur bietet alleinstehenden Erwachsenen nicht viele leichte Wege, einander kennenzulernen. Mit wenigen Ausnahmen haben alle Methoden irgendwie etwas »Anrüchiges«, so daß der Betreffende, wenn er sich ihrer bedient, sich billig vorkommt oder den Eindruck zu erwecken fürchtet, er habe Torschlußpanik oder sei ein Verlierer.

Maries Problem war zweifacher Natur. Einmal nutzte sie das vorhandene »Territorium« einfach nicht genügend aus. Sie setzte auf Zufall und Spontaneität, klammerte zielstrebiges Vorgehen aus. Zum zweiten betrachtete sie viele der doch ganz legitimen nützlichen Mittel und Wege, Männer kennenzulernen, als abgeschmackt, oberflächlich und unter ihrer Würde. Alleinstehende Männer und Frauen wollen zusammenkommen, und das ist gut. Das Ungute, Tragische: In der Praxis kommen sie nicht annähernd so oft zusammen, wie es möglich wäre. Und zwar nicht, weil sie nicht wüßten, wie man sich findet, wie man in Beziehung zueinander tritt, sondern hauptsächlich aufgrund der unsinnigen Vorstellungen, die sie über die Kontaktaufnahme hegen – der Hemmung vor dem kleinsten Risiko; des Horrors, bedrängt (frauentypische Angst) oder abgewiesen (männertypische Angst) zu werden.

Ich kann Ihnen viele gute Lokalitäten vorschlagen, wo Sie geeignete Leute kennenlernen können, praktisch mit Erfolgsgarantie, wenn Sie einige Ausdauer an den Tag legen und sich an die Vorschläge halten. Ich weiß aber auch, daß Sie die Tips für Kontaktaufnahme mit dem anderen Geschlecht mehr oder weniger alle schon kennen. Und vor allem weiß ich: Meist liegt es ohnehin nicht an mangelndem Know-how, sondern an mangelnder Ausdauer. Wenn Sie in einem Provinzstädtchen oder auf dem Land leben, werden Sie mir entgegenhalten: Aber hier tut sich nichts, hier sind die Kontaktmöglichkeiten gleich Null, und so weiter. Sind Sie ein Großstadtmensch, werden Sie mir entgegenhalten: Hier geht man in der Masse unter, Entfremdung, Oberflächlichkeit, Kontaktschwierigkeiten, man trifft nicht die Leute, die man treffen möchte. Und ich weiß, Sie haben recht … hinter diesen Verallgemeinerungen steckt reale Erfahrung. Es ist wirklich oft schwierig, die Menschen zu treffen, die man kennenlernen möchte, aber gerade deshalb *muß man daran arbeiten*. Sich zu sagen, man lebe an einem Ort, wo das Kennenlernen auf Hindernisse stößt, man wolle solche Begegnungen lieber spontan, man habe ja schon dies und jenes versucht, und es habe nicht geklappt – das alles nährt nur Ihren schlimmsten Feind, die Trägheit.

Das Wesentliche, das es sich bei Kontakt- und Partnersuche klarzumachen gilt, ist: Man muß daran arbeiten – nicht panisch, aber ausdauernd. Wer nicht sehr wählerisch ist, wer sich mit dem (der) Erstbesten zufriedengibt, wird es natürlich am leichtesten haben. Je höher die Ansprüche, desto mehr Arbeit wird es kosten. Ohne ein paar Irrwege, Sackgassen, Enttäuschungen, vielleicht Auseinandersetzungen, Unbequemlichkeiten, »Körbe«, wird es naturgemäß nicht abgehen.

Zielstrebige Kontaktsuche erfordert unter Umständen Dinge, die einem nicht »liegen«. Jedoch: Solange man nicht gänzlich anders ist als die meisten Menschen, nehmen die Freundschaften mit dem anderen Geschlecht, die man schließt, die Qualität unserer Gefühls- und Sexualbindungen – unser Liebesleben –, einen ganz zentralen Platz in unserer Existenz ein. Körperliche Gesundheit vorausgesetzt, steht und fällt unsere Lebenszufriedenheit gewöhnlich mit (mindestens) zwei Dingen: unserer Befriedigung im Beruf und der Qualität unserer interpersonalen Beziehungen. Denken Sie einmal daran, wieviel Zeit und Mühe Sie verwendet haben, sich für den Beruf zu qualifizieren, der Ihre Arbeitsstunden ausfüllt. Wieviel Zeit ist Ihnen – damit verglichen – die Suche nach Menschen wert, die helfen können, Ihre übrigen Stunden »auszufüllen« mit Verständnis, Zuneigung und Zärtlichkeit?

Merkwürdig, wie populär die Wunschvorstellung ist, man brauche einfach nur dazusitzen und zu warten, bis einem der Traumpartner, der Märchenprinz oder die Märchenprinzessin XY über den Weg läuft. Sollten Sie zu den Opfern dieser weltfremden, irrationalen, selbstzerstörerischen Idee gehören – dann, Leser, erwache. Wo das Traumbild herstammt, ist unschwer zu verfolgen. Die Spontanbegegnung zweier Glückskinder ist Standardzutat nahezu jeder Love Story in Film und Literatur. Die meisten von uns hatten ihre ersten Liebesgeplänkel in der Schule, wo wir von anderen »alleinstehenden« Heranwachsenden, ebenso flirtbegierig wie wir, umgeben waren. Das Anbändeln ging also relativ leicht. Trotzdem vergißt man aus der Rückschau, wie schwierig auch diese pubertären Anfänge in Wirklichkeit waren.

Wenn Sie jetzt andere Menschen finden wollen – Freunde, Kumpel, Sexual-, Liebes-, Ehepartner oder was auch immer –, dann müssen Sie daran arbeiten. Mehr noch: Sie müssen die Arbeit daran innerlich bejahen. Betrachten Sie es als wichtigen *Zweitberuf*. Sich mit Energie und Lust in diesen Beruf zu stürzen heißt nicht, irgendwelche »Mängel« oder »Unnormalität« einzugestehen, sondern es heißt, daß Sie ein realistischer, unternehmungslustiger, lebendiger Mensch sind, der das, was er sucht, aller Wahrscheinlichkeit nach viel eher finden wird, als er selbst glaubt.

Ich habe ein paar Dinge gelernt, die Ihnen den Berufseinstieg erleichtern, die Arbeit zum Vergnügen machen können. Lassen Sie mich vom Forellenangeln in Oregon erzählen. Es gibt in Westoregon einen wunderschönen Forellenbach, zu dem es mich jeden Herbst zieht. Ich fahre durch Holzfällersiedlungen bis zu einem Lagerplatz, den die Sommertouristen gerade verlassen haben. Stille ringsum, das Laub nimmt herbstliche Farbe an, ein wunderbar erholsamer Aufenthaltsort.

Diese Reise mache ich, um eine große seegehende Regenbogenforellenart, Steelhead genannt, zu fangen. Die Steelheads haben eine Eigenart: Man fängt sie nicht oft. Im Schnitt – so die Fischerei- und Jagdbehörde – braucht man acht bis zehn Stunden, um eine an den Haken zu bekommen. Da ich vom Ufer aus mit einer Fliegenrute fische und nur ein mittelmäßiger Angler bin, sehen meine Fangergebnisse noch karger aus. Wenn aber mal eine Steelhead beißt, dann ist es schon etwas. Ich halte sie – für mein Geld – für den aufregendsten Beutefisch der Welt, der jeden anderen Meeresfisch, egal wie groß, in den Schatten stellt.

Weiter muß der Angler wissen, daß die Steelheads im Fluß bestimmte »Reviere« bevorzugen. Die Reviere können sich von Jahr zu Jahr ändern, aber wenn ich einmal weiß, wo sie liegen, wächst auch die Fangwahrscheinlichkeit. Doch auch an x-beliebigen anderen Stellen des Flusses ist es immer möglich, eine zu fangen, besonders wenn die Fische gerade wandern. Ich kann nie voraussagen, wann einer anbeißt. Es kann beim ersten Auswerfen der Schnur sein, es kann nach drei Tagen angestrengten Wartens sein, es kann erst nächstes Jahr sein.

Zum dritten: Nur eine einzige Sache vermag mir den Anglerspaß zu verderben, nämlich Überernst. Ich ruiniere das ganze Abenteuer, wenn ich es, wie man so schön sagt, »zu verbissen sehe«. Werde ich zu erfolgsorientiert und vergesse, die anderen schönen Aspekte der Reise zu genießen – die Fahrt, die Landschaft, die Begleitung oder das Alleinsein, das Herausfordernd-Spannende –, erst dann verderbe ich alles. Nur indem ich mich und mein Tun zu ernst nehme, kann ich kaputtmachen, was sonst Freude macht.

Ich erzähle Ihnen das, weil gewisse Parallelen bestehen zum

»Angeln« nach Menschen, Partnern, Gefährten des anderen Geschlechts. Beide Tätigkeiten sind recht arbeitsintensiv, aber die Arbeit lohnt sich nicht nur, sondern macht auch eine Menge Spaß, wenn man sie nur richtig sieht. Die Schönheit des Vorgangs und das Herausfordernde der Aufgabe zu erfassen – das ist in beiden Fällen des Geheimnis.

Wie die Forelle ihre Reviere hat, haben auch die Menschen, für die Sie sich interessieren, ihre Reviere: dort liegt die »Fangwahrscheinlichkeit« besonders hoch. Ein guter Angler wird sich über die Reviere gründlich informieren, er wird mit Ausdauer, aber ohne Verbissenheit, so viele Gebiete abfischen, wie es geht. Und er wird immer daran denken, daß der »Fang des Lebens« grundsätzlich an jedem Punkt möglich ist; manche Stellen sind besser als andere, in Frage kommen aber alle. Auch wird er sich klar sein, daß er ein Wahrscheinlichkeitsspiel spielt: Je länger er am Wasser sitzt, je länger er sich »exponiert«, desto höher die Wahrscheinlichkeit, daß ein Fisch auftaucht. Er wird lernen, daß es auf Ausdauer ankommt, daß man es immer wieder probieren muß; er muß das Territorium gründlich und wiederholt durchkämmen. Und am wichtigsten: Er wird lernen, daß auch schon die Tätigkeit an sich, nicht erst der Erfolg, Freude macht. Manchmal will der Fisch partout nicht beißen, aber der erfahrene Angler nimmt das nicht persönlich und spielt nicht den Spielverderber.

Wenn Sie Ihre Bemühungen, Leute kennenzulernen, als Lebensbestandteil, als schöne, spannende Sache, lehrreich noch dazu, sehen können; wenn Sie an die Arbeit gehen können, ohne allzusehr auf ein Traumergebnis fixiert zu sein – dann werden Sie ein glücklicher, erfolgreicher Angler.

Nun zu einem Fischgrund, den Sie, bei allen Vorbehalten, ruhig einmal ausprobieren sollten – die großstädtischen Alleinstehenden-Treffs (in Amerika heißen sie »singles bars«). Von vielen gemieden, können sie dennoch ein guter Ort sein, Leute kennenzulernen. Wenn Sie mal hingehen, wird Ihnen freilich auffallen: Es herrscht, vielfach, eine recht verkrampfte Atmosphäre. Manche, besonders die Frauen, tun »so etwas« nicht regelmäßig, und man sieht ihnen an, daß sie sich schämen, hier

zu sein. Sie wirken abweisend-distanziert, als ob sie sagen wollten: Eigentlich habe ich das nicht nötig; eigentlich könnte ich
auch in seriöserem, entkrampfterem Milieu einen Mann finden.
Andere – meist die Männer – tragen einen Ausdruck verbissenen
Ernstes. Sie sind hier, um »Erfolg« zu haben, sprich: jemanden
zu finden, vom Mädchen für die Nacht bis zur Ehepartnerin, und
scheinen geradezu besessen von Erfolgszwang. Sie wälzen geistreiche Eröffnungssätze, sind fixiert darauf, *das* Mädchen zu
finden, bevor es ihnen der Nachbar wegschnappt, haben Angst,
dumm auszusehen oder abgewiesen zu werden. Wenn Sie es
ihnen nachtun und sich selbst und das, was hier vorgeht, zu ernst
nehmen, werden Sie ebenfalls nicht viel Freude haben. Und –
wie ich hinzufügen möchte – wahrscheinlich auch nicht den
gewünschten Erfolg.

Nüchtern und realistisch gesehen: Bei nicht allzuhoch ge-
schraubten Erwartungen bietet der Alleinstehenden-Treff eine
Menge Vorteile, besonders wenn man mit der Kontaktsuche
gerade erst angefangen hat. Dem Anglerneuling bietet er den
Vorteil, daß es sich um einen recht fischreichen Teich handelt
und die meisten Fische »beißfreudig« sind. Fast alle sind sie aus
dem gleichen Grund hergekommen – jemanden kennenzulernen. Hier fällt es leichter, jemanden anzusprechen; Gespräche
anzuknüpfen ist für Mann wie Frau »erlaubt« und wird erwartet.
Geistreiche Eröffnungssätze sind nicht vonnöten, kein Mensch
erwartet das; etwas so Simples wie »Möchten Sie mit mir tan-
zen?« reicht völlig aus. Alle Männer – besonders die schüchter-
nen, die Angst vor dem »Korb« haben – werden für einen
einladenden Blick, ein Lächeln von einer Frau dankbar sein und
oft sogar eine direktere Annäherung begrüßen. Frauen erwarten
gemeinhin die Annäherung durch Gespräch oder Tanzaufforde-
rung; viele halten kritisch nach mehr Ausschau. Zwar wird kaum
jemand ganz unbefangen sein bei diesem Verfahren, aber es ist
eben eigens dazu gedacht, daß man sich kennenlernt.

Wenn sonst nichts, bietet der Alleinstehenden-Treff zumindest
ein gutes Übungsfeld für das *Einleiten* von Interaktion mit dem
anderen Geschlecht; ein ideales Revier, um rasch zu lernen, wie
man etwas in Gang setzt, wie man es in Gang hält, wenn man

will, und abbricht, wenn man nicht mehr will. Als Frau beispielsweise wird man hier – wahrscheinlich – öfter nein sagen müssen, als man eigentlich will; ein gutes, relativ geschütztes Übungsfeld für das höfliche, aber bestimmte und sichere Neinsagen.

Leider neigt der Alleinstehenden-Treff auch dazu, Trainingsplatz für Dickfelligkeit zu sein. Er gehört zu den unpersönlichsten, wettbewerbsorientiertesten, »gemachtesten« Szenerien für das Kennenlernen. Auch anderswo haben Alleinstehende oft die Neigung, nicht allzuviel Rücksicht auf die Gefühle anderer zu nehmen; am deutlichsten aber zeigt sich solche Indifferenz beim »Treff der einsamen Herzen«. Wissend, daß viele Kontakte sich zwangsläufig als »Nieten« erweisen werden, auch Abweisung fürchtend, legen sich viele Besucher ein übertrieben abgebrühtes Image zu, das ihnen helfen soll, ihr Unternehmen durchzustehen. Machen Sie sich in diesem Angelrevier auf flapsig-coole Kundschaft, auf Zurückweisungen dieser und jener Art gefaßt. Jede Methode, andere zu finden, hat eben ihre Nachteile. Man muß sich dieser Nachteile nur bewußt sein und sie der Methode selbst anrechnen, nicht eigenem Unvermögen zur Last legen.

Die Fangmethode in diesem Fischteich ist simpel: die Angel auswerfen. Das heißt, mit jemandem, den man näher kennenlernen will, *sprechen*. Sprechen Sie, wenn Sie können, treffen Sie – mit gebotener Vorsicht – Abreden, um erste Bekanntschaftsbande zu vertiefen. Kommt der Zeitpunkt, wo Ihnen das Ganze keinen Spaß mehr macht, wo es unangenehm, ja unerträglich wird – wie manchen Leidensgenossen –, dann suchen Sie sich das auszureden; gelingt Ihnen das nicht, gehen Sie.

Aber denken Sie daran: Hier an diesem Ort spielt sich mehr ab als nur Ihr kleines Drama. Wie der Forellenbach hat auch das verqualmte, volle, ein bißchen verrückte Ledigen-Trefflokal seinen eigenen Reiz. Es hat seine Vorzüge und Möglichkeiten, die man nutzen, die man genießen kann – man muß es nur aus dem richtigen Blickwinkel sehen, dann werden sie offenbar. Wenn man schon dieser Kennenlern-Kulisse Reiz abgewinnen kann, wieviel mehr dann anderen, »natürlicheren« Umgebungen, wo die Schönheiten sichtbarer, die Nachteile weniger augenfällig sind.

Man kann diese Forschungsreisen ins Unbekannte auf eine Weise sehen lernen, die ihre Dornigkeit etwas entschärft, die sie subjektiv amüsanter werden läßt. Die vielleicht hilfreichste Haltung ist diese: daß Sie Ihre Tastversuche, Ihre Kontaktbemühungen zum anderen Geschlecht, als gesunde, unternehmungslustige Neugier betrachten, Neugier auf das Leben, auf andere Menschen, die Dinge, die sie tun, die Art und Weise, wie sie zusammenkommen. Man kann etwas lernen aus jedem Erlebnis, jeder Erfahrung, die man an sich heranläßt, und – mit wenigen Ausnahmen – von jedem, dem man begegnet. Jeder hat eine faszinierende Geschichte zu erzählen, man muß nur zuhören. Nicht immer wird sie einen länger interessieren, nicht immer wird sie die Basis legen können für eine bleibende Beziehung; aber es wird eine individuelle Weltsicht daraus sprechen, von der man einmal »kosten« kann. Stellen Sie nicht an jeden neuen heterosexuellen Kontakt die Erwartung, einen Partner zu finden, sonst werden Sie häufig enttäuscht, frustriert, entmutigt und begeben sich vieler guter Erfahrungen. Betrachten Sie, was Sie tun, als Griff ins Leben, prüfen Sie, was es zu bieten hat, und nehmen Sie, soviel Sie können. Behalten Sie die größeren, schwierigeren Ziele im Auge, aber stellen Sie sie nicht in den Vordergrund. Merke: Durch freundliche Offenheit bei diesem Lebens-, Lern- und Erfahrungsabenteuer vergeben Sie sich nichts.

Zwei Erfolgsgeheimnisse für das Kennenlernen

Auf diesem Hintergrund seien nun zwei grundlegende, sehr wichtige Erfolgsgeheimnisse für das Kennenlernen dargestellt. Sie sind, wie so viele Erfolgsgeheimnisse im Leben, trügerisch einfach – und außerdem gar nicht so »geheim«, denn Sie kennen sie längst. Aus diesen Gründen könnten Sie versucht sein, sie einfach zu übergehen. Bitte tun Sie das nicht. Nehmen Sie beide »Geheimnisse« ernst, überprüfen Sie, ob und wieweit Sie sie im eigenen Leben anwenden. Um passende Personen des anderen Geschlechts kennenzulernen, muß man

– ein gut funktionierendes Netz fester sozialer Kontakte aufgebaut haben, einen Bekannten- und Aktivitätenkreis, der interessiert und Freude macht,

– zweitens oft in die Welt hinausgehen, offen für Annäherung anderer und bereit, sich selbst anderen zu nähern.

Die grundsätzliche Wichtigkeit eines Netzes sozialer Bindungen für die Autonomwerdung des Alleinstehenden haben wir bereits dargestellt; zusätzlich hat dieses Netz besonders für die Kontaktsuche, um die es hier geht, seine großen Vorzüge. Zunächst: Regelmäßiger Verkehr in Bekanntenkreisen, Gruppen, Teilnahme an Aktivitäten, das bringt einen ganz von selbst mit neuen Menschen zusammen; Kontakte zu Personen des anderen Geschlechts sind nur eine Frage der Zeit. Machen Sie sich – wenn Sie Kontaktschwierigkeiten haben – vor allem klar: *Es ist nur eine Frage der Zeit.* Zu Panik besteht keinerlei Anlaß. Sie müssen nur die Initiative ergreifen und eine entschlossene, »aktive« Geduld entwickeln. Nehmen gute Freundschaften, interessante, produktive Beschäftigungen breiten Raum in Ihrem Leben ein, wird das Bedürfnis nach Sexual- und Liebesbeziehungen weniger stark sein, und Sie gewinnen die Freiheit, solche Beziehungen ruhiger, bewußter zu suchen, nicht hektisch, verzweifelt, »gedrängt«.

Der verzweifelt Beziehungsbedürftige ist, so brutal es klingt, nicht sehr attraktiv, und er ist »uneffektiv«. Unattraktiv deshalb, weil er, nur seine eigenen Nöte im Sinn und vor Augen, nicht viel zu bieten hat. »Uneffektiv« deshalb, weil er bei jeder Begegnung glaubt, sein Leben stehe auf dem Spiel. Kaum jemand ist gern Objekt eines so verzehrenden Liebes- und Erfüllungsbedürfnisses; niemand vermag eine so unrealistisch hohe Erwartung zu stillen. Wenn Sie also wollen, daß andere zu Ihnen kommen, dann zeigen Sie ein bißchen mehr Unabhängigkeit; pflegen Sie Ihre anderen Interessen; versuchen Sie, viel mehr zu bieten als nur die eigenen Bedürfnisse. Spielen Sie das, wenn es sein muß, zunächst ruhig als »Schau«; das echte autonomere Ich wird von Natur aus nachkommen, wenn genug »Betrieb« in Ihrem Leben herrscht – wenn Sie über ein breites Feld von Interessengebieten und sozialen Kontakten verfügen.

Viele meiner alleinstehenden Freunde und Klienten singen das gleiche Lied: Immer, wenn sie einen Sexual- oder Liebespartner am dringendsten brauchten, scheint die Welt wie leergefegt. Und immer, wenn ihr Leben anderweitig ausgefüllt ist und sie die geringste Sehnsucht nach solchen Beziehungen haben, regnet es geradezu geeignete Partner. Das kommt daher, daß in Phasen der Zufriedenheit auch die partnerlose Zeit wie im Fluge vergeht; daß Leute, die herumkommen, andere Leute kennenlernen und daß selbständige Menschen gelöst, sicher und attraktiv sind. Und, wohlgemerkt, verhält man sich selbständiger, wird man auch selbständiger. Ihr eigener Tätigkeiten-, Bekannten- und Freundeskreis ist die Basis für Selbständigkeit und sich fortwährend erweiternde Kontaktmöglichkeiten. Wie gut ist er?

Nun wird man in dem Freundes- und Aktivitätenfeld, in dem man sich bewegt, trotzdem nicht immer die Menschen finden, die man sich vorstellt. Typische Klage des unglücklich Alleinstehenden: »Wo stecken die Leute eigentlich alle?« Hintersinnig simple Antwort: überall. Man findet sie in, bei oder auf: Parks, Museen, Restaurants, Kneipen, Kaffeehäusern, Buchläden, Schallplattenläden, Kunstläden, Möbelläden, Tante-Emma-Läden, Kleiderläden, anderen Läden, Marktplätzen, Vorträgen, Kinos, Sportveranstaltungen, Konzerten, Theatern, Ausstellungen, Vereinsabenden, Banken, Waschsalons, Fahrstühlen, Büros, Tennisplätzen, Radwegen, Partys, Arbeitsplätzen, Meeresstränden, Seen, Ferienorten, Hotels, Tagungen, Bussen, Eisenbahnen, Flugzeugen – die Möglichkeiten sind uferlos. Ich zähle sie nicht aus ratgeberonkelhafter Naivität auf, sondern nur, um Sie auf Chancen hinzuweisen, die Sie eventuell übersehen haben. Überall, wo wir uns bewegen, sind Menschen um uns. Und man kann sie, wenn man sich nur den berühmten kleinen »Ruck« gibt, kennenlernen. Spricht man an einer der aufgezählten Lokalitäten einen Fremden an und verabredet weiteren Kontakt mit ihm, dann hat man »jemanden aufgelesen« (saloppere Ausdrücke dafür: aufgabeln, anmachen, aufmachen etc.). Daran ist *nichts* Anrüchiges, sondern sehr viel Positives. Ich empfehle es, und der Rest des Kapitels beschäftigt sich zum großen Teil mit Ratschlägen, wie man es richtig macht. Es wird geeignete Lokalitäten und weniger geeignete geben. Die ergiebigsten sind gewöhnlich jene, die zur Entspannung und Unterhaltung aufgesucht werden. Ja, viele Leute gehen in der (mehr oder weniger) ausdrücklichen Absicht dorthin, sich ansprechen zu lassen oder andere anzusprechen. Ein Park am Sonntagnachmittag oder der Swimmingpool eines Ferienhotels ist für den kontaktsuchenden Alleinstehenden naturgemäß ein besseres »Revier« als die Schalterhalle einer Bank. Grundsätzlich kommt aber jeder Ort in Frage, wo man Menschen trifft. In Los Angeles kontaktieren sich die Alleinstehenden sogar auf der Autobahn. Zu riskant für Sie? Abwarten. Es gibt auch leichtere Methoden, sich hinaufzuarbeiten zu so wagemutiger Kontaktfreude.

Kontaktaufnahme: Grundsätzliches

Kommen wir zur Sache, untersuchen wir, was zu tun ist, um Anzahl und Qualität Ihrer Kontakte zum anderen Geschlecht zu erhöhen. Zunächst sollten Sie eine Aufstellung der Reviere machen, die für Sie persönlich in Frage kommen, um Leute kennenzulernen, die möglichst viel mit Ihnen gemeinsam haben. Es geht ja nicht ums Kennenlernen möglichst vieler Leute, sondern gezielt solcher, die Ihnen sympathisch sind und zu Ihnen passen; die besten, befriedigendsten Beziehungen ergeben sich gewöhnlich aus einem gewissen Interessengleichklang. Analyse der eigenen Interessen, Neigungen etc. sollten also für die Wahl der Reviere bestimmend sein. Und hier kommen wieder die kreativen Operants ins Spiel. Interessenarmut bedeutet: wenig geeignete Orte, andere kennenzulernen, und wenig Anziehungskraft auf die Menschen, die man trifft. Im vierten Kapitel habe ich Karen vorgestellt, eine an kreativen Operants so arme Frau, daß die Lokale in ihrer Umgebung ihr einziges »Revier« waren. Ihr Interesse am Trinken zog nicht viele Leute an – und machte sie auch nicht gerade zu einer anregenden Gesprächspartnerin. Meine Therapie für Karen ging in erster Linie darauf hin, die Anzahl ihrer Interessen zu erhöhen, zum Teil, um ihr dadurch mehr und bessere »Kontaktplätze« zu geben, wo sie Menschen beiderlei Geschlechts kennenlernen konnte. Wenn Sie sich in gleicher Lage wie Karen befinden, sollten Sie als erstes verschiedene Aktivitäten auflisten, die für Sie interessant sein könnten.

Bei großer Interessenvielfalt ist Ihre Aufgabe in diesem Stadium vergleichsweise leicht. Gehen Ihre Interessen zum Beispiel ins Sportliche, empfiehlt sich Teilnahme an Spezialgruppen auf diesem Gebiet, Skiklubs, Bergsteigervereinen, Tauchklubs und so weiter. Die Auswahl ist nahezu grenzenlos, ich spare mir Details.

Geht Ihr Interesse ins Politische, böten sich an: die politischen Parteien und ihre Unterorganisationen; politische Klubs; Diskutierzirkel; Bürgerinitiativen etc. Gerade durch politische Arbeit kommt man mit vielen Menschen in Berührung.

Geht Ihr Interesse ins Musische, könnten Sie Kontakt zu anderen suchen in: Kunst- und Musikvereinen; Klubs, in denen die Musik gespielt wird, die Sie lieben; auf Konzerten, Kursen, in Schallplattenläden.

Nun leben wir in einer Gesellschaft, in der viele Interessen mehr oder weniger an die Geschlechterrolle gebunden sind (leider). So wird man als Frau in Näh- und Kochkursen nicht viele Männer, als Mann in Motorrad- und Alpinistenvereinen nicht viele Frauen kennenlernen können. Jedoch bietet diese Aufspaltung in Interessengruppen, herrührend von unseren Rollenklischees, gerade deshalb einen besonderen Vorteil: Wer sich für eine Aktivität erwärmen kann, die als »typisch« für das andere Geschlecht gilt, ist hier in einer besonders glücklichen Lage.

Es hilft, wenn man die eigenen Interessen und die »Reviere«, die sich daraus ergeben, ganz systematisch analysiert. Wenn es für Sie ein Ziel mit hohem Vorrang ist, mehr Kontakte zu knüpfen, rate ich dringend: Nehmen Sie ein Blatt Papier, machen Sie eine Aufstellung aller – beruflichen und außerberuflichen – Interessen, die Sie haben. Neben jedem Interesse dann alle in Frage kommenden Orte aufführen, die Leute, die dieses Interesse teilen, frequentieren würden. Nichts auslassen. Daran denken: Man kann überall Leute kennenlernen, und Kontakte führen zu weiteren Kontakten.

Erweitern kann man die Liste möglicher Kennenlern-Orte,

indem man einen Veranstaltungskalender oder die Wochenendausgabe der Zeitung zu Rate zieht, wo die Aktivitäten der kommenden Woche, des kommenden Monats usw. aufgeführt sind. Sieht die Liste immer noch mager aus, heißt das, daß Sie über zu wenig kreative Operants verfügen und in dieser Richtung noch einiges tun müssen.

Der nächste Schritt: Prioritäten setzen. Jede Aktivität zuerst nach dem Interessantheitsgrad einstufen, den sie für Sie hat; Note A für hochinteressant, B für mittelmäßig interessant, C für relativ uninteressant. Dann jede Aktivität nach »Dichte« einstufen – nach der Aussicht bzw. Wahrscheinlichkeit, daß Sie dort andersgeschlechtliche Gefährten (-innen) kennenlernen. Im allgemeinen sind solche Aktivitäten die besten, die nicht unbedingt für dieses oder jenes Geschlecht »reserviert« sind, aber Gelegenheit geben, relativ viel mit dem anderen Geschlecht zusammenzukommen. Die in beiden Punkten am höchsten bewerteten Aktivitäten kristallisieren sich als jene heraus, die ich bei der Suche nach Kontakten zum anderen Geschlecht bevorzugen würde.

Reviere des Verfassers (*amerikaspezifisch*)	Interessantheitsgrad	Dichte
Partys	A	A
Fachtagungen	A	B
Nachtklubs, wo Jazz gespielt wird	A	B
Nachtklubs, wo Soul gespielt wird	A	B
Nachtklubs, wo Rock gespielt wird	B	B
Nachtklubs, wo Folk gespielt wird	A	B
Alleinstehenden-Treffs	B	A
Universitäten	B	A

Reviere des Verfassers (*amerikaspezifisch*)	Interessant- heitsgrad	Dichte
Medizinische Hochschulen/ Uni-Kliniken	B	A
Fachvorträge	B	B
Buchläden	A	B
Alleinstehenden- Organisationen	C	A
Universitätsbibliotheken	B	B–C
Vorträge in verwandten Disziplinen	B	B
Reisen, Ausflüge	A	A–B
Skilaufen, Skiklubs	A	A–B
Tennisplätze/Tennis- unterricht	B	B
Museen	C	B
Freiluft- und Frei- zeitklubs	B	A
Politische Organisationen	C	B
Bergsteigen/Alpinisten- klubs	B	D
Am Strand	B	A
Gruppenausflüge mit dem Fahrrad	A	B
Rucksackwanderungen (Gruppe)	A	C
Bootswanderungen auf Flüssen (Gruppe)	A	C
Segelschulen	B	C
Skischulen	A	B–C
Kochkurse	C	B
Straßenecken	D	A

Anmerkung: Den letzten Punkt auf meiner Liste – Straßenecken – habe ich nur angehängt, um Sie noch einmal daran zu erinnern, daß man die begehrenswerteste Person seines Lebens auch an einem gänzlich uninteressanten Ort kennenlernen kann. Alleinstehenden-Organisationen, Alleinstehenden-Treffs, Flughäfen etc. ziehen immer eine Menge Leute an, und vermag man solche Umgebungen geschickt und sicher, sagen wir ruhig: »auszunutzen«, kann einem das sehr zugute kommen. In einem Bereich von hohem Dichtegrad wie etwa einem Flughafen braucht man für Annäherungsversuche und zum Ansprechen Geschick, und man muß rasch abschätzen können, wie die Chancen stehen. Solche Bezirke gelten, mehr als andere, als typische »Aufgabel-Reviere« und eignen sich am besten für Menschen, die die Kunst des »Aufgabelns« technisch gut beherrschen.

Die Kunst besteht im wesentlichen darin, daß man ein Gespräch anzuknüpfen versteht, es fortzuführen versteht und um weiteren Kontakt bitten bzw. den Wunsch danach signalisieren kann. Eine für Sie auf jeden Fall sehr wichtige Kunst, ganz gleich, wo und zu welchem Zweck Sie Leute treffen und kennenlernen wollen. Was ich darüber zu sagen habe, sollte Sie auf jeden Fall interessieren – auch wenn das direkte »Anmachen« bei Ihnen auf Hemmungen stößt.

Die Ansprech- und Kontakttechniken, die hier zur Sprache kommen, können von Männern wie Frauen gleichermaßen angewandt werden. Gerade Freund*innen*, Kolleg*innen* und Klient*innen* von mir haben den Mumm gehabt, recht kühne Techniken einzusetzen. Freilich ist es allgemein immer noch der Mann, dem die Hauptlast und -lust der Annäherungsversuche obliegt. Einige der beschriebenen Techniken werden hauptsächlich »Männersache« sein, während andere, feinere Methoden – auf der jetzigen Stufe unserer Entwicklung – sich mehr für Frauen eignen werden. Ehe ich auf die Techniken eingehe, noch ein Wort zu den inneren Einstellungen, die sie begleiten sollten und ihre Anwendung erheblich leichter machen.

1. Ihr Leben steht nicht auf dem Spiel. Ihr Wert, Ihr Erfolg, Ihre Selbstachtung hängt nicht davon ab, wie der andere reagiert.

Ist Ihr Annäherungsversuch sicher, freundlich, höflich und rücksichtsvoll, wird auch die Reaktion so ausfallen. Auch wenn Sie einen Korb bekommen, müßten Sie ihn eigentlich in netter Form bekommen. Wenn nicht, heißt das, daß der andere ein Problem hat, nicht Sie.

2. Der Annäherungsversuch muß nicht profihaft gekonnt sein. Gerade die allzu sicheren, geschickten, glatten Annäherungsversuche wirken oft verdächtig und bewirken weniger als der »laienhafte«, aber ehrliche Versuch.

3. Annäherungsversuche zu machen beweist gesunden Unternehmungsgeist und Mut. Wenn Sie den Wunsch haben, Kontakte zu schließen, und die Beherztheit, es tatsächlich zu tun, dann gratulieren Sie sich zu der Courage, so hineinzugreifen ins volle Menschenleben.

4. Ihr Aussehen ist nicht von ausschlaggebender Bedeutung. Die meisten von uns haben, was ihre äußere Erscheinung betrifft, irgendwelche Komplexe. Doch für gewöhnlich stellen wir mit wachsender Lebenserfahrung fest, daß es viele gibt, die unsere spezielle äußere Erscheinung ganz anziehend finden. Eigentümlichkeiten, die wir selbst an uns nicht mögen, gefallen anderen manchmal gerade. Wir beurteilen uns in dieser Hinsicht viel strenger als die meisten Mitmenschen uns. Suchen Sie diese Unsicherheiten zu vergessen; lassen Sie sich den Weg ins »Abenteuer Kennenlernen« dadurch nicht verbauen.

5. Eine Abfuhr zu erhalten macht Sie nicht wertlos. Zeigt jemand – ein völlig Fremder immerhin – Ihrem Annäherungsversuch oder dem Wunsch nach weiterem Kontakt die kalte Schulter, kann das viele Gründe haben; mit Ihnen selbst hat das wenig oder gar nichts zu tun. Es sollte Ihnen gelingen, sich darüber hinwegzusetzen, es nicht allzu ernst zu nehmen. Risiken gehören zu diesem Spiel, darüber muß man sich klar sein. Jedoch: Körbe zu bekommen, davon geht die Welt nicht unter. Im Gegenteil, es bereichert unseren Erfahrungsschatz.

6. Konzentrieren Sie sich beim Ansprechen auf den Vorgang, nicht das Ergebnis. Widmen Sie sich ganz dem, was Sie tun, versuchen Sie, Spaß daran zu haben. Möglichst nicht an Erfolg und Mißerfolg und das Endziel Ihrer Bemühungen denken.

7. Betrachten Sie die Kontaktversuche als *Übungen*. Man kann mit »Trockenübungen« beginnen, daß heißt das Anknüpfen von Gesprächen in bestimmten Situationen zunächst nur gedanklich durchspielen. Gehen Sie einen Tag, eine Woche lang herum und üben Sie (innerlich) fremden Personen gegenüber Eröffnungssätze. Sprechen Sie dann – zur Übung – jemanden an: erst Personen vom eigenen Geschlecht, dann vom anderen. In verschiedenen Umgebungen. Warten Sie mit diesen Übungen nicht, bis Ihnen die große Liebe über den Weg läuft. Über Sie am x-beliebigen Menschen, jedem, dem Sie begegnen. Sie brauchen ja nicht jeden, den Sie ansprechen, um Fortsetzung des Kontakts zu bitten. Hauptsache: üben, üben, üben.

8. Schließlich: Experimentieren, genießen, Spaß haben, lächeln, freundlich sein. Es ist ein Sich-Einlassen auf das Leben; leben Sie und seien Sie froh, daß Sie es können.

Kontaktaufnahme: Detaillierteres

Bei einer Fahrt auf der Autobahn wurde sich Janice bewußt, daß ein sehr attraktiver Mann ihr Blicke zuwarf und sie ihm. Mal schob sich ihr Wagen, mal schob sich sein Wagen vor, man sondierte die Lage. Schließlich faßte sich das tapfere Mannsbild ein Herz und lächelte Janice zu, Blickkontakt war da, sie geriet in Erregung. Aber da setzte der Mann den Blinker, zog auf die Abbiegespur und entschwand für immer – dachte sie. Janice war enttäuscht, doch in einer überraschenden Aufwallung von Mut und Energie sagte sie sich: »Verdammt, dieser Mann sieht zu gut aus, als daß man ihn laufenlassen könnte.« Ehe sie recht wußte, was sie tat, bog sie ebenfalls von der Autobahn ab und folgte ihrem Ziel auf einen Supermarkt-Parkplatz. Nun kam die Bewährungsprobe; sie mußte warten, bis er den Supermarkt wieder verließ. Als er kam, machte sie das »Geschäft perfekt«; stieg aus, ging zu ihm hinüber und sagte: »Guten Tag, ich heiße Janice; Sie sahen einfach zu gut aus, als daß man Sie laufenlassen konnte!«

Mit offenem Mund starrte der Mann sie an; dann sagte er:

»Wer, ich?« – offenbar ganz begeistert. Sie sprachen kurz miteinander, gaben sich ihre Telefonnummern, und ein paar Tage später rief er an.

Diese – zugegeben – gewagte, direkte, beherzte Ansprache kann oft die besten Resultate zeitigen, und es gibt keinen Grund, warum nur die männliche Menschheitshälfte sich ihrer bedienen sollte. Leider sind Frauen, die das können, selten; doch die Frauen aus meiner Bekanntschaft, die so vorgegangen sind, haben normalerweise sehr gute Erfahrungen gemacht. Auch wenn der Versuch fruchtlos bleibt, etwa weil der Angesprochene verheiratet ist, wird doch die Reaktion positiv ausfallen und zeigen, daß er geschmeichelt ist und sich freut.

Carol, Mutter von drei kleinen Kindern, stand seit kurzem allein. Janices Technik nachzuahmen, hätte sie ebensowenig über sich gebracht wie aus dem vierzehnten Stock zu springen. Jedoch wollte sie Männer kennenlernen und brauchte ein bißchen elementare Schulung in Annäherungstechniken. Sie bat unsere Alleinstehenden-Lerngruppe um Hilfe. In dem Gebäude, wo sie arbeitete, gab es einen Mann, mit dem sie ab und zu Grüße tauschte; aber sie wußte nicht, wie er hieß, und er hatte, obwohl er einen annäherungsbereiten Eindruck machte, nie von sich aus etwas unternommen. Die Gruppe suchte Carol dazu zu bewegen, in der Kantine oder anderswo ein Gespräch mit ihm anzuknüpfen, aber das hielt Carol für zu schwierig. Im Rollenspiel in der Gruppe übte sie einige von uns vorgeschlagene Annäherungsmethoden und machte das wirklich ganz gut. Doch das außerhalb der Gruppe zu wiederholen, fühlte sie sich außerstande. Ich schlug daraufhin die, wie ich glaube, universalste und risikoloseste Technik für solche Situationen vor: den Mann bloß etwas länger anzublicken als sonst – ihr Interesse einfach durch Blickkontakt kundzutun. Sie verpflichtete sich, ihn bis zur nächsten Sitzung entweder anzusprechen oder – einmal mindestens – die Blickkontakt-Methode anzuwenden. Auf der Sitzung erzählte sie dann stolz die folgende Geschichte. Sie hatte Herrn X in der Kantine getroffen und ihn einen Sekundenbruchteil länger angeblickt, als es der Etikette entsprach.

»Gleich nach dem Essen«, sagte sie, »kam er in mein Büro und fragte nervös, ob ich schon einen bestimmten Film gesehen hätte. Ehe ich antworten konnte, sagte er: ›Darf ich Sie ins Kino einladen?‹ Ich glaube, ich habe richtig einen Mann ›aufgegabelt‹, nicht?«

Frauen sind durch ihre Erziehung – unberechtigterweise – in die passive Rolle gedrängt. Ein Nachteil, natürlich, andererseits entsteht dadurch der Vorteil, daß schon ganz feine Andeutungen von Interesse die Initiative eines männlichen Gegenübers auslösen können; eines Gegenübers, der sonst zu schüchtern, zu befangen wäre, um das erste Wort zu sagen.

Janice wie Carol hatten Erfolg; beide bekamen, was sie wollten. Mit gänzlich unterschiedlichen Vorgehensweisen, beides aber nützliche, wirksame Annäherungstechniken, angesiedelt an entgegengesetzten Enden der Selbstbewußtseinsskala. Beide Extreme haben ihr Gutes und können in bestimmten Situationen angeraten sein. Man merkt: Je breiter und flexibler das Repertoire von Annäherungstechniken, auf das man zurückgreifen kann, desto mehr Situationen lassen sich »ausnutzen«.

Die am weitesten verbreitete Annäherungsstrategie liegt zwischen diesen beiden Polen, nämlich: einfach mit der betreffenden Person über ein leichtes Thema sprechen. Drei geeignete Einstiegsthemen: die *Umgebung*, die *andere Person* und *man selbst*. Anschneiden kann man diese Themen in zweierlei Weise: Als Bemerkung oder als Frage.

Der natürlichste, unverfänglichste Gesprächseinstieg wäre eine Bemerkung über die Umgebung. Eine Frau sprach mich einmal an, indem sie sich über die Fahrstühle in dem Gebäude, wo wir arbeiteten, beklagte. Ich stieg sofort auf das Gespräch ein, führte es weiter. Als wir im vierten Stock ankamen, hatte das wenige, was ich über sie wußte, bereits mein Gefallen gefunden, und als sie ausstieg, folgte ich ihr, obschon mein Büro noch mehrere Stockwerke höher lag. An diesem Punkt fragte ich sie, ob wohl eine Chance bestünde, daß wir uns besser kennenlernten, und als sie ja sagte, gaben wir uns rasch unsere Telefonnummern und trafen uns später am selben Tag. Einige Ansprechsätze für Ihre eigene Abenteuersuche:

»Ein gutes Buch, das Sie da in der Hand haben; mir hat es gefallen.«

»Die Show ist hervorragend, finden Sie nicht?«

»Das ist ein herrlicher Cézanne.«

»Wie gefällt es Ihnen hier?«

Ja, diese Eröffnungssätze sind banal. Aber sie erfüllen ihren Zweck, nämlich das Gespräch in Gang zu bringen; meist ist später immer noch Zeit, aufzutauen und persönlicher zu werden. Es kommt darauf an, das Gespräch anzustoßen; nicht unbedingt auf die geistreiche Einleitung. Er erleichtert die Sache ungemein, wenn man nicht krampfhaft darum bemüht ist, geistreich zu sein.

Die nächste Technik, eng damit verbunden und ebenfalls relativ unverfänglich: eine Bemerkung über irgendeine Eigenart der anderen Person. Ein Kompliment, locker und liebenswürdig vorgebracht, »zieht« fast immer. Im allgemeinen rät es sich bei einleitenden Komplimenten, sich auf Dinge zu beziehen, die Gesprächsstoff bieten. Einer Frau zu sagen, sie habe ein hübsches Gesicht, mag schmeichelhaft sein, gibt aber kaum Diskussionsstoff, es sei denn, sie hätte eine Nasenkorrektur machen lassen, über die zu reden sie Lust hat. Besserer Einstieg: eine Bemerkung über ein kurioses Schmuckstück oder eine auffallende Krawatte, weil darüber der Träger fast immer etwas zu sagen hat. (Einkleidung des Kompliments in Frageform – »Wo haben Sie das nur aufgetrieben?« – kann weiterhelfen.) Und das Kompliment nicht auf die simplen sichtbaren Dinge beschränken. Eine meiner Klientinnen schloß einmal ganz mühelos Kontakt zu einem Mann – durch ein Kompliment über sein Rasierwasser. Und ein College-Professor, den ich kenne, war keineswegs peinlich berührt, als eine Studentin nach der Vorlesung zu ihm kam und ihm sagte, ihr gefalle die Art, wie er sich beim Sprechen bewege. »Wissen Sie, Sie haben eine sehr lässige Art; Sie bewegen sich wie ein Bauarbeiter.« Wie man sich denken kann, verlor mein Freund keine Zeit und lud diese Frau mit dem »guten Blick« ein, am Abend mit ihm auszugehen. Parallelfall: Ein Freund von mir, ein Musiker, hat ein Gespür dafür, wenn Frauen auf Musik ansprechen. Er macht der Frau dann (gegebenenfalls) ein Kompliment, indem er sie auf ihr Musikverständnis anspricht und fragt, ob sie selber Musikerin sei.

Wenn Sie also jemanden treffen, den Sie ansprechen wollen,

dann schauen Sie, ob er nicht etwas an sich hat, worüber sich eine Bemerkung machen läßt. Passable Eröffnungssätze:

»Ihr ... (Kleidungsstück etc. einsetzen) gefällt mir.« (ein Eisbrecher)

»Sie sehen traurig aus.« (mit Vorsicht zu verwenden)

»Sie kommen mir bekannt vor.« (abgedroschen, aber verläßlich)

»Sie sind der bestaussehende Mann, der mir diese Woche begegnet ist.« (kühn, aber wirksam)

»Sie sind der glücklichste Mensch, den ich heute sehe; können Sie ein bißchen davon abgeben?« (Wer sagt da nein?)

Was die dritte Technik betrifft – etwas über sich selbst sagen, um mit einem anderen in Kontakt zu kommen –, fällt mir ein Abend in einem Lokal in Los Angeles ein, wo ich eine besonders attraktive Frau allein in einer Ecke stehen sah. Es herrschte dort immer ein solches Männergedränge und solche Konkurrenz, daß es ganz außergewöhnlich war, wenn eine so reizvolle Frau länger als dreißig Sekunden allein blieb. Ich bin auch nur Mensch, und so stiegen sofort dumme Hemm-Sentenzen in mir hoch: Sicher hat sie einen Freund und wartet nur, bis er wiederkommt. Wenn ich sie anspreche, ist das nur aufdringlich. Irgend jemand wird vor mir das Rennen machen. Hier gibt es viele besser aussehende Männer. Sie ist wirklich attraktiv. Was kann sie an mir finden? (Ich habe *auch* ein Recht auf meine Neurosen.)

Nun hatte ich aber dieses Problem an mir und anderen lange genug studiert, um die Hemm-Sentenzen als solche zu erkennen. Also machte ich aus der Not eine Tugend und aus den Hemm-Sentenzen einen Eröffnungssatz. Ich ging hin und fragte: »Warten Sie auf einen bestimmten Gesprächspartner oder würden Sie mit mir vorlieb nehmen?«

»Nein«, sagte sie doppelsinnig, aber ihr Gestus zeigte, daß sie gern mit mir vorlieb nehmen wollte.

Hieraus entspann sich eine gute Beziehung, und auch wenn sie später im Sande verlief, bin ich auf diesen Annäherungsversuch immer ein bißchen stolz gewesen. Er zeichnete sich aus durch die Art und Weise, wie das, was ich sagte, auf meinen Hemmungen aufbaute. Ich fühlte mich unsicher, machte aber – in diesem Fall zumindest – die Not zur Tugend und formulierte einen Eröffnungssatz, der die Unsicherheit durchblicken ließ und mich gleichzeitig vor der Zurückweisung, die ich fürchtete, schützte. Natürlich wäre es besser gewesen, hätte ich überhaupt keine Angst gehabt und mich nicht vor Zurückweisung zu schützen brauchen. Aber ich hatte Angst, und ich lernte, daß auch negative Gefühle mitgeteilt und »benutzt« werden können.

Eröffnungssätze, in denen man etwas über sich selbst mitteilt, geben einem vielfach auch Fragen in die Hand, auf die garantiert eine Antwort zu erwarten ist. Auf Reisen zum Beispiel kann man jemandem erzählen, daß man, wie er, in der Stadt XY aussteigt, sich aber nicht auskennt und nicht weiß, wo man hingehen kann, um sich zu amüsieren. Dann die Frage, die Bitte um Auskunft. Wenn sich das Gespräch einigermaßen zufriedenstellend entwickelt, und besonders, wenn der andere auf unsere Interessen »einzusteigen« scheint, dann kann man ja um seine Begleitung bitten – vielleicht sagt er ja!

Auch wenn man fürs erste auf Selbstmitteilungen verzichtet: flicht man irgendwann, früher oder später, welche ein, macht das unserem Gegenüber das Gespräch leichter. *Ungefragte Information* über uns selbst anzubieten – Beruf, gegenwärtige Situation, Gefühle –, das ermutigt unseren Gesprächspartner, auf uns und unsere Interessen einzugehen.

Einer meiner Freunde benutzt die »Selbstenthüllungstechnik« immer dann, wenn ein schneller, direkter Annäherungsversuch geboten ist. Er sagt einfach: »Ich weiß, es ist etwas abrupt, aber ich denke mir, jetzt oder nie. Sie wirken sehr attraktiv auf mich, und ich möchte Sie gern kennenlernen. Wäre das möglich?« Dies als weiteres Beispiel, wie man eine Abfuhr abblockt, indem man ihr vorgreift; man macht es dem anderen schwierig, einen der Überrumpelung anzuklagen, wenn man diesen Aspekt bereits berücksichtigt und einbezogen hat.

Die Technik, etwas über sich selbst mitzuteilen, kann alles umfassen von der trivialsten Bemerkung bis zum kühnsten, persönlichsten Vorstoß. Beispiele:

»Ich möchte gern Ihre Bekanntschaft machen.«

»Ich bin fremd hier und brauche ein paar Auskünfte. Können Sie mir helfen?«

»War das ein langweiliger Vortrag! Was meinen Sie?«

»Bin ich froh, wenn dieser Tag vorbei ist!«

»Es ist sonst eigentlich nicht meine Art, aber ich würde Sie gern zu einem Drink einladen.«

»Ich suche einen neuen Gesprächspartner und möchte es mal mit Ihnen riskieren.«

Man beachte, daß zwei der zitierten Beispiele in eine Frage münden, wie auch schon eine Reihe vorher genannter Eröffnungssätze. Will man jemanden ansprechen und es fällt einem kein »Auftakt« ein, dann suche man nach einer Frage. Gibt es zum Beispiel irgendwelche Auskünfte, die man braucht? Danach fragen. Leider hat es mit der Eröffnungsfrage einen Haken: hat man die Antwort, kann die Interaktion sehr schnell wieder zum Stillstand kommen. (Man hat erfahren, wo das Postamt liegt. Was nun?) Geht der andere auf den Wunsch, ein Gespräch anzuknüpfen, nicht ein, wird man wohl eine rasche Bemerkung über eines der anderen Themen nachschieben müssen, um den Kontakt aufrechtzuerhalten. Immerhin: Die Frage bietet *uns* einen Gesprächseinstieg, und das ist wichtig. Beliebte Beispiele:

»Wissen Sie, wo hier eine Bank ist?«

»Haben Sie eine Kopfschmerztablette?«

»Wie hat Ihnen das Konzert gefallen?«

»Wie geht es Ihnen heute?«

Hauptsache, Sie machen einen Gesprächsanfang. Irgendeinen. Worüber Sie sprechen, ist zweitrangig. Ist es gut und einfallsreich, um so besser. Wenn nicht, macht das auch nichts. Die meisten Eröffnungssätze der Leute in diesen Situationen sind trivial und »nichtssagend«. Und wenn schon: Es geht ja zunächst nur um den ersten Kontaktschluß, den Auftakt zum Gespräch. Wann immer Sie also jemanden sehen, den Sie vielleicht gern »angeln« würden: einfach ansprechen, in freundlicher, interessierter Manier. Fällt Ihnen nichts ein, dann schnell die drei Themen durchdenken – und mit irgendeiner Bemerkung oder einer Frage den Anfang wagen.

Nun gibt es immer Fälle, wo die äußeren Umstände es ausschließen, ein Gespräch anzuknüpfen. Dann kann ein Mittel angeraten sein, das sich als hochwirksam erwiesen hat: einen

Zettel schreiben. Ich habe einen Freund, der unumwunden zugibt, daß er dazu seine Visitenkarten öfter benutzt als für geschäftliche Zwecke. Wenn er eine Frau sieht, die ihn interessiert, hinterläßt er ihr auf der Rückseite seiner Karte eine Nachricht: »Ich finde Sie sehr attraktiv. Wenn Sie frei sind, würde ich Sie gern einmal zum Essen oder auf einen Drink einladen. Bitte ankreuzen: 1. Ja. Meine Telefonnummer ist.......... 2. Nein, vielen Dank.«

Zwar lernt er nicht alle kennen, die er anschreibt, hat aber noch nie eine unfreundliche Abfuhr erlebt, und alle, an die er mit dieser »Masche« herantrat, schienen geschmeichelt oder sogar beeindruckt von seiner Courage. Ein Examenskandidat, den ich kenne, bedient sich ebenfalls dieser Methode, um in der Bibliothek, wo Sprechen untersagt ist, Kontakte zu knüpfen. Auch er kann durchaus nicht jeden Schuß »verwandeln«, aber schroff abgewiesen worden ist er nie, und sein taktvoll-erfinderisches Vorgehen hat sich oft ausgezahlt. Einem anderen Mann aus meiner Bekanntschaft gelang das Nonplusultra des schnellen Ansprechens (mit der Anschreibe-Methode kombiniert). In einem Restaurant sah er eine junge Frau, die ihn ungeheuer interessierte, aber, o weh, sie hatte einen Begleiter. Bang, aber entschlossen trat mein Freund an den Tisch des Paares und sagte zu der Frau: »Ich möchte Sie nicht beim Essen stören, aber wenn Sie über die Fernsehsache, die Sie eben erwähnten, mal diskutieren möchten, rufen Sie mich doch an«, und übergab ihr seine Visitenkarte (er hatte mit der Fernsehbranche zu tun). Sie dankte ihm und rief an. Wer nicht wagt, der nicht gewinnt.

Ein solches Vorgehen ist, sagen wir, etwas unverfroren, aber es gibt Umstände, unter denen subtilere Annäherungsversuche nicht möglich sind. Meist ist ohnehin die Zeit für die Annäherung knapp; es gibt noch weitere einschränkende Faktoren. Eine Gelegenheit, die man nicht beim Schopf packt, kommt nie wieder. Ganz frei von Risiken ist die Ansprechsituation nie, doch sie bietet uns ein gutes, wenn auch etwas abenteuerliches Prüffeld für unser »technisches Können« wie auch für die rationale Standfestigkeit gegen Abfuhren. Und: Die feste, gute, dauerhafte Beziehung ist theoretisch jedesmal »drin«.

Kurze Zusammenfassung dessen, was man tun muß, um andere zu finden und kennenzulernen:

1. Einsehen und bejahen, daß es gut, richtig und gesund ist, das Kennenlernen »aktiv« zu betreiben. Sich das zur Aufgabe machen.
2. Sofort anfangen zu üben. Sich noch heute in verschiedenen Situationen Eröffnungssätze überlegen. Sobald wie möglich anfangen, Fremde anzusprechen: zuerst vom eigenen Geschlecht, dann vom anderen Geschlecht, und zwar zunächst bewußt nicht mit dem Wunsch nach längerem Kontakt. *Üben.*
3. Sich jeden Tag auf irgendeine Weise aus der Alltagsroutine herausbegeben.
4. Eine Aufstellung seiner Interessen und der sich daraus ergebenden Kennenlern-Reviere machen.
5. Dann planen, diese Reviere heute, diese Woche, nächste Woche usw. systematisch durchzugehen.
6. Wenn möglich, sich abgestufte, aufeinander aufbauende Aufgaben stellen, mit eingeplanter Belohnung. Etwa: Heute lasse ich mir wenigstens einen Eröffnungssatz einfallen; in den nächsten zwei Tagen spreche ich mindestens einen Fremden (vom eigenen Geschlecht) an; in dieser Woche suche ich ein bestimmtes neu gefundenes Revier auf; in den nächsten Tagen spreche ich einen Fremden (vom anderen Geschlecht) an. Wichtig: Um weiteren Kontakt nur dann bitten, wenn man es wirklich will, wenn man das Bedürfnis danach hat. An diesem Punkt zunächst vorsichtig sein. Erst einmal üben und sich exponieren, dann kommt der Rest von allein.

Das Problem, was man sagen soll, *nachdem* der Anfang gemacht ist, bleibt in gewissem Grade bestehen; oft aber, wenn ein Thema zum nächsten führt, löst es sich von selbst. Ich habe dem Annäherungsversuch, dem An-Sprechen, so breiten Raum gewidmet, weil meiner Erfahrung nach hier die größten Schwierigkeiten auftreten; ist diese Hürde einmal genommen, fällt das »Was sage ich anschließend« relativ leicht – darin haben wir mehr Übung.

Die Grunddynamik der Anfangsinteraktion ist unschwer

durchschaubar. Ein gewisses Maß an Kennenlernen-Wollen auf beiden Seiten vorausgesetzt, wird es zunächst so sein, daß sich ein Gespräch entspinnt mit dem Ziel, eine gemeinsame Unterhaltungsbasis, Stoff für ein weiteres Gespräch zu finden. Die Kunst der guten Konversation besteht darin, im Wissens- und Erfahrungsfundus des anderen Dinge zu finden, die einen interessieren. So unterhalte ich mich – als Psychologe – mit Taxifahrern und Barkeepern gern über ihre Kundschaft, mit Ärzten über die psychosomatischen Probleme, mit denen sie konfrontiert werden, mit Vertretern über ihre Verkaufspsychologie, mit Lehrern über ihre Methoden, das Interesse der Schüler zu wecken. Grundgeheimnis für das Finden eines solchen gemeinsamen Interessen-Nenners: Informationen anbieten und auf Informationen, die der andere gibt, achten – das heißt, so schnell und so gut wie möglich eigene Lebensinteressen anreißen und auf Interessen eingehen, die der Gesprächspartner erkennen läßt.

Da spricht Sie beispielsweise ein Mann an: »Entschuldigen Sie, ich bin fremd in dieser Stadt und frage mich, wo man hier hingeht, um sich zu amüsieren.« Dieser Satz bietet schon reichlich Stoff für eine Fortführung der Interaktion. Die Auskunft, daß der Sprechende in der Stadt fremd ist, kann Stoff geben für eine Unterhaltung darüber, wo er herkommt, wie es ihm hier gefällt, wo er wohnt, was er hier will. Zusätzlich eröffnet es einem die Chance, Eigeninformationen, und zwar recht viele, zu geben, indem man einfach seine Frage beantwortet – nicht einfach, wo »man« hier hingeht, um sich zu amüsieren, sondern wo man selbst hingeht.

Natürlich kann es bei jeder beliebigen Interaktion vorkommen, daß sich einfach kein gemeinsamer Nenner für ein interessantes Gespräch ergibt. Zwar wird das in dem Maße weniger wahrscheinlich, in dem man seinen eigenen Interessenspielraum verbreitert und in der Konversationskunst geübter wird; vorkommen wird es trotzdem. Man fasse dies nicht als »Reinfall« auf, weder für sich noch für den anderen, sondern nehme es als gegeben hin; es gehört zu dem Wahrscheinlichkeitsspiel, das man spielt, wenn man sich aktiv auf das Leben und auf andere Menschen einläßt.

Im allgemeinen rät es sich für beide Seiten, zunächst diese Anfangsinteraktion zu durchlaufen – das Abtasten, Sondieren –, ehe man sich irgendwie fest verabredet. Auf jeden Fall kann die erste Begegnung mit einem Fremden relativ kurz und unverbindlich sein. Jemand, der einem auf den ersten Blick gefällt, kann sich auf den zweiten Blick als Enttäuschung erweisen, und ist das der Fall, hat es meist keinen Sinn, sich noch lange mit weiterem Kontakt abzumühen. Also: Verabredet man ein zweites Treffen – man kennt den anderen ja noch kaum –, dann erwäge man, in ein Café, in ein Lokal oder Restaurant zu gehen, irgend etwas Unspektakuläres, nicht übermäßig Ausgedehntes. Wenn es funkt, kann man das Treffen ja immer noch verlängern oder sich erneut verabreden.

Wenn Sie den Empfehlungen in diesem Kapitel folgen, kann ich praktisch dafür bürgen, daß Sie in relativ kurzer Zeit geeignete Leute kennenlernen und daß der Stoff des nächsten Kapitels, ehe Sie sich versehen, relevant für Sie wird. Also – anfangen zu üben, und weiterlesen.

Zusammenfinden

Scot und ich saßen gemütlich beim Essen zusammen, erzählten uns das Neueste aus unserem Leben und sprachen uns wieder mal so richtig aus. Sechs Monate zuvor hatte sich seine Frau, mit der er fünfzehn Jahre verheiratet war, von ihm getrennt. Er war Wirtschaftsprofessor an einer nahe gelegenen Universität und war eigentlich immer das gewesen, was man einen gutbürgerlichen Menschen nennt. Nach der Trennung freilich hatte sich sein Image geändert: Statt Hornbrille trug er Kontaktlinsen, seine neuen Hosen waren hauteng und unten weit, seine alte Limousine hatte er gegen einen neuen Sportwagen eingetauscht. Er wohnte jetzt in Marina del Rey, der amerikanischen Junggesellenstadt par excellence. Beruflich wie privat war ich neugierig, wie er den Sprung ins Ledigenleben geschafft hatte. Ich fragte, wie es ging.

»Na ja«, meinte er, »mal besser, mal schlechter, im allgemeinen ganz gut, glaube ich. Aber weißt du, was das schlimmste ist? Diese Verabredungen – schon das Wort macht mich wahnsinnig, aber wie soll man es sonst nennen. Ich komme mir dabei so lächerlich vor. Ich bin ein erwachsener Mensch, siehst du, im Beruf stehend, hart arbeitend. Im allgemeinen weiß ich, was ich will, und bin ziemlich selbstsicher. Aber auf diesen ersten Verabredungen, da habe ich mich schlimmer als ein Schuljunge gefühlt. Es kam mir vor, als müßte ich wieder meine weißen Sportschuhe tragen und mich anziehen wie ein Teenager. Ich werde grundlos nervös; weiß nicht, worüber ich sprechen soll; stelle mich ungeschickt an; ich bin einfach nicht ich selbst. Ich verstehe das nicht; es ist, als wäre man wieder sechzehn, und zum erstenmal, seit ich zurückdenken kann, weiß ich zum Teufel nicht, was ich tun soll.

Ich habe mein Image und meine Kleidung geändert, ein bißchen poppiger, damit es mir mehr Selbstvertrauen gibt, aber es hilft nicht viel. Diese Verabredungsspielchen sind eben was für jüngere Leute.«

Scot sprach vom Dating, jenem in angelsächsischen, aber auch anderen westlichen Ländern geübten Verabredungs- und Kontaktaufnahmeritual zwischen den Geschlechtern, für das es bis vor einiger Zeit feststehende Regeln gab, die sich aber jetzt zunehmend aufweichen, was den Alleinstehenden, der nach längerer Paar-Bindung wieder in die »freie Wildbahn« geht, noch zusätzlich verunsichert. Scots Fall von Dating-Angst und -Unsicherheit ist hier typisch. Um ein weibliches Beispiel zu nennen: Amy, vierundzwanzig Jahre alt, eine zweijährige Affäre hinter sich, ebenfalls skeptisch, ja angewidert von der Kennenlern-Szene, wie sie mir erzählte.

»Nicht, daß ich das Dating nicht mehr ›könnte‹, aber ich will einfach nicht. Ich meine, da kommen die Kaputten, die Abstauber, die Jüngelchen. Ich will mich nicht mit ihnen einlassen müssen, um jemanden zu finden, der mich interessiert. Ganz einfach: Ich will keine Scherereien. Aber ich weiß, daß das in gewissem Grade unumgänglich ist, um mich durchzusuchen und jemanden kennenzulernen. Ich bin nicht prüde; ich liebe Sex, aber ich will mir nicht jedesmal, wenn ich mit einem Mann ausgehe, darüber Gedanken machen müssen. Aber, verstehst du, es ist immer da. Ich will mir einfach nicht dauernd über all das den Kopf zerbrechen müssen – ich will mich nicht damit abplagen müssen.«

Ansichten zweier attraktiver, intelligenter und ziemlich »normaler« Leute, die ich anführe, um zwei wichtige Punkte zu verdeutlichen. Einmal, daß der erwachsene Alleinstehende dem Dating zunächst immer mit Vorbehalten und Bangigkeit gegenübersteht; eine typische Reaktion. Er weiß nicht, worauf er sich da einläßt, er weiß nicht genau, welches Verhalten »verlangt« wird. Die Regeln für die Kontaktaufnahme sind, wie gesagt, stark in Fluß geraten, und niemand ist sich ganz sicher, was er von anderen erwarten soll und andere von ihm erwarten. Eine hochgradig verunsichernde Situation. Punkt zwei: Der Grund, daß Scot, Amy und die meisten erwachsenen Alleinstehenden so reagieren, ist, daß sie zwischen Dating und anderen Formen menschlichen Beisammenseins einen zu großen Unterschied sehen. Könnten sie das Dating schlicht und einfach als eine Beziehungsform unter vielen sehen – als Möglichkeit menschlicher Gemeinschaft, Verständigung und Kommunikation, die sich nicht unbedingt grundsätzlich von anderen Möglichkeiten unterscheidet –, könnten sie die Dinge einfach an sich herankommen lassen, im Vertrauen darauf (ich weiß, sie könnten es), daß ihnen in fast jeder Situation schon das Richtige zu tun einfällt, dann würden sie sich lockern, es würde besser klappen, und sie würden mehr Freude daran haben. Aller Wahrscheinlichkeit nach würden sie ihre Dating-Partner gerade dadurch beeindrucken, daß sie sie nicht zu beeindrucken suchen; die eigene Unverkrampftheit würde auch den anderen unverkrampfter machen. Da es für solche Kontakte unter Erwachsenen fast keine Regeln mehr gibt, steht es Scot und Amy frei, sich die Regeln selbst zu machen, und solange die Regeln fair für die Partner sind, sollte es kein Problem geben.

Ich will in diesem Kapitel versuchen, zu den verschiedenen Fragen, die in Anfangsstadien von Bekanntschaften auftreten, Orientierungshilfe zu geben. Vorweg mein wichtigster Rat: sich keine Sorgen machen. Wenn Scot ausgeht, wird er sich fragen: Wo gehe ich mit ihr hin, worüber soll ich sprechen, wie ist es mit dem Nachhausebringen, wenn sie mir nicht gefällt, oder, wenn sie mir doch gefällt, mit den Zärtlichkeiten, wie kavaliersmäßig darf sich der Mann in den Zeiten der Frauenemanzipation noch verhalten, was darf und soll ich von meiner verflossenen Ehe und meinen jetzigen Beziehungen erzählen, was wird von mir erwartet in Sachen Annäherung, Zärtlichkeit, Sex, und so weiter und so weiter. Amy, weil jünger und erfahrener, hat weniger Sorgen. Ihr wird es hauptsächlich darum gehen, daß ihr die Beziehung nicht aus der Hand gleitet und daß sie sich bei Entscheidungen nicht überfahren läßt. Ihre Hauptsorge wird sein, nein sagen zu können: von der Ablehnung eines Vorschlages, in dies und jenes Lokal zum Essen zu gehen, bis zur Ablehnung sexueller Avancen, wenn sie keine Lust hat. Frauen, die älter und nicht so erfahren sind, haben dazu meist noch jene Vorbehalte, die Scot äußerte, allgemein aber ist es bei Frauen fast immer so, daß bei ihnen die Sorge um das Neinsagen im Vordergrund steht.

Selbstverständlich wäre es besser, wenn sowohl Scot als auch Amy sich einfach »zwanglos« auf Bekanntschaften einlassen und abwarten könnten, was die Beziehung ihnen bringt. Es ist mir klar, daß dieser Rat – sich keine Sorgen zu machen – nicht ganz leicht zu befolgen ist. Je besser man jedoch die Materie kennt und je sicherer man sich fühlt, jeder möglichen Lage gewachsen zu sein, desto weniger Sorge wird man sich machen. Der Rest des Kapitels wendet sich daher vor allem an jene, die wieder frisch ins Dating »einsteigen«. Dem Erfahreneren wird manches davon altbekannt und langweilig vorkommen. Dennoch: Viele Kennenlern-Probleme werden behandelt, und der Leser kann sozusagen abhaken, was er bereits weiß und was nicht. Systematische Verarbeitung dieses Kapitelinhalts kann auch dem Erfahreneren helfen, und sei es nur, besser mit seinen unerfahrenen Partnern (-innen) zurechtzukommen.

Lebensweise und -probleme von Alleinstehenden sind wissenschaftlich noch Neuland, doch es gibt einige Untersuchungen über Umstellungsprobleme von Geschiedenen, aus denen hervorgeht, daß Umfang und »Güte« ihres Dating entscheidenden Einfluß darauf hat, wie gut sie die Umstellung bewältigen. Unsere eigenen Forschungen zeigen, daß besonders im ersten Jahr nach der Trennung eine zwischengeschlechtliche Kontaktaufnahme wichtig ist; sie scheint von großem Wert für die Wiederherstellung der Selbstachtung und allgemein für den Aufbau eines neuen Lebens mit anderen Menschen zu sein. Und doch scheuen Alleinstehende nach der Trennung – verängstigt, verunsichert – oft davor zurück; nach jahrelanger Konzentration auf einen einzigen Partner wissen sie nicht, wie sie sich »in freier Wildbahn« bewegen sollen.

Wenn ich im folgenden von Kontaktaufnahme, Bekanntschaften, Sexual- und Liebesbeziehungen zwischen Mann und Frau spreche, gehe ich mehr oder weniger noch von der herkömmlichen Rollenverteilung aus – der Mann übernimmt meist die aktivere Rolle –, so daß die Probleme der Annäherung, des

Einsteckens von Körben usw. für ihn gewöhnlich relevanter sind als für die Frau. Und daß die Frau, der ihr »zugewiesenen« passiveren Rolle entsprechend, mehr der reagierende Teil ist, daß es für sie – und es ist in der Praxis ja noch meist so – eher darauf ankommt als für den Mann, in den unterschiedlichsten Situationen gut nein sagen zu können. Zwar wird auch zur Sprache kommen, wie Männer und Frauen die jeweils entgegengesetzte Rolle einüben können; doch im allgemeinen gehe ich noch von der alten Rollenverteilung aus, besonders was das Frühstadium von Bekanntschaften betrifft. Eng ausgelegt könnte man das sexistisch nennen. Ich meine aber, es ist nur realistisch. Von Verhältnissen auszugehen, wie ich sie gern haben möchte, und nicht von Verhältnissen, wie sie sind, halte ich für einen Bärendienst.

Um Verabredungen bitten und nein sagen

Jack: »Guten Tag, Molly, hier spricht Jack Parker. Wie geht es Ihnen?«

Molly: »Oh, danke. Ich ...«

Jack: »Schöner Tag heute, nicht wahr? Was machen Sie denn so?«

Molly: »Äh, ja, es ist schön heute. Aber ich weiß eigentlich nicht genau, wer Sie sind. Kennen wir uns?«

Jack: »Ach, Entschuldigung. Wir haben uns letzten Freitag bei Todd und Evelyn auf der Party kennengelernt.«

Molly: »Ich kann mich immer noch nicht erinnern, wer Sie sind. Ich habe da so viele Leute getroffen.«

Jack: »Na, ich bin der Versicherungsvertreter, und wir haben über Film gesprochen – wissen Sie noch, über Fellini und Humphrey Bogart –, solche Themen.«

Molly: »Ja, jetzt weiß ich wieder. Tut mir leid, daß mir Ihr Name nicht eingefallen ist.«

Jack: »Sie hatten da irgendwelche Schwierigkeiten mit Ihrem Wagen. Ist das wieder in Ordnung?«

Molly: »Ja, das ist wieder in Ordnung, danke.«

Jack: »Wie ist es Ihnen denn so gegangen seither?«

Molly: »Och, ganz prima.«

Jack: »Sagen Sie – ich wollte wissen – was machen Sie Samstag abend?«

Molly: »Ich, hm, Samstag kann ich nicht.«

Jack: »Gut, und Sonntag? Ich dachte, man könnte mal ans Meer fahren.«

Molly: »Tja, Sonntag kommt meine Schwester, und wir hatten vor, etwas zu backen.«

Jack: »Aha. Darf ich Sie nächsten Donnerstag zum Essen einladen?«

Molly: »Nein, da kann ich auch nicht gut.«

Jack: »Und am folgenden Wochenende, wie wär's damit?«

Molly: »An dem Wochenende – äh – da gehe ich mit Freunden Skilaufen.«

Jack: »Na gut, dann. Ich rufe noch mal an.«

Molly: »Gut. Auf Wiederhören.«

Jack: »Auf Wiederhören.«

So allerdings macht man es nicht. Das zitierte Gespräch strotzt vor Mißverständnissen und Kommunikations-Patzern. Betrachten wir es zunächst von Jacks Seite. Er hätte sich zunächst so rasch und so eindeutig wie möglich zu erkennen geben sollen; erst nachdem er wußte, daß Molly sich über seine Identität im klaren war, hätte er fortfahren dürfen. Es hätte beiden Seiten Verlegenheit erspart, und selbst wenn es überflüssig gewesen wäre, hätte es Molly ein bißchen Zeit gegeben, sich auf seinen Anruf einzustellen. Und: Die Konversation, die er einflicht, bevor er um die Verabredung bittet, mag für ihn psychologisch eine Stütze gewesen sein, war aber nicht notwendig und – da er eigentlich nichts weiter zu sagen hatte – ungeschickt. Es wäre besser für ihn gewesen, gleich zur Sache zu kommen. Auch zu fragen, was Molly zu diesem oder jenem Zeitpunkt vorhatte, war ungeschickt. Es ging ihn nichts an und war sowieso nicht das, was er eigentlich erfahren wollte. Merke: Normalerweise geht es dem Initiator *nicht um eine Verabredung zu einem bestimmten Zeitpunkt, sondern um die Verabredung grundsätzlich.* Fast immer äußert der Initiator einen Wunsch (könnten wir uns irgendwann mal treffen) und bittet um eine Ja- oder Nein-Antwort (hätten Sie dazu Lust oder nicht). Wenn Sie also der Initiator sind und es Ihnen um mehr als nur eine bestimmte Verabredung zu einer bestimmten Zeit geht, dann fragen Sie möglichst im Klartext das, was Sie wissen wollen – nämlich ob der (die) Betreffende grundsätzlich zu einem Rendezvous bereit ist. Ist das geklärt, wird das »Wann«, »Wo« und »Was machen wir« kaum noch Schwierigkeiten bereiten.

Molly verhielt sich auch nicht gerade geschickt. Der arme Jack »ertrank und zog sie mit sich unter Wasser«, und sie kam nicht auf den Gedanken, beide zu retten, indem sie die Frage, um die es ging, klar aussprach und ihre Antwort gab. Daß sie überhaupt nicht mit Jack ausgehen will, ist ziemlich offensichtlich, bleibt aber ungesagt. Nun könnte man argumentieren, Jack und Molly unterhielten sich über ihr Treffen oder Nicht-Treffen in höflicher Verschlüsselung – aber diese Kommunikationsform, meine ich, ist weder effektiv noch überlegt. In heiklen Angelegenheiten verschlüsselte Botschaften auszusenden, halte ich für schlecht, denn woher soll man (bei Fremden) den Code kennen; die Entschlüsselung wird immer Schwierigkeiten machen, Mißverständnisse und Verlegenheiten auftreten lassen. Fast immer ist es besser, gleich das Kind beim Namen zu nennen und »expressis verbis« darüber zu reden.

Wirkungslose verschlüsselte Botschaften kommen häufig bei Verabredungsversuchen vor, wo der Angesprochene nein sagen will, aber Hemmungen hat. Viele von uns haben leider nie gelernt, daß es uns wie den Mitmenschen dienlicher und auch höflicher und respektvoller ist, nein zu sagen, wenn wir wollen. Und auch wenn man das eingesehen hat, bringt man das Wort im entscheidenden Augenblick oft nicht über die Lippen. So beginnt ein gequältes Sich-Winden, daß man auf eine Art »ja« und »vielleicht« sagt, auf andere Art aber »nein« – ein verwirrender Code. Wir wählen den Weg des kurzfristig geringsten, langfristig aber sehr hohen Widerstandes, und oft hassen wir uns hinterher dafür und haben Angst vor der hinausgeschobenen Konfrontation mit dem anderen, der ja immer weiter fragen muß, um Klarheit zu bekommen. Männer sind da oft schlimmer als Frauen, weil sie in der für sie »neueren« Kunst des Neinsagens noch nicht so viel Übung haben.

Molly hätte einfach »übersetzen« können, Jack schlage also vor, daß sie irgendwann ausgingen, und hätte ihre wahre Antwort darauf geben können. Je nach Interessenlage hätte sie auf Jacks ersten Einladungssatz eine von den beiden folgenden, durchaus akzeptablen Antworten geben können. Typ eins: »Ja, ich würde sehr gern mal mit Ihnen ausgehen, Jack, nur Samstag paßt es mir schlecht.« Wenn sie wollte, könnte sie noch erklären, warum es Samstag nicht geht, aber dazu wäre sie nicht verpflichtet. Typ zwei: »Sehr schmeichelhaft, daß Sie mit mir ausgehen wollen, Jack, aber zur Zeit geht es nicht, weil ...« Plausible Begründungen gibt es viele. Molly könnte andeuten, daß sie gerade mit ihrem Mann bzw. Freund Schluß gemacht hat und noch keine neuen Bekanntschaften will; oder daß sie – wenn es annähernd der Wahrheit entspricht – ziemlich festen Kontakt mit jemandem hat und an Ausweitung ihrer Kontakte nicht interessiert ist; oder daß ihr Freundes- und Bekanntenkreis schon groß genug ist und derzeit »keinen Platz« für neue läßt.

Molly hätte auch einfach sagen können, sie wolle nicht mit Jack ausgehen, Punkt; sie war ihm keine Erklärung schuldig. Ich halte es jedoch für taktvoller, irgendeine ego-schonende Erklärung abzugeben, wenn es eine gibt, die der Wahrheit nahekommt. Zwar gehen in diesem Punkt die Meinungen auseinander, doch ich glaube an die Höflichkeit, Rücksicht zu nehmen auf anderer Menschen Gefühle, wenn man kann. Man ist dazu nicht verpflichtet; man kann eine Einladung kommentarlos ablehnen, aber was schadet es, sich die kleine Mühe zu machen und die Gefühle des anderen zu schonen? Alleinstehende haben es beim Dating ohnehin oft schwer. Warum also nicht aufeinander Rücksicht nehmen, wo es eben geht?

Eine Faustregel, entstanden in jahrelanger Beratungspraxis für Alleinstehende, die hier und in vielen anderen Fragen mit dem Neinsagen Schwierigkeiten haben, lautet: Antworten Sie ungefähr so – »Ich kann (oder will) das nicht machen, weil ...«. Das »kann« stimmt meist nicht ganz, da im Grunde ein »Nicht-Wollen« dahintersteckt. Ich halte diese Verdeckung hier aber für legitim; eine sprachliche Einkleidung, die das, was als generelle Ablehnung wirken könnte, ein wenig entschärft.

Würde Jack jedoch auf eine Erklärung *drängen* oder Molly zu einer Debatte ihrer Beweggründe nötigen wollen, dann sollte sie sich mit gebotener Deutlichkeit auf das Recht auf eigene Entscheidungen und Beweggründe berufen und sich auf keinerlei Diskussion mehr einlassen. Rücksichtnahme auf die Gefühle anderer ist wichtig; ebenso wichtig ist aber, sich mit Menschen, die unsere eigenen Gefühle und Rechte nicht achten, auf keine Debatte oder Rechtfertigung einzulassen. Gefühle muß man niemals rechtfertigen. Man hat sie, lege sie also dar, bekenne sich zu ihnen, aber streite sich nie über sie. Rücksichtnahme auf die Gefühle anderer sollte eher ins Formale denn ins Inhaltliche gehen. Zum Hemmschuh für das eigene Tun und Wollen sollte sie grundsätzlich nicht werden.

Das erstemal zusammen: Entkrampfung

Gesetzt, Sie gehen mit jemandem, den Sie (noch) nicht gut kennen, aus: Fragen tauchen auf. Wo gehen wir hin, was tun wir, wie soll ich mich verhalten. Diese Fragen will ich in diesem Abschnitt soweit wie möglich vorwegnehmen und einige Antworten aus meiner praktischen Erfahrung geben. Wie sehr Sie sich als Alleinstehender auch »sozial entwickelt« haben mögen: ein bißchen bange wird Ihnen vor dem ersten Treffen mit einem mehr oder weniger Fremden noch sein. Es können sich – auch auf der nettesten Erstbegegnung – komplexe, oft sehr feine Kommunikationen entwickeln: Zwei Menschen definieren sich in bezug aufeinander. Was tue ich, wie verhalte ich mich, worüber spreche ich – darauf vorher ein paar Gedanken zu verschwenden, kann Ihnen Ärger und Mißverständnisse ersparen und Sie ein bißchen selbstsicherer machen. Ich will bei jeder Frage ins Detail gehen, doch vorab eine Regel, die für alle gilt: *Für möglichst entkrampfende Atmosphäre sorgen.* Was immer Sie unternehmen, sagen, tun: Es ist gut, wenn es für beide die Situation entspannt, lockert, ungezwungener macht, den Spaß am Kennenlernen erhöht.

Wahl des Ortes

Zum erstenmal zusammen – wohin gehen wir? Drei Gesichtspunkte scheinen maßgebend. Erstens, einen Ort wählen, wo Sie sich beide wohl fühlen; zweitens, ein Vorhaben wählen, das Ihnen zumindest zeitweise Gelegenheit gibt, irgendwo allein zu sein, wo Sie miteinander sprechen und sich »beschnuppern« können; drittens, keine zu teure oder langwierige Angelegenheit daraus machen, das würde der Erstbegegnung zuviel »Gewicht« verleihen.

Regel eins liegt auf der Hand. Wenn Sie sich nicht wohl fühlen, werden Sie gehemmt sein, verkrampft, weniger fähig, auch den Partner zu entkrampfen, auf die feinen Signale einzugehen, die er aussendet, und selbst Signale auszusenden. Fühlt Ihr Begleiter sich nicht wohl, wird das alles bei ihm ebenfalls auftreten und er wird zusätzlich sein Unbehagen mit Ihnen assoziieren. Bei der Wahl des Ortes kommt es vor allem darauf an, daß man sich wohl fühlt, nicht so sehr, daß man Eindruck schindet. Nobelrestaurants, förmliche Empfänge oder Beschäftigungen, von denen einer der beiden Partner nichts versteht, sind im Sinne dieses Kriteriums ungeeignet. Irgendwo an einem ruhigen Platz ein Glas Wein oder Bier zum Kennenlernen, ein einfaches Essen, Besuch eines Konzerts mit Musik, die Ihnen beiden gefällt, und anschließend Gelegenheit zum Beisammensein, das kommt eher in Frage.

Sind Sie der Eingeladene und Ihr Begleiter schlägt vor, irgendwohin zu gehen, wo Sie sich nicht wohl fühlen oder gar langweilen würden, zögern Sie nicht, ihm das zu sagen. Dabei natürlich klarmachen, daß Sie den Ort ablehnen, nicht die Person; wenn möglich Alternativvorschläge machen. Wie bei anderen Dingen darauf sehen, daß Sie die Gefühle des Partners nicht verletzen, aber nicht so weit gehen, daß Sie sich auf Dinge einlassen, die Ihnen mit Sicherheit keinen Spaß machen. Beispiel, wie man so etwas mitteilen kann:

»Wissen Sie, Joe, ich freue mich sehr auf unseren gemeinsamen Ausflug, aber ich weiß nicht, ob es das richtige ist, wenn wir mit Ihren vier Kindern an die Küste fahren und Ihre ehemalige Schwiegermutter besuchen, wo wir uns doch noch gar nicht richtig kennen. Könnten wir nicht mit etwas anfangen, das ein bißchen leichter für mich wäre, mit einem Picknick oder so?«

Was die zweite Regel angeht, bedenke man, daß der Hauptzweck der meisten Erst-Treffs darin besteht, einander kennenzulernen. Bei Aktivitäten, die sich in passiver Unterhaltung erschöpfen (Kino) oder bei denen ständig andere Leute um einen sind (Party), geht das schlecht. In Begleitung eines zweiten Paares etwas zu unternehmen (Doppelverabredung) mag beruhigend wirken und die »rauhen Kanten« des Kennenlern-Prozesses ein wenig glätten, andererseits verflacht und verlangsamt es das Kennenlernen. Auch eine Diskothek, wo man schon beim Bestellen der Getränke brüllen muß, um sich verständlich zu machen, ist ein schlechter Platz zum Austausch persönlicher Informationen. Also: es so einrichten, daß man zumindest eine Zeitlang miteinander allein ist – je mehr, desto besser.

Regel drei: Möglichst keine übermäßig teure oder lange Verabredung, denn das verlangt von beiden Seiten eine zu hohe Anfangsinvestition. Glauben Sie mir: Nach einer Stunde Gespräch irgendwo beim Bier söhnt man sich mit der Tatsache, daß man keine große Lust hat, den anderen wiederzusehen, leichter aus als nach einem kompletten Ski-Wochenende, das man aus eigener Tasche bezahlt hat. Und jemandem einen Korb zu geben, der einen zu einer Tasse Tee eingeladen hat, fällt leichter als jemandem einen Korb zu geben, der zweihundert Mark für einen Abend in der Stadt hat springen lassen. Ein Imbiß, eine Einladung nach Hause zum Essen, eine Runde Tennis, eine kleine Segelpartie mit anschließendem »Schwatz«, das sind bessere Alternativen. Denken Sie daran: Es ist ja jederzeit möglich, die Begegnung zu verlängern oder sich erneut zu verabreden, wenn beide das wollen.

Gesprächsthemen

Zunächst: sich in diesem Punkt bitte keine grauen Haare wachsen lassen. Nichts kann einem im entscheidenden Augenblick so gründlich die Sprache verschlagen wie die Sorge um das Gesprächsthema. Wenn Sie sich hier zu viele Gedanken machen, begehen Sie wahrscheinlich den – bereits erörterten – Fehler, das Dating im Vergleich zu anderen Beziehungsformen überzubewerten. Im allgemeinen werden Sie einfach über dieselben Dinge sprechen wollen, über die Sie auch mit anderen neuen Bekannten sprechen.

Um aber sein Gegenüber wirklich kennenzulernen, muß man persönlich werden. Es gibt so vieles, was es über ihn in Erfahrung zu bringen gilt – seine Geschichte, wo er herkommt, was er erlebt hat, wie er dazu steht. Man wird wissen wollen, welchen Beruf er hat, welche Hobbys, welchen Freundeskreis; welchen Lebensstil, welche Auffassungen und Maßstäbe. Und ganz besonders wird einen interessieren: Wie hält er's mit den Beziehungen zum anderen Geschlecht. Diese Informationen werden Sie – hoffentlich – nicht dazu benutzen, gleich ein abschließendes Urteil über seine Eignung als Primärpartner zu fällen, sondern lediglich, um sich ein allgemeines Bild zu machen; vielleicht gewisse Gleichklänge festzustellen, generell und vorsichtig abzuschätzen, ob Sie für eine so oder so geartete Beziehung zusammenpassen würden; ein vorläufiges Überschlagen der Möglichkeiten, wie man es bei jeder anderen neuen Bekanntschaft auch machen würde. Und Ihr Gegenüber wird versuchen, ähnliche Informationen über Sie zu bekommen. Sie sehen, an Gesprächsstoff mangelt es nicht. Ja, es gibt an diesem Punkt Ihrer Beziehung mehr potentiellen Gesprächsstoff als später jemals wieder.

Grundsätzlich kenne ich zwei Formen intimen Gedanken- und Gefühlsaustauschs, und es mag sich für Sie lohnen, den Unterschied zu kennen. Ich unterscheide zwischen *Sich-Anvertrauen* – daß man dem anderen persönliche Informationen über sich gibt, über die eigene Vergangenheit, das Selbstbild, daß man mitteilt, was man über andere denkt, die man kennt, und zwar zunächst noch mit Ausnahme dessen, mit dem man im Augenblick zusammen ist – und *Offenheit* – die dann auch den Partner einschließt, die Mitteilung, welchen Eindruck man von ihm hat, welche Hoffnungen und Ängste hinsichtlich seiner Gefühle, die er uns entgegenbringt; eine Diskussion der Beziehung selbst. Diese Art offener Kommunikation ist für uns die schwierigere, ist aber auch die wichtigere, soll echte Intimität entstehen. Man kann mit der offenen Kommunikation schon früh beginnen, indem man dem

Partner irgendeinen aufrichtigen positiven Eindruck mitteilt, den man von ihm hat. Und man kann leicht seiner eigenen Unsicherheit darüber, wie man in den Anfangsstadien des Zusammenseins auf den Partner wirkt, Ausdruck geben. Kurz, die Offenheit kann schon früh beginnen, auf relativ unproblematischen Gebieten, und sich dann später weiterbewegen auf schwierigere, aber wichtigere Gebiete.

Im allgemeinen jedoch rät sich zunächst die erstere Kommunikationsform, das »Sich-Anvertrauen«, bei dem der Partner als Gegenstand des Gesprächs zunächst ausgeklammert bleibt. Auch hier kann man mit relativ neutralen Themen anfangen und später zu persönlicheren, intimeren übergehen. Bei einigermaßen wachem Gespür merkt man schon, welcher Grad an Offenheit und Mitteilsamkeit angemessen und beiden Seiten genehm ist. Mitteilung zunehmend »privater« Dinge ist oft die einfachste Art und Weise, dem Partner die Bereitschaft zu signalisieren, auf Persönlicheres überzugehen; gewöhnlich geht er darauf ein und wird seinerseits mitteilsamer. Solche Vertraulichkeit gleich bei der ersten Begegnung sei verfrüht, mag man einwenden. Unsinn. Eine Beziehung mit jemandem, der einem wichtig werden kann, sollte von vornherein mit offener, ehrlicher, über bloße Konversation hinausgehender Kommunikation anfangen, zumindest in gewissem Grad. Je länger man damit zögert, desto befangener wird man, desto schwerer fällt es später. Sexuelle Intimität beginnt oft früh; warum nicht auch Mitteilungsintimität?

Beziehungsstatus und -geschichte

Tritt man in Beziehung zu jemandem, wird man wissen wollen: Welche anderen Bindungen hatte und hat er, wie ist seine allgemeine Einstellung dazu usw. Wann das zur Sprache kommt, wird von Paar zu Paar verschieden sein, aber zumindest Grundinformationen werden schon recht früh erwartet. So gilt es nur als recht und billig, die neue Bekanntschaft schon ziemlich am Anfang wissen zu lassen, ob man verheiratet ist oder nicht. Um jemanden wirklich kennenzulernen, braucht man zumindest in groben Umrissen seine *Beziehungsgeschichte* und ein paar Grundauskünfte über seinen jetzigen *Beziehungsstatus*. Heute geht das Kennenlernen – im Normalfall – weit rascher und formloser vor sich als noch vor wenigen Jahren; daß solche Informationen schon bei der ersten Begegnung ausgetauscht werden, ist durchaus angebracht und wird oft auch erwartet.

Im ersten Kapitel war bereits die Rede davon, wie man Verwandten und Bekannten von der Trennung erzählt, und Sie kennen meine Empfehlung, sich kürzere und längere »Versionen« der Trennungsgeschichte für die verschiedensten Gelegenheiten zurechtzulegen. Das gilt sinngemäß auch hier. Früher oder später – meist früher – wird man durchblicken lassen wollen, wie es mit den eigenen Beziehungen war und ist. In den ersten Stadien der Bekanntschaft kann das in Kurzform geschehen, vielleicht beiläufig eingeflochten in irgendein Gespräch. Natürlich nicht, um Eifersucht zu wecken oder ratsuchend irgendwelche Beziehungsprobleme auszubreiten, sondern einfach als Sachinformation, damit der andere uns kennenlernt, Einblick in unsere Vergangenheit bekommt, so viel, wie es im jeweiligen Bekanntschaftsstadium angezeigt erscheint. Bewußtes Schweigen oder Geheimnistuerei in der Frage früherer oder jetziger Beziehungen gehört zu den Katz-und-Maus-Spielen, mit denen man den Partner verunsichert. Ehrlichkeit – in wohlabgewogenen Dosen verabreicht – ist hier viel besser als geheimnisvolles Schweigen.

Auch wird dadurch der Partner viel eher veranlaßt, selbst mit Informationen herauszurücken; sagst du mir was, sag' ich dir was. Man gibt einen Teil seiner persönlichen Geschichte »preis«, und aus der Art, wie das aufgenommen, und dem Umfang, in dem es erwidert wird, kann man abschätzen, wieviel mehr man anbieten kann. So kann man den Informationsaustausch behutsam in die Wege leiten, ihn so steuern, daß er beide Seiten nicht überfordert. Sollte das frühe »Selbstbekenntnis« Sie überfordern, gehen Sie einfach etwas langsamer vor. Der Prozeß ist der gleiche; er dauert nur länger. Aber zögern Sie ihn nicht zu lange hinaus – fangen Sie damit an, so bald Sie können.

Durch den Informationsaustausch gewinnen Sie beide ein Bild voneinander in der Frage, die Sie in Ihrem Verhältnis zueinander am unmittelbarsten betrifft – nämlich welche Grundeinstellung der andere zu Beziehungen hat, wie er sie grundsätzlich handhabt. Sehr wichtig, dies zu wissen; es kann Gemeinsamkeiten aufzeigen, es kann Unvereinbarkeiten signalisieren. Rein sachlich wird sich die Information auch nicht immer danach richten können, ob sie uns »überfordert«. Es mag einer neuen Freundin Überwindung kosten, Ihnen zu sagen, daß sie draußen in der Vorstadt einen Mann und zwei Kinder hat, aber diese Information ist unbedingt notwendig für Sie, um weiter über die Beziehung befinden zu können. Und Sie schulden dem (der) anderen selbstverständlich die gleiche Ehrlichkeit.

Ein Freund von mir, der sich gerade von einer Frau trennen will, mit der er zwei Jahre zusammengewesen war, lernte eine andere Frau kennen. Um ihr zu zeigen, wie sehr er sich für sie interessierte, sprach er abschätzig von seiner Verflossenen, machte sie geradezu »fertig«. Seine neue Begleiterin – sie heirateten später – erzählte ihm, wie sehr sie sich davon abgestoßen fühlte.

»Wenn du so redest«, sagte sie, »dann frage ich mich, wie du von mir sprichst, wenn ich nicht dabei bin, oder wie du von mir sprechen wirst, sollte es zwischen uns beiden nicht klappen. Auf die Art, wie du sie behandelst, wirst du wahrscheinlich auch mich behandeln.« Mein Freund begriff rasch und hielt den Mund. Er sah, daß es einen günstigeren Effekt auf seine Partnerin hatte, wenn er freundlich von seiner Ehemaligen sprach, statt sie herunterzumachen. Eine wichtige Lehre für ihn.

Vielfach kommt es vor, daß wir eine neue Beziehung aufnehmen, ehe die alte zu Ende gegangen, ein säuberlicher Schlußstrich gezogen ist. In diesen konkurrierenden bzw. einander überlappenden Beziehungen ist die Art und Weise, wie wir alle Beteiligten behandeln, ein Gradmesser unserer Menschlichkeit und Rücksichtnahme, und danach werden uns auch diejenigen, die wir kennenlernen, beurteilen, je nachdem, wie menschlich und rücksichtsvoll sie selbst sind. Alleinstehende können aufeinander Rücksicht nehmen, auch wenn sie nicht miteinander auskommen oder in Konkurrenz stehen.

Also: Wenn Sie über Ihre Beziehungsgeschichte und jetzigen Beziehungsstatus zu reden beginnen, denken Sie an die Lektion, die mein Freund lernte – und denken Sie vor allem an die Notwendigkeit ehrlicher Selbstmitteilung, auch wenn Sie diese schrittweise vornehmen.

Erste Eindrücke

Daß man jemanden, den man kennengelernt hat und attraktiv findet, beeindrucken möchte, ist nur natürlich. Beliebte Methoden, einfach so aufgezählt: Man streicht Dinge an sich heraus, von denen man meint, daß sie dem anderen gefallen; spielt Vorlieben und Interessen hoch, die der andere auch hat, um die Gemeinsamkeiten größer erscheinen zu lassen; gibt vor, diesen und jenen Zeitvertreib zu lieben, diese und jene Auffassungen und Ideale zu haben, die der andere (wie man glaubt) teilt; vertuscht Schwächen, verschönt Stärken, baut insgesamt ein Selbstbild auf, das glänzt, aber leider nicht ganz der Wahrheit entspricht. Und es ist durchaus möglich, daß der andere es einem abnimmt. Und da beginnt der Ärger: Entweder mißfällt dem anderen der Typ, als den wir uns dargestellt haben, und er weist uns zurück, oder die Fassade, die wir aufgebaut haben, gefällt ihm. So oder so ist man der Verlierer. In letzterem Falle wird das falsche Selbstbild zur Maske, die sozusagen klebenbleibt – man kommt nicht mehr davon weg, eine anstrengende und unmögliche Rolle in einer Beziehung, die sich sonst vielleicht ideal entwickelt hätte.

In ihrem Buch »Pairing« führen George Bach und Ronald Deutsch Indizien dafür an, daß erste Eindrücke ein außerordentlich zähes Leben haben; daß man sich an sie klammert, verlangt, daß die Wirklichkeit ihnen entspricht, und enttäuscht ist, wenn das nicht der Fall ist. Abgesehen davon, daß man die Maske, die man ruft, nicht mehr los wird: je komplizierter und »glaubhafter« man sie gestaltet, desto mehr Schwierigkeiten bereitet man sich für die Zeit, da man sie ablegen und sich geben will, wie man ist. Nur noch unter erheblicher Mühe läßt sich dann der erste Eindruck revidieren, oft fühlt sich der Partner irregeführt und betrogen. Oder man ist gezwungen, das Schau-Spiel aufrechtzuerhalten – was den Zusammenstoß mit der Wirklichkeit, der mit Sicherheit einmal kommt, noch schlimmer macht.

Außerdem kann man sowieso nie im voraus wissen, welche Eigenschaften ein (noch fremder) Partner in uns sucht; das Idealbild, das wir von uns aufbauen, ist unter Umständen weniger attraktiv und weniger menschlich als unser wahres Ich. Das vielleicht beste an einer engen, intimen Beziehung ist, daß sie es uns erlaubt, uns ungeschminkt so zu geben, wie wir sind. Um eine solche Beziehung kann man sich bringen, wenn man sich und den Partner auf ein geschminktes Phantasiebild festlegt. Vielleicht gefällt es ihm gar nicht. Und wenn es ihm zusagt – er also Gefallen findet an einem ganz anderen Menschen, als wir in Wirklichkeit sind –, kann sowieso keine gute Beziehung zustande kommen.

Etikette

Sollten die Umgangsformen jemals einfach (oder kompliziert) gewesen sein – heute sind sie es nicht mehr. Gesellschaftliche Entwicklungen – speziell durch die Frauenbewegung ermöglicht und von ihr initiiert – haben die alten Benimm-Regeln zwischen Mann und Frau in Frage gestellt. Veränderungen, die manchen vielleicht verunsichern, andererseits aber neue Freiheiten bringen: Männer und Frauen können ihre Beziehungsformen selbst »nach Maß« festlegen – und zwar ganz offen in den ersten Stadien ihrer Bekanntschaft, ohne Angst, Außenseiterisches zu tun oder gegen irgendwelche Normen zu verstoßen. Der Mangel an Regeln muß also nicht als tragischer Verlust eines verbindlichen Kodex gesehen, sondern kann als Möglichkeit begriffen werden, selbstbestimmter zu leben und Beziehungen einzugehen, ohne an Fremdnormen gebunden zu sein. Simple Umgangsfragen (wer bestellt das Essen, wer macht die Tür auf, wer gibt Feuer, wer zahlt die Rechnung) mögen nebensächlich erscheinen, aber die Art und Weise, wie sie geklärt werden, kann Rückschlüsse zulassen auf die Art, wie andere, wichtigere Fragen später zwischen den Beteiligten geklärt werden. Ohne ihre Bedeutung überzubewerten, sollten Sie sich bewußt sein, daß dies Fragen sind, die irgendwie gelöst werden müssen, und daß das »Wie« der Lösung und die Lösung selbst eventuell Schlüsse zulassen auf die Regeln, die später in Ihrer Beziehung herrschen werden.

Nun löst sich die Etikette-Frage oft von selbst, zumal dann, wenn über den »Kodex« von vornherein Einigkeit herrscht. Zum Beispiel: Hilft der Mann seiner Begleiterin in und aus dem Mantel, öffnet Türen für sie, läßt sie vorausgehen, winkt ihr das Taxi herbei usw. und die Frau akzeptiert und erwartet das, dann heißt das: Die traditionellen Regeln sind stillschweigend akzeptiert. In diesem Fall braucht nichts mehr besprochen zu werden. Tut der Mann all das nicht und die Begleiterin zeigt, daß ihr das recht ist, und ergreift in diesen Punkten selbst die Initiative, braucht ebenfalls nichts mehr diskutiert zu werden.

Fürchtet man jedoch, durch Nichtbeachtung der herkömmlichen Anstandsregeln den Partner zu verprellen, oder besteht offensichtlich Uneinigkeit über die Regeln, dann muß darüber gesprochen werden. Dem Mann, herkömmlicherweise an die aktivere, die Kavaliersrolle gebunden, wird es schwerer fallen, von sich aus die Etikette zu ändern. Ein sensibler Mann, der aus der alten Rolle heraustreten will, mag sich verständlicherweise Sorgen machen, daß seine Partnerin das als Unhöflichkeit auffaßt. Erwartet etwa eine Frau ganz offensichtlich die traditionelle »Ritterlichkeit« von einem Mann, dann ist das für ihn der ungeeignete Augenblick, sich kommentarlos emanzipiert zu geben, ohne die gewünschte Änderung der Etikette vorher mit der Partnerin zu besprechen. Ist es wichtiger für ihn, seiner Partnerin zu gefallen, und weiß er noch nicht genau, was sie gern hat, kann er sich ja zunächst an die traditionellen Regeln halten.

Grundsätzlich stehen diese Alternativen auch der Frau offen, wenn auch unter Umständen ein anderes Vorgehen angebracht ist. Eine Frau kann einfach die Initiative ergreifen und sich selbst den Mantel anziehen, sich selbst die Tür öffnen, sich selbst die Zigarette anzünden. In unserer Zeit der sich wandelnden Sitten sollte dies als »Verhaltenswink« ohne weiteres zu verstehen sein. Gleichwohl berichteten mir viele Frauen, daß Männer ihrer

Bekanntschaft sich befremdet zeigten, konfrontierte man sie zu unvermittelt mit solcher Selbständigkeit; wenn Sie – als Frau – das vermeiden wollen, können Sie ja eine der anderen Alternativen wählen. Sie können mit dem Mann darüber sprechen, daß Sie den Benimm-Kodex ändern wollen; oder wenn Ihnen Konventionen nicht viel bedeuten oder wenn eine Änderung später kommen kann, können Sie sich (zunächst) dem Mann anpassen. Jede dieser Alternativen ist durchaus annehmbar.

Der tiefere Sinn der Umgangsformen ist ja nur, das Zusammenleben möglichst reibungslos und angenehm zu machen; die Grundregel lautet daher: rücksichtsvoll und liebenswürdig sein. Das »Wie« spielt dabei, solange es diesen Zweck erfüllt, keine große Rolle. In diesem Geiste tauschen moderne Paare traditionelle Höflichkeiten aus, ohne sich noch an die herkömmliche Rollenverteilung dabei zu halten. Sie richten sich nach dem Geist, nicht mehr nach dem Buchstaben – die starren Regeln sind gefallen.

Wer zahlt?

Die Finanzfrage ist für viele Paare schon etwas schwieriger zu klären, zum Teil, weil sie andere Seiten ihrer Beziehung wahrscheinlich direkter berührt. Früher hatte die Konvention, daß der Mann zahlte, noch eher ihre Berechtigung. Neben wirtschaftliche Gründe trat die Tatsache, daß fast ausschließlich er es war, der Einladungen aussprach, und als Gastgeber war er verpflichtet, die Rechnung zu begleichen. Heute haben sich die Sitten geändert, und schon ein erstes Treffen kann sich so entwickeln, daß beide Seiten gemeinsam entscheiden, was sie machen wollen und auch ob und wie die Kosten geteilt werden. Wenn nicht am Anfang, so spielt sich solche Ausgabenteilung doch oft später ein, wenn man mehr Zeit zusammen verbringt. Man kann heute nicht mehr ohne weiteres davon ausgehen, daß der Mann der Finanzkräftigere ist, und im Zuge der Frauenemanzipation legen viele Frauen als Zeichen ihrer Gleichberechtigung und Unabhängigkeit Wert darauf, selbst zu zahlen. Sie wollen nicht freigehalten werden, mit allen Verpflichtungen; sie wollen sich nicht »gekauft« und »bezahlt« vorkommen. Männer ihrerseits ärgern sich oft über die starre Pflicht, immer in die Tasche greifen zu müssen, und wollen sich Gesellschaft nicht erkaufen müssen. Viele Männer und Frauen von heute halten Ausgabenteilung nicht nur für gerechter, sondern auch für würdiger.

Grundsätzlich teile ich diese Meinung und will, da die Frage in meiner Arbeit mit Alleinstehenden oft auftaucht, einige Hinweise geben, wie man vorgehen kann. Zum Beispiel: das Gastgeberprinzip. Wenn jemand einen anderen zu einer bestimmten Unternehmung (Kino, Essen etc.) einlädt, kann er den Gastgeber spielen, und die Erwartung, daß er für den anderen mitbezahlt, ist gerechtfertigt. Anders wird es, wenn die Entscheidung, was man unternimmt, gemeinsam getroffen bzw. ausgehandelt wird; dann bleibt die Frage, wer zahlt, offener. Lädt etwa der Mann die Frau zum Essen ein – speziell bei der ersten Verabredung –, kann sie normalerweise davon ausgehen, daß er bezahlt. Schlägt sie aber hinterher vor, noch in dieses oder jenes Lokal zu gehen und etwas zu trinken, ist es heute nichts Unübliches mehr, zu erwarten, daß *sie* diesmal ganz oder teilweise die Rechnung übernimmt. Dergleichen ist jedoch höchst variabel: Zur Sicherheit sollte *sie* daher genug Geld bei sich haben, um bei der Essensrechnung auszuhelfen, wenn nötig – und *er* ihre Einladung auf ein paar Drinks nach dem Essen nur dann annehmen, wenn er notfalls dafür aufkommen kann!

Irgendwann im Frühstadium einer neuen Bekanntschaft sollte das Paar die Frage besprechen, wer zahlt. Am unbefangensten kann das Thema vielleicht die Frau anschneiden, direkt oder indirekt. Direkt, indem sie einfach vorschlägt, sich an den Kosten irgendeiner gemeinsamen Unternehmung zu beteiligen. Das gibt dem Mann Gelegenheit zu sagen, was er grundsätzlich darüber denkt, und der Punkt kann ausdiskutiert werden. Oder einer der beiden kann das Thema indirekt anschneiden, als Teil eines allgemeinen Gesprächs über die heutigen Beziehungen zwischen Mann und Frau. (Das ist überhaupt einer der besten, unverfänglichsten Wege, den anderen »auszuhorchen« über seine grundsätzliche Ansicht zu Bekanntschaften, Sexualität, Partnerbeziehungen usw.) Wenn beide offen über die Geldfrage sprechen können, dann können sie feststellen, ob sich ihre Erwartungen in ungefähr decken oder ob Differenzen bestehen, die ausdiskutiert werden müssen. Wenn die Frau die Frage nicht anschneidet und der Mann ungeduldig wird, hat er alles Recht, sie selbst anzuschneiden.

Wenn man nun übereinkommt, die Kosten zu teilen, muß es nicht starr nach dem Schlüssel halbe-halbe geschehen. Es kann sein, daß der eine einfach mehr Geld hat und die Ausgaben für eine bestimmte Unternehmung, die sich der andere nicht leisten kann, gern tragen will. Dann und wann mag der eine Lust – und Geld – für eine teure Sache haben, die man »normalerweise« nicht unternimmt. Herrscht grundsätzliches Einvernehmen über Art und Kostenumfang dessen, was man zusammen unternimmt, braucht nicht bei jeder Gelegenheit neu darüber diskutiert und keine penible Mark-für-Mark-Abrechnung gemacht zu werden. Besteht aber eine Seite, oder beide, auf strikter Fifty-fifty-Aufteilung, muß man schon genauer darüber sprechen, was man unternehmen will und was nicht, und dabei sollte der Geldbeutel des finanziell schwächeren – oder sparsameren – Partners ausschlaggebend sein.

Auch hier ist das ausgehandelte Ergebnis weniger wichtig als die Art und Weise, *wie* man es aushandelt. Ein Vorgehen, bei dem beide Seiten auf die Gefühle und den Geldbeutel des anderen Rücksicht nehmen, müßte ein Ergebnis bringen, das die Beziehung stärkt und vertieft – zumal es eben keine leicht zu lösende Frage in einer Beziehung ist; aber man kann ihr nicht ausweichen. Wenn Sie sie nicht in bewußter Entscheidung klären, dann entscheidet sie sich ohne oder gegen Ihren Willen, und sehr wahrscheinlich wirft es ein Licht auf die Art und Weise, wie Sie – als Paar später andere wichtige Fragen entscheiden werden. Wenn Sie eine offene, vertrauensvolle, reife Beziehung in anderen Bereichen wollen, dann widmen Sie dieser Frage Aufmerksamkeit. Natürlich ist Geld nicht alles, aber es ist ein Lebensfaktum, mit dem sich jeder auseinanderzusetzen hat, und wie man in einer Beziehung den Punkt »Finanzen« handhabt, kann sehr viel symbolisieren.

Hier wie in allen Beziehungsfragen ist es fruchtlos, den einen

»allgemeingültigen« Weg zu suchen. Den gibt es nicht. Es kommt vielmehr darauf an, Wege zu finden, die den Rechten, Gefühlen, ja auch den »Macken« der Beteiligten Rechnung tragen. Zwar mögen die besprochenen Punkte – Etikette und wer zahlt – auf den ersten Blick belanglos scheinen; aber die tradierten Regeln in dieser Fragen stützen nachhaltig und oft subtil männliche Vorherrschaft (mit all ihren Vorzügen und Nachteilen) und weibliche Unterwerfung (mit all ihren Vorzügen und Nachteilen). Die Fragen sind nicht belanglos, weil bei ihrer Lösung Strukturen Ihrer Beziehung sichtbar werden. Gemeinsame Klärung von Etikette- und Geldfragen gibt Gelegenheit, sich kennenzulernen. Und liebenzulernen.

Dating-Spiele

Als Ken eines Montagabends in die Gruppe kam, sah er aus wie ein gebrochener Mensch. Irgend etwas Schlimmes, das sah man, mußte diesem sonst so fröhlichen, selbstbeherrschten Menschen zugestoßen sein. Danach gefragt, erzählte Ken uns folgende recht verwickelte Geschichte:

»Ich habe da eine Frau auf dem Hals, die mich absolut verrückt macht. Wir kennen uns erst drei Wochen, und sie hat mir mehr Kummer gemacht als meine geschiedene Frau in sechs Jahren.« Von der Gruppe gedrängt, fuhr er fort: »Leonore und ich haben uns vor drei Wochen kennengelernt. Unter wirklich romantischen Umständen. Ihr war das Benzin ausgegangen und sie stand hilflos neben ihrem Wagen, als ich vorbeikam. Sie ist eine schöne Frau, und ich war vom ersten Augenblick ganz hingerissen. Ich nahm sie mit zur Tankstelle ... wir haben viel gelacht, und, na ja, es schien auf Anhieb zu funken. In der Folge waren wir oft zusammen.

Die beiden ersten Wochen waren herrlich, nur hatte Leonore zuerst Hemmungen, mit mir zu schlafen, aber nach einer Woche ungefähr hatten wir diese Barriere überwunden. Das vergangene Wochenende wollten wir zusammen verbringen, von Freitag bis Montag morgen. Für Freitag hatten wir uns gleich nach Arbeitsschluß in meiner Wohnung zu Cocktails und Essen verabredet – jedenfalls dachte *ich* gleich nach Arbeitsschluß. Wir haben beide um halb fünf Feierabend, und ich erwartete sie gegen fünf. Nichts. Bis zwanzig nach neun sitze ich wie auf Kohlen, da kommt Leonore hereingetanzt, freudestrahlend, ein großes Lebensmittelpaket auf dem Arm. Sie sagt: ›Liebling! Du glaubst nicht, was für schöne Sachen ich zum Abendessen mitgebracht habe.‹ Ich hätte sie schlagen können! Sie schwärmt weiter von den großartigen Sachen, die sie mitgebracht hat, und wie froh sie ist, mich zu sehen, während ich versuche, ruhig zu bleiben und zu sehen, ob sie die Höflichkeit hat, sich für viereinhalb Stunden Verspätung zu entschuldigen.

Schließlich frage ich sie, wo zum Teufel sie so lange war und warum sie nicht angerufen hat. Sie antwortet ungefähr: ›Na, wir haben doch keine Zeit ausgemacht, und daß du so ein Zeitmensch bist, das habe ich nicht geahnt. Ich esse am Wochenende immer gern spät, und nach der Arbeit bin ich noch mit guten Freunden aus dem Büro ausgegangen. Dann mußte ich nach Hause und mich umziehen, und dann mußte ich noch die Lebensmittel kaufen.‹

Als ich ihr erkläre, wie wütend ich die letzten viereinhalb Stunden gewesen bin, gestehe ich ihr auch, daß ich bei ihr zu Hause und im Betrieb angerufen und mit einem Arbeitskollegen von ihr gesprochen habe, den ich kenne. Nun, das war ein Problem, weil sie mir vorher gesagt hatte, daß die Kollegen – und ihr Freundeskreis – nichts von uns wissen sollten, weil sie zuviel klatschten. Ich hatte das nie ganz eingesehen, mich aber danach gerichtet; aber nach dreieinhalb Stunden war es mir zuviel, und ich rief an. Jedenfalls, als ich ihr das sage, wird sie richtig wütend. Ich verstünde sie überhaupt nicht, hätte mein Wort gebrochen, dankte ihr die Mühe überhaupt nicht, die sie sich mit dem Einkauf gemacht habe, wäre spießig und schnüffelte hinter ihr her. Dann geht sie türenknallend. Da sitze ich dann beim Fernsehen bis ungefähr Mitternacht und werde langsam verrückt, auf einmal klingelt das Telefon. Sie entschuldigt sich, daß sie sich verspätet hat, sich so aufgeregt hat und weggelaufen ist. Sie sagt, sie liebt mich. Ich nehme die Entschuldigung an und und entschuldige mich, glaube ich, auch selbst ein bißchen und bitte sie rüberzukommen. Sie sagt, sie sei noch in ein Lokal gegangen und habe ein bißchen getrunken, und jetzt sei sie müde und wolle nach Hause ins Bett. Sie war nur fünf Minuten entfernt, und es wollte mir nicht ganz einleuchten, aber ich akzeptierte es. Sie versprach, ›gleich morgens‹ zu mir zu kommen und ein herrliches Frühstück zu machen, und versprach, daß wir den Tag zusammen verbringen würden. Fast hätte ich gefragt, was sie unter ›gleich morgens‹ verstand, habe mich aber beherrscht.

Gut. Morgens um halb acht war ich wach, und gegen acht hätte ich mein herrliches Frühstück vertragen können. Als sie um halb zehn noch nicht da war, begannen mir dieselben Fragen durch den Kopf zu gehen wie am Abend zuvor: Wer waren diese ›guten Freunde‹, mit denen sie nach Arbeitsschluß ausgegangen war? Wohin ist sie in Wirklichkeit gegangen, als sie meine Wohnung verließ? Und wenn sie mich so liebt und sich so entschuldigt hat und in fünf Minuten bei mir hätte sein können, warum kam sie nicht? Warum lag ihr so daran, daß ihre Zimmergenossen und ihre übrige Bekanntschaft nichts von mir erfuhren? Und mit wem trifft sie sich noch? Ich hatte von ihr zu erfahren gesucht – müßt ihr wissen –, welche anderen Beziehungen sie hatte, aber irgendwie wich sie der Antwort immer aus, ich habe es nie herausbekommen.

Also, um halb zwölf kommt sie endlich, und ich muß sagen, sie macht tatsächlich ein tolles Frühstück. Aber dann, gerade als ich für den Tag Pläne machen will, sagt sie, sie müsse zum Haus ihres Chefs am See hinausfahren und irgendwelche Papiere abliefern. Ich biete an, sie zu fahren und dann dort draußen etwas zu unternehmen, aber sie sagt nein; der Chef und einige seiner Kollegen seien da, und es wäre besser, ich käme nicht mit. Wieder frage ich mich, ob sie sich wohl mit ihrem Chef trifft oder sonstwem im Büro, halte aber den Mund. Zumindest habe ich jetzt gelernt, daß man Leonore auf Uhrzeiten festnageln muß. Sie verspricht, um fünf zurück zu sein und das Essen zu machen, das am Vorabend ausfiel, und mit mir auf eine Party zu gehen, die bei Freunden von mir stattfindet. Na, sie kommt um sechs zurück (nicht spät genug, daß ich mich beschwert hätte, aber spät genug, daß ich mich ärgere), und der Abend wird sehr nett und das Essen auch.

Die Drinks und der Wein zum Essen waren uns ein bißchen zu Kopf gestiegen, und wir fingen an zu schmusen, wißt ihr, und ich war unglaublich erregt und wollte mit ihr schlafen – diese Frau kann mich auf Touren bringen wie keine andere, die ich je gekannt habe. Aber sie wollte nicht. Sie sagt, es brächte nur ihr Äußeres durcheinander vor der Party, und wir könnten ja hinterher miteinander schlafen. Gut, also wir gingen zur Party, und Leonore zieht die Männer an wie der Honig Fliegen. Und das macht ihr Spaß. Eine Stunde hat sie draußen vor der Tür mit Dick verbracht, einem alten Freund von mir, und mitten auf der Party hat sie sich höflich entschuldigt und hat im Schlafzimmer ein langes Telefongespräch geführt. Also ich sage euch, nach dieser Party stand bei mir das Barometer auf Sturm. Als wir gingen und uns ins Auto setzten, habe ich's ihr gegeben. Ich habe alles aufgezählt, was sie falsch gemacht hat, alles, was mir seit Freitag durch den Kopf gegangen war. Keine Antwort von ihr, nichts. Sie hat nur geweint und mich gebeten, sie heimzufahren, was ich mit Freuden getan habe. Als ich sie vor ihrem Haus abgesetzt hatte, bin ich weg mit einem Kavaliersstart, daß die Reifen rauchten, richtig nach Pennäler-Art. Mein Gott, das Ganze ist auch wirklich kindisch, findet ihr nicht?

Nun, das Einschlafen fiel mir schwer in dieser Nacht. Ich war sauer auf Leonore, sauer auf Dick und am sauersten auf mich. Um drei oder vier Uhr bin ich endlich eingeschlafen, um sieben war ich wieder auf. Beim Aufwachen begannen mir Zweifel zu kommen über das, was ich getan hatte. Ich versetzte mich in Leonores Lage und sah, daß sie Freitag vielleicht wirklich nur mit Arbeitskollegen hatte zusammensein wollen, sich dann umziehen und noch kurz hatte einkaufen wollen, bevor sie das Wochenende mit mir verbrachte. Ich hatte zwar geplant, daß wir zum Essen ausgingen, aber es war doch schrecklich nett von ihr, die Sachen zu besorgen und für uns kochen zu wollen nach einem langen Arbeitstag. Und ich sah, daß sie es mit der Zeit vielleicht einfach mißverstanden hatte. Auch ich schlafe im eigenen Bett am besten, und wenn sie wirklich müde war, konnte man ja einsehen, daß sie an jenem Abend nach Hause wollte. Und dann am Samstag, nun, ich verstand ja, daß es ihr wichtig sein konnte, Privatleben und Berufsleben auseinanderzuhalten – daß sie nicht wollte, daß ich kam und ihre Chefs kennenlernte. Und was kann sie dafür, daß sie Männer anzieht; Dick und sie haben außerdem viel gemeinsam.

Jedenfalls bekam ich jetzt Schuldgefühle wegen meines kindischen Verhaltens und meiner Eifersucht, und ich rief an und fragte, ob wir uns treffen und miteinander reden könnten. Gegen Mittag ging ich zu ihr, wir hatten ein sehr nettes Gespräch, entschuldigten uns gegenseitig, umarmten und küßten uns, und sie sagte mir wieder, wie sehr sie mich liebte, und ich sagte ihr dasselbe. Dann, gegen drei, verkündete sie plötzlich, sie müßte gehen. Natürlich wollte ich wissen warum, und sie sagte, jemand hätte angerufen und sie eingeladen zu einer Nachmittags-Segelpartie und anschließend zum Abendessen. Ich versuchte herauszufinden, wann das geschehen war; das blieb ein bißchen unklar, aber sie erklärte mir, sie hätte ja nicht gewußt, wie unser Gespräch ausgehen würde, und für den Fall, daß es schlecht ausging, hätte sie unbedingt Gesellschaft gebraucht und nicht allein bleiben wollen. Also nehme ich an, sie hat die Verabredung angenommen, *nachdem* wir uns zu unserem Gespräch verabredet hatten. Das sagte ich ihr auch und hielt ihr vor, das verstünde ich nicht, aber sie kam immer wieder mit der gleichen Ausrede. Dann sagte sie, der, den sie eigentlich liebte, sei ich, und versprach mich nach der Verabredung anzurufen und, falls es noch nicht zu spät wäre, vorbeizukommen und die Nacht mit mir zu verbringen. Darauf durfte ich mich eigentlich nicht mehr einlassen, das wußte ich; aber, seht ihr, ich wollte auch nicht, daß sie mit jemand anderem schlief, und irgendwie hatte ich die ganze Sache an diesem Punkt auch satt und sagte einfach okay und ging.

Wieder ein einsamer Abend vor dem Fernseher, wieder die bohrenden Gedanken. Schließlich rief sie gegen Mitternacht an und sagte, sie sei gerade nach Hause gekommen und sei sehr müde und könne nicht mehr kommen. Sie sagte: ›Ich liebe dich immer noch.‹ Mittlerweile war ich völlig fertig. Ich habe nichts mehr gesagt, weil mir nichts mehr einfiel. Ich dachte daran, zurückzurufen, um festzustellen, ob sie wirklich zu Hause war, aber das wäre zu demütigend gewesen. Ich dachte sogar daran, bei ihr vorbeizufahren, um zu sehen, ob ihr Wagen vor dem Haus stand. Ich kann mit Stolz sagen, daß ich auch das nicht tat. Viel Schlaf habe ich allerdings letzte Nacht nicht gehabt. Ich weiß keinen Rat mehr, was ich mit Leonore soll. Was meint ihr, was soll ich tun?«

Hier liegt eindeutig ein harter Fall von »Dating-Spiel« vor. Leonore ergreift in diesem Spiel die Initiative, macht sich jeden Vorteil zunutze, und ob sie es weiß oder nicht, sie spielt hervorragend. Sie liefert einen glänzenden »Aufschlag«, und die folgenden »Bälle« spielt sie ebenfalls meisterhaft. Ken freilich läßt sich nicht so ohne weiteres »vom Platz fegen«. Er spielt mit, pariert, so gut er kann, verliert aber, wie wir gesehen haben, Punkt für Punkt. Wenn es so weitergeht, wird er wahrscheinlich früher oder später, nach vielen schlaflosen Nächten, aus dem Spiel aussteigen.

Die Schönheit dieses häßlichen Spiels liegt in seiner Subtilität. Bei jedem »Ball«, der gespielt wird, hat Leonore für ihr Verhalten eine akzeptable Begründung. Für sich genommen, scheint jeder Vorfall harmlos und erklärbar genug. Insgesamt aber steckt ein System drin, wie auch der wohlwollendste Beobachter merkt. In Leonores Spielzügen lassen sich viele charakteristische Dating-Spiel-Verhaltensweisen erkennen; auch Ken spielt mit, wenn auch ungeschickt in seiner Wut, Eifersucht und seinem Cool-Bleiben-Wollen, seine spontanen Reaktionen auf die Dinge beschränkend, die ihn ärgern. Ich will damit nicht sagen, daß Ken es Leonore unbedingt gleichtun, ebenso raffiniert hätte spielen sollen wie sie; ich umreiße nur Kens Rolle.

Ich nenne das, was da abläuft, Spiel, weil – wie in allen Spielen – nicht mit offenen Karten gespielt wird. Hinter jedem vordergründig einsichtigen Spielzug stehen versteckte Motive, auf gut deutsch: Hintergedanken. Kens Motive kennen wir, weil er sie uns erzählt hat; Leonores Motive können wir nur erraten. Außerdem charakterisiert ein sich wiederholendes Gewinn- und Verlustschema den ganzen Abtausch, in dem beide Spieler ihre versteckten Bedürfnisse zu befriedigen suchen. Ken verfiel, als er uns sein Wochenende erzählte, in den beliebtesten Fehler der Verlierer beim Dating-Spiel: er suchte die *wahren* Motive für Leonores Verhalten zu ergründen. Die Gruppe machte mit, zählte systematisch auf, was Ken eingefallen war, suchte eigene Erklärungen. Vielleicht war Leonore einfach nur ein spontaner, unbesonnener Mensch, und mehr stand nicht dahinter. Vielleicht stand sie einem ganzen Wochenende mit Ken noch mit gemischten Gefühlen gegenüber, es stellte für sie, wie sie dachte, ein zu hohes, vorzeitiges »Engagement« dar. Vielleicht wollte sie ihm sehr gern näherkommen, fürchtete aber, zurückgewiesen zu werden, und stellte ihn daher auf die Probe und drehte ihn erst einmal durch diese seelische Wringmaschine. Vielleicht hatte sie jemanden kennengelernt, den sie besser mochte, wollte aber Ken entweder nichts davon sagen oder ihn zu diesem Zeitpunkt noch nicht aufgeben. Vielleicht – so meinte eine Frau in jäher Selbsterleuchtung – hatte Leonore Angst vor ihrer eigenen Verletzlichkeit Ken gegenüber, und nun wollte sie wiederholt zeigen, daß sie, wenn es darauf ankam, einen härteren Panzer besaß als er. Jemand meinte, daß Leonore ihn doch in gewissem Grade gern haben müsse, denn sonst würde sie sich nicht die Mühe machen und ein so kompliziertes Spiel treiben. Schließlich erklärte ein anderer, Ken werde Leonores Motive wohl nie ergründen können. Ja, womöglich sei Leonore sich ihrer Beweggründe selber gar nicht bewußt. Ein Argument, das half. Ken würde nie Gewißheit über Leonores Motive bekommen, und auch wenn er sie fragte – so ließ das Bisherige vermuten –, würde sie sehr wahrscheinlich keine Auskunft geben können oder wollen.

Ken setzte sich in der Gruppe lange Zeit mit seiner Eifersucht, seiner Verwirrung, seiner Wut auf sich selbst auseinander. Diese nach innen gerichtete Wut kam daher, daß er sich die Schuld dafür gab, das Spiel nicht rechtzeitig durchschaut und geändert zu haben; daß er sich, sozusagen, des »Unvermögens« bezichtigte. Wie so viele Verlierer derartiger Spiele »ertränkte« er sich selbst, weil ein anderer Mensch sein Spiel mit ihm getrieben und ihn schlecht behandelt hatte, weil er mitgespielt hatte, unwissentlich und defensiv, und weil er verloren hatte. Darin lag Kens entscheidender Fehler.

Die eigene Wertschätzung nämlich vom Verhalten anderer abhängig zu machen, ist eine tödliche Falle. Man wird über das »zuträgliche« Maß hinaus fremdbestimmt und verwundbar. Wenn andere Leute uns schlecht behandeln, dann sagt das unendlich viel mehr über sie aus als über uns. Weil der Mensch ein soziales Wesen ist und nicht auf einer Insel lebt, sind wir alle verwundbar dem gegenüber, der – aus welchem Grund auch immer – Abmachungen bricht oder sonstwie diese natürliche Verwundbarkeit ausnutzt. Gleichwohl: »Abwerten« kann uns dadurch niemand; er kann nur unser Vertrauen brechen und uns enttäuschen. Wer glaubt, durch das Verhalten eines anderen »herabgesetzt« worden zu sein, der irrt sich. Die Gruppenarbeit hat sehr geholfen, Ken in dieser Einsicht zu bestärken. Leonores raffiniertes, ihm überlegenes Spiel bedeutete keinerlei Abwertung für ihn. Seine Reaktionen, wenn auch nicht sehr geschickt, waren durchaus verständlich, und nun, da er das Spiel durchschaut hatte, konnte er sich Gegenschritte überlegen. Teilnahme am Spiel, und Niederlage, hatten ihn das Spiel erkennen lassen und ihm zumindest einen Weg aufgezeigt, wie man es *nicht* gewinnt.

Die meisten, die kürzere oder längere Zeit alleinstehend sind und sich in der Ledigenszene nach Bekanntschaften umschauen, werden zum Gegenstand solcher Spielmanöver. Wenn Ihnen das passiert, kommt es – unabhängig davon, was Sie tun – vor allem darauf an, daß Sie mit der richtigen Einstellung herangehen. Merke: Man kann die Motive dessen, der das Spiel beginnt, nie mit Sicherheit ergründen, also verschwenden Sie darauf keine Zeit. Und: Unerfreuliches Verhalten eines anderen bedeutet für Sie keine persönliche Herabminderung; es ist in erster Linie sein Problem, nicht Ihres. Und schließlich: In einem solchen Spiel »hereingelegt« zu werden, erteilt Ihnen, bei aller Schmerzhaftigkeit, doch nur Lehren darüber, wie man es *nicht* spielt.

Ken stand, als er uns seine Geschichte erzählte, an einem Scheideweg. Er konnte Schluß machen, aus dem Spiel und aus der Beziehung aussteigen. Oder er konnte Leonore nehmen, wie sie war, ohne jeden Versuch, sie zu ändern. Oder er konnte die Beziehung weiterführen und sein und ihr Verhalten zu ändern suchen, damit das Spiel ein Ende fand. Wir gingen die Alternativen durch. Er sei noch nicht bereit, das Handtuch zu werfen, sagte Ken, aber er werde Schluß machen, wenn sich Wochenenden wie das vergangene noch öfter wiederholten. Diese Erkenntnis wirkte befreiend. Er sah, daß er es in der Hand hatte, jederzeit das Spiel schlagartig zu beenden, indem er einfach nicht mehr mitspielte. Das schien zu helfen.

Bei der Diskussion der zweiten Alternative – Leonore nehmen, wie sie war – wiesen wir darauf hin, er könne sich ja sagen, die Spiele seien allein Leonores Problem; wenn sie ihm auch lästig fielen, er *müsse* sie ja nicht beenden. Wie ein Pazifist könne er sich einfach weigern, dagegen anzukämpfen, und sein Gegenüber stoisch akzeptieren mit allen Fehlern und Schwächen. Das klinge nicht übel, meinte Ken, aber ehrlich gesagt sei das nichts für ihn. Er hatte den starken Wunsch, daß Leonore mit dem Spiel aufhörte, und tat sie das nicht, würde er den Kontakt abbrechen müssen; es einfach über sich ergehen lassen konnte er nicht. Freilich: Die Pazifisten-Methode, die schlichte »Nichtverstärkung«, so kann ich aus Erfahrung sagen, ist oft der wirksamste Weg, unerwünschtes Verhalten bei anderen abzubauen. Doch diesen Weg wollte Ken – mit Recht – nicht gehen, weil er sich für ihn nicht eignete; so mußten wir uns der letzten Alternative zuwenden. Das bedeutete: auf Sieg spielen. Sieg, das war hier Beendigung des Spiels; spielen, das hieß hier, bewußt alles tun, was einen Schlußpunkt herbeiführen konnte. Solange die Ken-Leonore-Interaktion andauerte und Leonore ihr Spiel spielte, mußte Ken mitspielen. Da er sie nicht akzeptieren konnte, wie sie war, mußte er darauf hoffen, ihr Verhalten ändern zu können. Ob es ihm gefiel oder nicht, er versetzte sich damit in die Position, daß er sie, um ihr Verhalten zu ändern, manipulieren mußte. Ob er nun wütend wurde über das, was sie tat, ob er es ignorierte, lange mit ihr darüber sprach, die Interaktion abzubrechen drohte, wenn sie sich nicht wunschgemäß verhielt, jede aktive »Kampfmaßnahme« würde von nun an Teil des Spieles sein.

Auf der Suche nach einer siegversprechenden Strategie merkte Ken, daß er bisher eigentlich nur reagiert, nicht agiert hatte.

Seine Niederlagen hatten ihn verbittert, nicht nur Leonore gegenüber, sondern auch gegen sich selbst. Was immer er tun mußte, um das Spiel zu gewinnen: Er mußte umsteigen auf ein anderes Verhalten. Wir wußten, daß zu diesem – wie zu jedem anderen Spiel – mindestens zwei gehörten, und wir vermuteten, daß gerade seine Reaktionen es waren, die Leonore in ihrer »Spiellust« bestärkten. Seine Wut, Eifersucht und Frustration machten für sie zumindest zum Teil den Reiz, den »Lohn« des Spieles aus, ganz unabhängig davon, was sie beweisen wollte: ihre eigene (relative) Unverwundbarkeit oder Kens Verwundbarkeit; ihre Unabhängigkeit oder seine Abhängigkeit, oder was auch immer. Um dem Spiel ein Ende zu setzen, mußte Ken anders reagieren, auf deutlich spürbare Weise. Die Gruppe schlug vor, Wut, Eifersucht, Mißtrauen, Enttäuschung und verletzten Stolz zunächst einfach äußerlich nicht mehr zu zeigen. Aber wie, wenn er all das so stark fühlte?

Die Gruppenmitglieder hielten übereinstimmend eine sachlich klärende, Vorwürfe vermeidende Aussprache zwischen Ken und Leonore für gut. Er mußte ihr sagen, wie sehr ihn ihr Verhalten »traf« – mußte seine Verletzlichkeit zugeben, statt sie zu verstecken und nur in Zornesausbrüchen sichtbar werden zu lassen. Man riet ihm, offen zu äußern, wie ihre Art ihn und die ganze Beziehung in Mitleidenschaft zog. Und – so meinten alle – vielleicht sollte er sie auch um Klarheit bitten, was ihre übrigen Beziehungen betraf. Dazu würde er ihr nicht nur versichern müssen, daß er alles zu akzeptieren bereit sei, was er erfuhr, sondern er würde es wirklich ernst meinen müssen. Das würde ihm schwerfallen, natürlich, aber alles, was kommen konnte, war besser als die quälende Ungewißheit. Es war Zeit, daß er wußte, woran er war.

Ich faßte dann als Strategievorschlag für Ken zusammen: Zunächst Leonore ganz ruhig sagen, daß ihm einiges, was sie tat, nicht paßte, er aber eingesehen habe, daß er sie nicht davon abbringen konnte, und daß er sie nach wie vor mochte; daß er nun wisse, daß er ihr gegenüber verwundbar sei, daß sie ihm weh tun könne, aber da er ihr Verhalten ja doch nicht ändern könne, wolle er auch keinen Versuch mehr dazu unternehmen. Dann, nachdem er ihr das gesagt hatte: versuchen, nicht mehr mit negativen Gefühlen auf ihre Spielzüge zu reagieren, und ihr bei solchen Anlässen, wenn es ihm nicht mehr möglich war, seine stoische Haltung zu bewahren, soweit wie möglich aus dem Wege gehen, immer eingedenk des stets offenstehenden »Fluchtweges«, nämlich Abbruch des Spieles. Statt darauf zu hoffen, ihr gefaßt und verständnisvoll entgegenzutreten, wenn sie mit quälender Verspätung erschien, sollte er – schlug ich vor – einfach das Haus verlassen und seinen Geschäften nachgehen. Der Schock, ihn nicht zu finden, könnte heilsam auf sie wirken, besonders wenn er es fertigbrachte, später bei einem Treffen ganz gelassen und »nichtstrafend« zu reagieren. Dieser Vorschlag gefiel Ken besonders. Im ganzen – man wird es gemerkt haben – basierte die Strategie darauf, die verstärkenden Faktoren für Leonores Verhalten abzubauen und Ken wieder »selbstbestimmter« zu machen.

Wir dachten uns: Gestand Ken ein, daß er Leonore gegenüber verwundbar war, so entfiele für sie weitgehend das Bedürfnis, das noch »beweisen« zu müssen. Reagierte er gelassener auf sie, dann entfiele ein, wie wir vermuteten, weiterer Verstärker: seine zornige Aufmerksamkeit. Und wenn er sich weigerte, unzumutbar lange auf sie zu warten, dann schwächte er damit ihre brüskierenden Hinhaltetaktiken. Wohl am wichtigsten aber war, daß die Strategie Ken einen festen Stand-Punkt, eine Handlungsbasis gegenüber Leonore gab. Er brauchte nicht mehr unsicher zu sein, herumgestoßen von seiner eigenen Verletzlichkeit und Leonores unberechenbaren Handlungen. Er bekäme wieder Herrschaft über sich selbst.

Hand in Hand mit der Verhaltensänderung mußte jedoch eine Einstellungsänderung gehen: Ken mußte begreifen, daß seine Vorwürfe gegen Leonore unlogisch, seiner Fähigkeit, mit ihr umzugehen, abträglich und allgemein Zeit- und Kraftverschwendung waren. Er wandte ein, er wolle sie nicht »kampflos gewinnen« lassen, aber die Gruppe entgegnete, das sei Einstellungssache: Es sei nur dann ein Sieg für sie, wenn er es so sehe, und er sei nur so lange ihrer schlechten Behandlung gegenüber empfindlich, wie er es sein *wolle*. Sie könne ihm ja niemals wirklich etwas anhaben; sie könne nur seinen Stolz verletzen und ihm Ungelegenheiten bereiten, mehr nicht. Weiteres Argument: Zwar konnte er so gut wie nichts tun, das *garantierte*, daß sich ihr Verhalten änderte, aber es sei doch möglich, daß seine Selbstschutzmanöver auch bei ihr Änderungen einleiteten. Gut, im gewissen Sinn war das immer noch ein Versteckspiel, denn ganz auslöschen konnte er sein Interesse, Leonore zu ändern, sicherlich nicht. Eine gewisse »Unaufrichtigkeit«, was seine Absichten betraf, blieb.

Hat der Mensch ein Recht, so manipulativ zu sein? Aber natürlich. Er hat das Recht, zu wollen, was er will, und alle im sittlichen Rahmen bleibenden Mittel anzuwenden, es zu bekommen. Nicht kindisch zu handeln, wenn man sich kindisch fühlt, ist keineswegs unsittlich, sondern spiegelt Entwicklung zu Reife und Beherrschtheit. Gedankenlos-starre Ehrlichkeit ist nicht immer eine Tugend. Wenn Ken sich die Mühe machen wollte, seine Reaktionen bewußt zu steuern, um Leonore von ihren Spielchen abzubringen, dann war das sein Recht. Ich schlug Ken folgendes Motto vor – *Spiele nur dann spielen, wenn es unbedingt sein muß; wenn es aber sein muß, dann auf Sieg spielen* (d.h. um dem Spiel ein Ende zu setzen).

Aus der Gruppe kamen noch andere gute Vorschläge. John, ein Gruppenmitglied, stellte zwei wichtige Strategien zur Debatte: Ken sollte unter Beweis stellen, daß er unangenehme Informationen gut verkraften konnte, und sollte Leonore für erwünschte Verhaltensweisen (Aufrichtigkeit, Pünktlichkeit, Rücksicht etc.) belohnen. John erzählte ein eigenes Erlebnis: Eine Frau, an der er sehr interessiert war, hatte angerufen und eine Verabredung mit ihm abgesagt. Zunächst ohne Angabe von Gründen, und er hatte nicht nachgebohrt, hatte wortlos akzeptiert, daß sie ihm anscheinend nicht sagen wollte, warum. Als sie ihm aber am Schluß gestand, daß ein alter Freund von ihr einen Überraschungsbesuch angesagt habe und sie sich verpflichtet fühle, ihn zu sehen, sagte unser »Musterschüler«, er verstehe vollkommen, und lobte sie für ihre Aufrichtigkeit und Offenheit. Um halb acht am nächsten Morgen nach der geplatzten Verabredung rief sie an und versicherte ihm, das Wiedersehen sei schön, aber »folgenlos« gewesen, und sie könne es kaum erwarten, John wiederzusehen. »Also«, riet er Ken, »wenn Leonore etwas Richtiges tut, dann sag ihr das; laß sie wissen, daß man dir Dinge anvertrauen kann, die du nicht gern hörst, und sie wird dir mehr erzählen.«

Ken sah nach dieser Sitzung aus wie ein neuer Mensch, und die Gruppe freute sich über die gute, schwere Arbeit, die sie für Ken und sich selbst getan hatte. Wie ging es weiter? Ken hielt sich von da an, mit periodischer Hilfestellung durch die Gruppe, sehr gut. Leonore spielte ihre Spielchen weiter, aber nur mehr auf Sparflamme, und ist jetzt langsam dabei, sich Ken gegenüber zu öffnen. Wie die Geschichte ausging, ist auch weniger wichtig. Mir kommt es darauf an, was Ken und die Gruppe in ihrer Auseinandersetzung mit dem Problem »Dating-Spiel« erreicht haben.

Auch Männer initiieren natürlich solche Spielchen. Die in diesem Fall veranschaulichten Manöver – Abmachungsbruch, chronisches Zuspätkommen, Im-unklaren-Lassen über andere Beziehungen – kommen bei Männern nicht minder häufig vor als bei Frauen. Ein direkterer, bei Männern beliebter Spielzug ist der *Gewohnheitsbruch*. Wenn Männer Gewohnheiten schaffen wie regelmäßiges Vorbeikommen oder regelmäßiges Ausgehen, können sie eine vielsagende Botschaft vermitteln, wenn sie eine dieser Gewohnheiten brechen und dann, zur Rede gestellt, abstreiten, daß etwas damit »gemeint« war. Meistens ist das Unsinn; natürlich ist etwas damit gemeint, und wenn dieses Spiel mit Ihnen gespielt wird, tun Sie gut daran, kühl klarzustellen, daß Sie es durchschauen. Weitere Spielchen, beliebt bei Mann und Frau: nicht vorbeikommen wie versprochen; Eifersucht schüren durch betont-ausführliche Schilderung anderer Beziehungen; einander widersprechende Gefühlsäußerungen (»Ich liebe dich«, aber ich rufe dich nur einmal im Monat an); Absichten bekunden und dann nicht einhalten (versprich mir, daß wir zusammen an die See fahren, damit ich dann vergessen kann, dich dazu einzuladen); nicht zu Verabredungen erscheinen (der Gipfel).

In jedem dieser Fälle empfehle ich normalerweise, daß das Objekt (derjenige, dem »mitgespielt« wird) sachlich und in vorwurfsfreier Weise das Spiel beim Namen nennt. Zwar kann sich ein guter Spieler immer hinter einer akzeptablen Begründung verschanzen und abstreiten, daß es sich überhaupt um einen Spielzug handelt; aber die Gefühle, die sein Verhalten in Ihnen hervorruft, kann er nicht wegdiskutieren. Wenn dem anderen etwas an Ihnen liegt, wird ihm auch etwas an Ihren Gefühlen liegen, und er wird Rücksicht darauf nehmen – ob sie gerechtfertigt sind oder nicht. Statt Streit darüber, wie sich Ihr Partner verhalten *sollte* oder wie Ihre Gefühle aussehen *sollten*, können Sie über Lösungen sprechen, Verhaltenslösungen, die beiden Seiten entgegenkommen. Wenn Sie, als Objekt des Spiels, Bereitschaft zeigen, auf dieser Ebene zu arbeiten – zuzuhören und Lösungen zu finden –, können Sie dem Spiel unter Umständen ein Ende machen. Aber nur unter Umständen.

Gute Spieler zu ändern ist schwierig. Bevor Sie den mühevollen Versuch machen, vergewissern Sie sich, daß es sich lohnt. Und daran denken: Es ist nichts Unethisches daran, auf Sieg zu spielen.

Neuanfang

Bekanntschaften schließen, Kontakte suchen: es kann sich für Sie nur lohnen. Besonders in den frühen Stadien einer Alleinstehenden-Existenz – darauf weisen alle Erkenntnisse hin – sind solcherart Kontakte von höchstem psychologischem Wert; sie erleichtern die Eingewöhnung ganz ungemein. Gut, zuerst kommt man sich dabei womöglich ein bißchen albern, ungeschickt und fehl am Platz vor. Daß sich beim Kennenlernen – beim Versuch, sich auf die Bedürfnisse des anderen einzustellen, ohne die eigenen hintanzustellen – Probleme ergeben können, leugnet ja niemand. In mancher Hinsicht ist es heute schwieriger als ehedem, weil es keine feststehenden Verhaltenskonventionen mehr gibt. Aber eben deshalb kann die Beziehung von Anfang an »menschlicher« werden, ohne daß erst Rollenklischees überwunden werden müssen, die beiden Partnern vielleicht gar nicht liegen; man kann eine Beziehung aufbauen, die den ehrlichen

Bedürfnissen entspricht. Das Fehlen festgelegter »Drehbücher«
für die Frühstadien von Beziehungen macht von Anfang an echte
Kommunikation möglich. Natürlich hat der Prozeß auch unangenehme Seiten, Pferdefüße, aber es ist ein Prozeß, an dem man
wachsen und reifen kann. Die kleinen Irritationen, die der
Neuanfang mit sich bringt, sollten Sie nicht abschrecken. Tun
Sie's!

Ein Leitprinzip

Viele der in diesem Kapitel erörterten Dinge klingen oberflächlich, ich weiß. Wie simpel auch immer, sie bilden die ersten
Bausteine, auf denen jede Beziehung ruht. Wie die Frühproble-
me angegangen werden, kann ein Licht werfen auf die spätere
Entwicklung der ganzen Beziehung.

Sämtlichen Ratschlägen, die ich in diesem Buch gebe, unterlie-
gen ausgesprochen oder unausgesprochen gewisse Grundanschauungen. Eine davon, eine der zentralsten, sei hier »uneinge-
kleidet« gesagt: das Prinzip nämlich, andere Menschen so zu
nehmen, wie sie sind, nicht, wie man sie haben will. Zugrunde
gelegt wird dabei die Fähigkeit eines vernünftigen Erwachsenen,
zu unterscheiden zwischen dem, was er will, und dem, was er
bekommen kann, zwischen Wunschbild und gegebener Realität.
Man muß das Verhalten eines anderen Menschen nicht hundertprozentig gut finden, um ihn zu akzeptieren – man muß nur
einsichtig genug sein, ihn nicht zu hassen, weil er unseren Erwartungen oder Bedürfnissen nicht voll entspricht. Hat man dieses
Prinzip einmal »intus«, dann sieht man, daß der Wert eines
anderen Menschen nicht davon bestimmt wird, wie sehr er
unseren Bedürfnissen gerecht wird – und, umgekehrt, unser
Wert nicht davon, wie sehr wir seinen Bedürfnissen gerecht
werden. Es ist töricht, anderen Vorwürfe zu machen, wenn sie
uns nicht geben (können), was wir brauchen; töricht für andere,
uns dafür Vorwürfe zu machen, und am törichtesten sind die
Selbstvorwürfe.

Diese Einsicht dürfte, bei Anwendung, ihr Kommunikationsvermögen ungeahnt verbessern. Merken Ihre Gegenüber, daß sie Ihnen ihre wahren Gedanken und Gefühle anvertrauen können, ohne Sie über Gebühr zu verletzen, zu bedrohen oder zu enttäuschen, dann werden sie es tun. Und wenn sie es tun, werden sie Sie wegen dieser raren und befreienden Eigenschaft schätzen. Und Sie werden viele von ihnen schätzen, denn Sie werden nehmen können, was sie zu bieten haben, ohne ständig das Gefühl zu haben: Es ist nie genug.

Sinnlichkeit und Intimität

In diesem Kapitel geht es um den Sex. Nicht ums Technische (darüber gibt es andere, zum Teil sehr nützliche Bücher). Auch Sexualstatistiken bleiben ausgespart, außer dort, wo sie zur Veranschaulichung von Sachverhalten unumgänglich schienen. Dies Kapitel ist auch keine theoretische oder moralische Abhandlung über Sexualität; es befaßt sich, dem Buchthema entsprechend, mit jenen sexuellen Fragen, die vor allen den Alleinstehenden berühren. Zuerst werden wir – vor allem für die noch oder wieder »Neuen« unter den Alleinstehenden – den heutigen Stand der Sexualsitten in Amerika untersuchen. Ob man diese als Norm für sich übernehmen will oder nicht, steht dahin; immerhin, kennt man die aktuelle Entwicklung, dann weiß man wenigstens, was von anderen zu erwarten ist; sicherlich eine Beziehungshilfe. Außerdem befriedigt es die pure Neugier: Was andere Leute sexuell treiben, ist immer interessant.

Handhabung der ersten Schritte, das »Management der intimen Annäherung«, wirft für Alleinstehende, Mann wie Frau, oft Schwierigkeiten auf; ein Großteil dieses Kapitels ist daher dieser Frage gewidmet. Wie Sie wissen, richtet sich dieses Buch an Männer und Frauen gleichermaßen. Das ist mir leichter gefallen als erwartet, denn die Geschlechterrollen gleichen sich doch immer mehr an, und zweifellos geht der Trend zur nichtrestriktiv-partnerschaftlichen Mann-Frau-Beziehung. Für die *Anfangsstadien* der sexuellen Interaktion jedoch hat sich die herkömmliche Rollenverteilung noch ziemlich behaupten können. Männerprobleme dabei: Einleitung von sexuellen Kontakten, Verkraften von Abweisungen; Frauenprobleme: die passive, oft verteidigende Rolle, Erwidern von Annäherungsversuchen, Nein-sagen-

Können. Dennoch, auch dies verschiebt sich: Frauen werden aktiver, übernehmen damit öfter die Aufgabe, den Anfang zu machen, setzen sich öfter der Gefahr aus, zurückgewiesen zu werden. Das kann besondere Probleme für die Frau aufwerfen, weil sie auf diese Rolle relativ wenig vorbereitet ist und oft an den weltfremden Mythos vom sexuell ewig bereiten Mann glaubt. Aus dieser Sicht kann eine Ablehnung als katastrophal empfunden werden. Der Mythos vom unbeschränkt einsatzfähigen und -willigen Mann hängt mit seiner alten Rolle als »aktiverem« Teil zusammen. Auch den Mann kann seine neue Rolle – sexuelle Initiativen abblocken, nicht mehr nur einleiten – verunsichern und verängstigen, was sich auswirken kann auf sein sexuelles Verlangen und Vermögen. Versuche, ihn in diese Position zu »drängen«, empfindet er unter Umständen als Bedrohung seiner Männlichkeit (oder dessen, was er dafür hält). Unter Umständen wird er nicht gut nein sagen können, auch wenn er möchte; aus eigenem Glauben an den Mythos vom ewig bereiten Mann und aus Angst davor, was es für ihn und die Partnerin bedeuten kann, wenn er »versagt«.

Trotz der Tatsache also, daß in den Anfangsstadien bzw. der Einleitung von sexuellen Kontakten die alte Rollenverteilung weitgehend erhalten geblieben ist, tut heute jeder gut daran, sich in beiden Rollen »einfühlend« auszukennen und die potentielle Fähigkeit zu entwickeln, sie zu spielen. Dieses Kapitel befaßt sich daher mit der Psychologie beider, der aktiveren und der passiveren Rolle. In dem Maße, in dem sich der Mann durch die Konvention an das aktivere und die Frau an das passivere Verhalten gebunden fühlt, haben beide jeweils »ihre« speziellen Ängste, was sexuelle Anfangskontakte betrifft. Ängste, wohlgemerkt, die rein rollenspezifisch und nicht im Menschen selbst angelegt sind. Welche Rolle man auch spielt, man wird sie wesentlich besser spielen, kennt man die Ängste des anderen. Im Laufe einer Beziehung werden die festen Rollen später meist abgelegt bzw. »geöffnet«, so daß man sich bruchlos von einer in die andere bewegen kann. Dies kann schon weit früher einsetzen als gewöhnlich der Fall; und was hier steht, soll dazu beitragen, daß Sie dieses Ziel erreichen, wenn Sie wollen.

Schwerpunkt dieses Kapitels: wie Alleinstehende »in Sachen Sex« denken und sich verständigen können – über seine Bedeutung, seinen Stellenwert in der Beziehung, über Mittel und Wege, es besser zu machen. Die Erfahrung hat mich gelehrt, daß ein befriedigendes Sexualleben vor allem eine konstruktive Haltung zum Sexuellen sowie Lern- und Verständigungsbereitschaft zur Voraussetzung hat. Technisch »narrensichere« Wege im Geschlechtlichen gibt es nicht; der eine liebt diese Sexualtechnik, der andere jene. Und (wichtiger): Ein Partner mag eine Technik, die ihm zur einen Zeit sehr gefällt, zu einer anderen Zeit weniger schätzen, ja, bei starrer Wiederholung wird sie ausgesprochen langweilig. Zum guten Sexualleben gehört die Fähigkeit, sich zu lockern und die Reise zu genießen, sich einfühlsam darüber zu verständigen, zu experimentieren und immer zu lernen. Diese Haltung zu verinnerlichen ist weit wichtiger, als ein gewiefter Techniker zu sein.

Sexualsitten heute

In der Untersuchung »Sexual Behavior in the Seventies« faßt Morton Hunt die Ergebnisse einer neuen Großumfrage über das Sexualverhalten der Amerikaner zusammen. Ein Vergleich mit dem Kinsey-Report aus den vierziger Jahren beantwortet die Frage, ob die vielbeschworene sexuelle Revolution, hin zu mehr Freizügigkeit, stattgefunden hat, mit Ja.

In der Altersgruppe bis zu fünfundzwanzig Jahren etwa praktizieren 81 Prozent der Frauen und 95 Prozent der Männer heute vorehelichen Geschlechtsverkehr. Nach Hunt neigt diese jüngere Gruppe eher als ältere Gruppen dazu, den Geschlechtsverkehr auf wichtige Beziehungen zu beschränken; dennoch geben die jüngeren sexuell aktiven Alleinstehenden beider Geschlechter an, im Jahr vor der Umfrage im Schnitt zwei bis drei Sexualpartner gehabt zu haben. Noch freiere Sexualmoral zeigte sich bei den Alleinstehenden zwischen fünfundzwanzig und fünfunddreißig. Sexuell aktive Männer dieser Altersgruppe gaben durchschnittlich vier Sexualpartner für das vergangene Jahr an, Frauen drei. Diese und andere von Hunt zitierte Zahlen liegen merklich höher als die entsprechenden Kinsey-Zahlen eine Generation zuvor. Bei den Jüngeren scheint die sexuelle Permissivität etwas stärker durch das Verlangen nach Gefühlsbindung eingeschränkt als bei den geschiedenen und älteren Alleinstehenden. Meinungsdurchschnitt aller Befragten (verheiratet und unverheiratet) nach Hunt: 60 Prozent der Männer und 30 Prozent der Frauen billigen, daß sich unverheiratete Männer sexuell betätigen, auch wenn zwischen den Partnern keine starke Gefühlsbindung besteht; für alleinstehende Frauen wird solcher »Sex ohne Liebe« dagegen nur von 44 Prozent der Männer und 20 Prozent der Frauen gebilligt. Ältere Alleinstehende gaben in dieser Frage viel freiere Ansichten zu Protokoll als ältere Verheiratete.

Auffallend zeigte sich der Unterschied zwischen früheren und heutigen Sexualsitten auch am Anteil derjenigen, die angaben, oralen Verkehr praktiziert zu haben. Zirka 70 Prozent aller Männer und Frauen hatten bei oral-genitalen Kontakten die aktive Rolle übernommen (Männer Cunnilingus, Frauen Fellatio). Extremeres »Sex-Wellen«-Verhalten freilich fand sich seltener. Partnertausch etwa hatten bei den Jüngeren nur 15 Prozent der Männer und 4 Prozent der Frauen je versucht, und ein großer Teil davon, die Frauen sogar alle, nur ein einziges Mal. Knapp 17 Prozent der jungen Männer und 5 Prozent der jungen Frauen hatten sexuelle Erlebnisse mit mehr als einem Partner gleichzeitig gehabt; davon ein Drittel der Männer und die meisten Frauen wieder nur ein einziges Mal.

Unbestritten also eine drastische Lockerung der Sexualmoral innerhalb der letzten Generation; die Durchschnittshaltung, die sich heute bei Verheirateten und Alleinstehenden feststellen läßt, könnte man auf den Nenner »freie Sexualität, aber mit Zuneigung« bringen. Daneben gibt es eine umfangreiche Minderheit speziell unter älteren Alleinstehenden, die sexuelle Kontakte auch ohne starke Gefühlsbindung billigt. Im allgemeinen ist heute die sexuelle Interaktion variantenreicher und experimentierfreudiger als früher, doch Gruppensex und Partnertausch beschränken sich sowohl bei Verheirateten als auch Alleinstehenden auf eine relativ kleine Minderheit. Hunt schreibt zusammenfassend:

Obwohl viele Amerikaner heute als Formen des Rollenspiels Koitus-Varianten praktizieren, die von früheren Generationen gemieden wurden, und sich dem Genuß der eigenen Empfindungen etwas befreiter hingeben, haben sie doch ihr Repertoire im großen und ganzen nur um Akte erweitert, denen biologisch und psychologisch nichts Krankhaftes anhaftet. Bei der Auswahl der Sexualpartner bleiben sie sehr wählerisch und betrachten den Geschlechtsakt weiterhin eher als Sache von hohem seelisch-emotionalen Stellenwert denn als unkompliziert-unverbindlichen Lustgewinn.

Diese Sachinformation mag diesem oder jenem Leser etwas beängstigend vorkommen, weil er einen »kategorischen Imperativ« darin sieht, eine Forderung zu eigener sexueller Freizügigkeit, die ihm nicht liegt. Ihm sei gesagt: Das Verhalten anderer ist längst kein Modell für das eigene. Erfahrene Alleinstehende wissen um die unglaubliche Mannigfaltigkeit individueller Vorlieben im Sexuellen, und die Aufgeklärten respektieren diese Vorlieben gegenseitig. Die im Hunt-Report zutage tretenden »Normen« zeigen nur den allgemeinen Durchschnitt; eine Verhaltensvorschrift sind sie nicht. Man soll sich selbstverständlich nur dann sexuell betätigen, wenn man selbst und der Partner Lust hat, und sich nur solcher Techniken bedienen, die einem »liegen«.

Andererseits illustrieren diese Daten harte Tatsachen, denen es sich zu stellen gilt, wenn man als Alleinstehender seinen sexuellen Standort sucht. Keuschheit ist bei Ledigen unüblich, besonders bei älteren. Wer an ihr festhält, bringt sich und seine Partner um den Genuß einer sehr reichen, intimen Beziehungsform. Einseitige Verweigerung belastet häufig das Verhältnis und läßt – besonders dem frustrierten Partner – andere Alternativen erstrebenswerter erscheinen. Gleichwohl: Auch gegen diese konservative Sexualmoral ist nichts zu sagen, solange man sich nur ihrer Nachteile bewußt ist und die verkraften kann.

Die behutsame und kreative Kunst der gegenseitigen Verführung

Zwei wahre Geschichten. Ein Mann und eine Frau, es ist ihr erstes Zusammensein, gehen essen. Sie sind gerade beim Krabbencocktail, da wendet er sich an sie:

Er: Also, wie isses?

Sie: Was ist womit?

Er: Na, ob wir nachher ins Bett gehen.

Sie: Schluck!

Ein anderes Paar. Erste Verabredung. Als er sie abholt, wendet sie sich an ihn:

Sie: Damit wir uns klar verstehen. Daß wir heute abend ausgehen, heißt nicht, daß ich hinterher mit Ihnen schlafe.

Womit die beiden häufigsten Probleme umrissen wären, die in den Eingangsphasen sexueller Beziehungen den Leuten zu schaffen machen; der Mann, typischerweise der Initiator, versteht oft nicht die einfache Dynamik der gegenseitigen Verführung oder will die Risiken, die sie bringt, nicht eingehen; die Frau, gewöhnlich in der passiven Rolle, hat oft Angst vor dem Nicht-neinsagen-Können, so daß sie entweder versucht, derartige Situationen zu vermeiden, oder daß sie (wie oben) »vorbaut«. Probleme, die auch bei andersherum verteilten Rollen bestehenbleiben können oder sich gar verschlimmern. Also: Verführung – was ist das?

»Verführung« hat eine schlechte Presse. Was Lexika und Synonymwörterbücher unter diesem Stichwort subsumieren – auf Abwege bringen, zu Fehltritten veranlassen, zu Fall bringen etc. etc. –, zeigt deutlich die negative Belegung. Das bewußte Hinarbeiten auf Intimitäten zwischen zwei Leuten hat einen schlechten, »amoralischen« Beigeschmack. Weshalb? Sicher wird doch das Interesse an einer intimen Sexualbeziehung mal bei diesem, mal bei jenem Partner stärker sein, oder einer ist eben der kulturell »vorgegebene« Initiator. Irgend jemand muß den ersten Schritt tun, und sicher haben es die meisten von uns lieber, daß ihr Interesse allmählich, behutsam, taktvoll, sinnlich geweckt wird, statt daß man sie schroff fragt: Also, wie isses?

Es gibt eine feinfühlige, rücksichtsvolle Art der gegenseitigen Verführung, die nichts weiter erfordert als beiderseitige schöpferische Kommunikation. Sie setzt oft schon ein, bevor man sich ihrer voll bewußt ist, und folgt dem Weg eines so geringen Widerstandes, daß niemand dabei nennenswert verletzt, überfahren oder ernsthaft enttäuscht wird. Gute Verführung, darunter verstehe ich einfach gute Kommunikation mit einem sinnlichen, spielerischen Flair, nicht räuberische Überrumpelung eines nichtsahnenden Opfers. Zum Aufbau eines intimen Verhältnisses gehören zwei, wobei natürlich der eine oder andere der »drängendere« Teil sein kann, oder beide wechselseitig. Es kann schnell gehen oder langsam, aber immer *Schritt für Schritt*, mit immer persönlicherem Gespräch und Zärtlichkeiten. Hält man diesen behutsamen, schrittweisen Prozeß ein, kann sich die Intimität bruchlos entwickeln, in sozusagen naturgegebenem Tempo.

Verführung, das heißt Gespräch – Gespräch zum beiderseitigen Verstehenlernen. Fast jeder hat es lieber, wenn der sexuellen Annäherung andere Arten der Annäherung vorausgehen: im intimen Gespräch, durch »Anvertrauen« und »Offenheit«. Der enge Gedanken- und Gefühlsaustausch in zunächst verbaler Form kann dann übergehen in Gefühlsäußerungen anderer Art, Zärtlichkeiten, Sex.

Wenn Sie dabei die aktivere Rolle spielen, achten Sie genau auf die Reaktionen des Partners. Erwidert er die Intimität Ihres Gesprächs nicht im selben Maß, dann »zurückschalten« – nicht »Gas geben«. Sprechen Sie, wenn Sie das in behutsamer und nicht fordernder Weise tun können, über die Unterschiede Ihrer beiden »Intimitäts-Fahrpläne«, aber machen Sie nicht forschfröhlich weiter, ohne eine Erwiderung zu haben. Ihr Gegenüber wird sich normalerweise eher zu Ihnen hingezogen fühlen, wenn Ihr Gespräch frei fließt, wenn er sich wohl dabei fühlt, wenn Sie zeigen, daß Sie ihn mögen und respektieren und wenn Sie ihn gut kennen. Man rechnet solche Eigenschaften eigentlich immer eher Frauen als Männern zu, doch ich vermute, daß dieser Unterschied – wie andere, noch darzustellende – auch wieder rollenspezifisch ist, zumindest weitgehend.

Beim intimen Gespräch dieser Art nützt es oft, daß der Initiator gewisse Haltungen signalisiert. Von den vier Haltungen, die ich beschreiben will, ist besonders für Männer folgende wichtig zu signalisieren: *Sex kann, muß aber nicht sein.* Gilt sein amouröses Interesse zum Beispiel einer Frau, die daran gewöhnt ist, fordernde und aggressive Männer abzuwehren, dann sollte er von dieser Rolle sichtbar abrücken. Ist jemand derart auf Selbstverteidigung eingeschworen, wird er sich nur schwer »erwärmen«. Zur guten Sexualbeziehung gehört eine gelöste, empfängliche Haltung auf beiden Seiten. Viele alleinstehende, an sexuelle Drangsalierung gewöhnte Frauen haben leider eine negative und überwachsame Einstellung dazu entwickelt. Wenn ein Mann daherkommt, der sexuell die Dinge nimmt, wie sie kommen, der immer rücksichtsvoll und zärtlich ist und nicht drängt, dann braucht sich die Frau nicht zu verteidigen. Es befreit sie von der Fixiertheit auf die Frage, wie sie auf den Partner reagieren soll, und läßt die eigene Zärtlichkeit, das eigene sexuelle Empfinden zum Tragen kommen. Im Kontext unserer heutigen Kultur, so glaube ich, ist das bei weitem »Verführerischste«, was ein Mann tun kann, dies: das sexuelle Interesse und Verlangen der Partnerin den eigenen, freien Ausdruck finden lassen – ihre Gefühle diktieren lassen, was geschieht.

Die zweite dem Sich-Näherkommen förderliche Haltung: *Zuneigung muß nicht zum Sex führen.* Wegen der typischen Rollenverteilung bei der Verführung ist es auch hier wieder – in erster Linie – die Frau, die dieser »aufgeklärten« Haltung versichert werden muß. Aus demselben Grund wie bei Haltung eins. Eine Frau, auf der Hut vor männlichen Erwartungen, wird bis zu dem Punkt, an dem sie sich entschließt, mit dem Mann zu schlafen, oft nur die »platonischste«, erotisch unstimulierendste Zuneigung zulassen. Eine problematische Sache, weil es oft erst die Zuneigung ist, die jeden Partner seinen Grad an eigenem sexuellem Interesse entdecken läßt. Zuneigung und Zärtlichkeit bilden die Basis der gegenseitigen Verführung; wenn eine Frau weiß, daß sie offen Zuneigung zeigen kann, ohne daß es *unbedingt* im Bett endet, dann ist es viel wahrscheinlicher, daß sie schließlich doch nachgibt und »mitspielt« bei der gegenseitigen Verführung – wenn nicht diesesmal, dann vielleicht das nächstemal.

Und wenn das »diesmal noch nicht« bei Ihnen auf Unverständnis stößt – wenn Sie befreiende Signale geben, die nicht stimmen –, wird das als Vertrauensbruch wirken. Sie bringen damit die ganze Beziehung in Gefahr. Suchen Sie zu begreifen, wie relativ zweitrangig sexuelle Frustration doch ist. Die beschriebenen Haltungen machen den Partner freier, geben ihm Spielraum. In »The Art of Selfishness« schreibt David Seaburg sinngemäß: Hoch in der Kunst des Lebens rangiert die Weisheit, daß du nie einen anderen etwas für dich tun läßt, solange er nicht durch sein Verhalten erkennen läßt: Er will es, er tut es wirklich gern.

Sowohl Männer als auch Frauen scheuen manchmal sexuelle Initiative bzw. Erwiderung, weil sie Angst haben, daß der andere schlecht über sie denkt. Die dritte zu signalisierende Haltung ist also: *Sex ist gut* – sexuell zu verkehren, wenn man Lust dazu hat, halte ich für gut, gesund und moralisch.

Weiteres Hemmnis für Mann und Frau in Sachen Verführung und Sex: Sie wissen nicht genau, ob das sexuelle Sich-Einlassen für sie und den Partner den gleichen Stellenwert haben wird. Daher rät es sich oft, zu signalisieren, welche Bedeutung die sexuelle Seite grundsätzlich für Sie in Beziehungen hat. Vielleicht hat der Partner Hemmungen, sich mit Ihnen auf Sex einzulassen, weil er glaubt, es bedeute Ihnen entweder zuviel oder zuwenig. Die meisten Menschen, denen Sie begegnen, werden der sexuellen Seite doch etwas mehr zuordnen als puren Lustgewinn, aber es mag durchaus sein, daß sie erleichtert sind, wenn Sie durchblicken lassen können, daß der sexuelle Erstkontakt für Sie nicht unbedingt heißt, daß damit eine monogame feste Bindung geschlossen ist. Es kommt natürlich vor, daß man sich auf eines der beiden Extreme einigt – entweder ganz »verbindlich« oder ganz »unverbindlich« –, was gut und schön ist, solange es nur beiderseitig geschieht. Meistens aber wird man am Anfang zwischen den Extremen bleiben wollen, und beiderseitiges Signalisieren des Stellenwertes, den man der Intimität zumißt, kann vieles klären und Probleme verhüten helfen.

Die vierte und letzte zu signalisierende Haltung hört sich ziemlich einfältig an, ist aber nicht minder wichtig als die anderen. Bei neuen Beziehungen sind wir alle ein bißchen unsicher und brauchen Bestätigung, daß man uns mag und bejaht. Besonders derjenige, der die meisten »Anstöße« zu Annäherung und Intimität macht, braucht solche Rückmeldung. Abgewiesen zu werden, das ist es, was der Mann in der aktiven Rolle am meisten fürchtet, und bei Zärtlichkeiten und sexuellen Kontakten fürchtet er Abweisung wegen sexuellem Unvermögen. Die Frau ihrerseits, herkömmlicherweise in der passiven Rolle, fürchtet, daß sie erotische Zuwendung nur zum sexuellen »Zeitvertreib« bekommt oder weil es sich so »gehört«. Um solchen Unsicherheiten und Ängsten entgegenzuwirken, signalisieren Sie: *»Ich mag dich; du machst es prima.«* Positive Rückmeldung über Eigenschaften am Partner, die einem gefallen, kann in einer aufkeimenden Beziehung – und übrigens auch in einer fest etablierten – Intimität und Vertrauen vertiefen helfen. Um die sexuellen Leistungsängste des anderen zu kontern, kann man signalisieren: Es steht kein Zwang dahinter, wie es sich auch entwickelt, mir ist es recht, solange die Beziehung sonst stimmt. Optimale sexuelle Abstimmung zwischen zwei Menschen braucht Zeit, und hohe Anfangserwartungen können nur schaden. Leistungsdenken ist hier total unangebracht.

Durch diese Haltungsempfehlungen zieht sich ein roter Faden, der sich auf die verschiedenste Weise formulieren läßt; er läuft hinaus auf Versicherungen wie: »Ich bin keine Gefahr für dich; ich werde deine Rechte, deine Freiräume, deine Grenzen respektieren; ich werde dich nicht danach beurteilen, wie gut du meine Erwartungen erfüllst; ich werde dich nicht zurückstoßen, wenn du mir nicht gibst, was ich will; ich mag dich genug, um mich zu bemühen, dir nicht weh zu tun; du kannst dich bei mir sicher fühlen.«

Nun fragen Sie mit Recht: Wie schon so früh in einer Beziehung so persönliche Dinge signalisieren? Das zu beantworten ist schwierig, aber nicht unmöglich – und die Antwort verdient sorgfältige Beachtung, denn sie zu kennen, ist Voraussetzung für ein echtes Verständnis der Sensibilität, die man zum guten Verführen braucht.

Zuerst zur subtilen und feinfühligen Kunst der indirekten Kommunikation. Eine Kunst, ebenso schwierig zu beschreiben wie zu beherrschen, aber sie ist alle Mühe wert. Sie bringt den doppelten Vorteil, daß man Dinge schon viel früher ausdrücken kann als durch direktes Ansprechen, und zweitens, daß man den Boden bereitet für die direktere Verständigungsform, die später kommt. Ein Beispiel, wie sich durch indirekte Kommunikation eine oder mehrere der angesprochenen Haltungen signalisieren lassen:

Gesetzt, Sie sprechen mit Ihrem (Ihrer) neuen Bekannten über Ihre Beziehungsgeschichte und bringen das Gespräch – ganz naturgemäß – aufs Sexuelle. Sie könnten etwa sagen: »Wissen Sie, es ist interessant, in all meinen wichtigen Beziehungen hat es mir eigentlich nie viel bedeutet, wie früh wir miteinander geschlafen haben oder wie ›gut‹ es war. Manchmal kam es für mich sehr früh, manchmal kam es spät. Manchmal war es gleich beim erstenmal herrlich, und manchmal hat es lange gedauert, bis wir zurechtkamen. Einfluß auf die Entwicklung der Beziehung allgemein haben die sexuellen Anfänge eigentlich nie gehabt.«

Ein simples »Statement«, das aber viel sagt. Etwa, daß der sexuelle »Teil« sein kann, aber nicht sein muß; daß Sie ihm keine alles überflügelnde Bedeutung beimessen; daß Sie nicht drängen; daß Sie einen anderen Menschen zutiefst gern haben können, auch wenn er sich nicht als Supermann oder Superfrau im Bett erweist; daß Sie jemanden weder positiv noch negativ danach beurteilen, wie früh oder wie spät er mit Ihnen schlafen möchte oder wie »gut« er es macht, und so weiter. Die Kommunikation ist indirekt, weil es ja grundsätzlich, allgemein gesagt wird. Die Rede dreht sich um vergangene Beziehungen, nicht um die jetzige. Dennoch wird fast jeder begreifen und den Schluß ziehen von Ihrem früheren Verhalten auf das, was Sie jetzt an den Tag legen werden.

Auch die mehr oder weniger direkt gesagten Dinge können behutsam formuliert werden. Angenommen, Sie und Ihr(e) Begleiter(in) haben Lust auf Liebe, wissen aber nicht, ob sich daraus etwas »Dauerhaftes« entwickelt. Mit anderen Worten, Sie wollen miteinander ins Bett, ohne gleich einen Verlobungskontrakt zu unterschreiben. Ja, unter Umständen erhoffen Sie sich sogar sehr viel von der Beziehung, wollen aber erst abwarten, wie es läuft, und sich noch nicht »engagieren«. Dann könnte man sagen: »Ich möchte gern, daß wir uns näherkommen, weißt du, aber mir wäre wohler, wenn wir darin erst einmal nichts Bindendes sähen. Ich mag dich, du gefällst mir sehr, ich will dir näherkommen, aber ich möchte nicht, daß du das schon als Bindung auffaßt, denn soweit bin ich noch nicht.« Zweifellos eine direkte Kommunikation, aber die Worte sind so gewählt, daß sie Rücksicht nehmen auf mögliche Gefühle und Erwartungen des anderen und nicht von vornherein seine Erwartungen als unangemessen, unrealistisch und unbegründet abblocken.

Meine Vorschläge für indirekte oder »gemäßigt« direkte Kommunikation können Ihnen helfen, eigene Wege und einen eigenen Stil zur Übermittlung dieser hilfreichen Haltungen zu finden. Sie schematisch einem jeden, den man trifft, deutlich zu machen, ist natürlich nicht nötig. Es sind nur Leitlinien für den Fall, daß Sie Ihrem Gegenüber klärende Dinge signalisieren wollen. Je nach Partner wird die Kommunikation natürlich ganz verschieden ausfallen, die Berührungspunkte, die man beim Aufbau der einzelnen Beziehungsseiten findet, werden sich unterscheiden. Bei einigen mag Ihre verbale Verführung auf augenzwinkernde Weise vor sich gehen, bei anderen durch Theoriediskussion über Beziehungen schlechthin, bei anderen, falls es beiden liegt, durch unverblümtes Frage-Antwort-Interview. Auf unterschiedliche Menschen unterschiedlich einzugehen gehört zu Ihrem Abenteuer.

Es kann sein, daß Sie das Gefühl haben, ich schule hier die Leute in Verführungssprüchen. Stimmt. Genau das tue ich. Unter »Spruch« allerdings verstehe ich einfach, auf liebenswürdige, einfühlsame, freundliche und wirksame Weise etwas auszudrücken, woran man wirklich glaubt.

Verglichen mit den komplexen Feinheiten der verbalen Verführung ist der physische Teil ein Kinderspiel. Gott sei Dank, denn gerade er ist eminent wichtig. Auch bei der körperlichen Verführung können die vier besagten Haltungen, mit anderen Mitteln, leicht ausgedrückt werden. Grundgeheimnis ist auch hier wieder das schrittweise und einfühlsame Vorgehen. Schon sehr früh kann man beginnen: mit unverfänglichen, freundlichen

Berührungen. Alles, was sich anbietet, um die starre Barriere der körperlichen Privatsphäre, die wir aufgebaut haben, zu lockern, ist geeignet. Eine Berührung am Arm oder an der Schulter, leichtes Streicheln übers Haar, Anfassen der Hand, kurzer Körperkontakt beim Zusammensitzen, das kann einen Anfang machen, die Schranke durchdringen. Achten Sie bei solchen – auch zufälligen – Berührungen darauf, wie der Partner reagiert. Macht er den Eindruck, daß es ihm gefällt, rückt er näher, erwidert oder verlängert er den körperlichen Kontakt? Oder macht er den Eindruck, daß es ihm unangenehm ist; rückt er weg oder tut er so, als sei nichts geschehen? Bejahende, freundliche Reaktion kann als Freisignal aufgefaßt werden, auf der Stufenleiter der Intimität einen Schritt höher zu gehen. Fällt die Reaktion kühl und desinteressiert aus, dann aufhören und warten, bis Sie Ihr Gegenüber etwas besser kennen; dann einen neuen Versuch machen und wie zuvor die Reaktion beobachten. Bleibt sie ablehnend oder gleichgültig, dann kann man, wenn man will, darüber sprechen; vielleicht erfährt bzw. spürt man auch auf andere Weise, was sie zu bedeuten hat. Will man darüber sprechen, kann man es zum Beispiel in die – ganz akzeptierend vorgebrachte – Bemerkung kleiden, daß man offenbar ein größeres Bedürfnis nach Zärtlichkeit habe als der Partner, und man hätte gern gewußt, wie die negative Reaktion zu deuten sei. Daß man andere bittet, ihr Verhalten zu erläutern, ist durchaus in Ordnung.

Neben negativen oder positiven Signalen können auch unklare, widersprüchliche kommen. Sie sind am schwierigsten zu deuten; kommen solche widersprüchlichen Signale, dann scheuen Sie sich nicht, nachzufragen – wieder in verständnisvoller, nicht kritisierender Form.

Nach dieser Eins-zwei-drei-Regel geht der ganze Verführungsprozeß: erstens, etwas tun; zweitens, die Reaktion beobachten; drittens, je nach empfangenem Signal, weitergehen, haltmachen oder »zurücksetzen«. Empfehlenswert ist, wie gesagt, das Vorgehen nach der Stufenleiter: von leichter, unverfänglicher Zärtlichkeit zu den offensichtlich intimeren Kontakten. Geht man bei der gegenseitigen Verführung – im Gespräch wie im Körperlichen –

so vor, wird keinem weh getan, keiner wird ernsthaft enttäuscht. Die Interaktion geht einen glatten, guten Gang, im Geist gegenseitiger Achtung und Sympathie. Sind Sie dabei eher der Nehmende als der Gebende und wollen Bejahung und Ermutigung signalisieren, versuchen Sie so positiv und »angetan« zu reagieren, wie es angemessen scheint. Auch wenn die Verführungsreaktion, die folgt, Ihnen einmal nicht sonderlich gefällt, denken Sie daran: Sie befinden sich in einem *Verführungsdialog*. Ist ein körperlicher »Schritt« des Partners Ihnen unangenehm, lenken Sie ihn um oder behalten Sie ihn im Gedächtnis und bringen ihn später zur Sprache. Damit der Dialog aber reibungslos läuft, sollten Sie stets deutliche positive Signale zu geben suchen, vorausgesetzt natürlich, es entspricht Ihrem Empfinden. Und nicht nur Signale, Reaktionen: Wenn Sie auch selbst die Initiative ergreifen, zeigt das deutlicher als alles andere Ihr »Mitmachen-Wollen«.

Die allerwichtigste Leitlinie in Sachen Zärtlichkeiten, Verführung, Sex: Flexibilität, Aufgeschlossenheit für Veränderungen und Lernbereitschaft mitbringen. Die Schönheit des Sexuellen liegt im Momentanen, in seiner Von-Augenblick-zu-Augenblick-Entwicklung. Darauf einzugehen, reagierend, machend, mitmachend, darauf kommt es an.

Die Kunst, nein zu sagen

Daß man früher der Meinung war, Frauen hätten ein geringeres sexuelles Verlangen als der Mann, lag zum großen Teil an der ihnen vom Sittenkodex der Gesellschaft zugewiesenen Rolle als reagierender oder verteidigender Teil. Die Frau durfte nicht nach eigenem Empfinden handeln, sondern mußte warten, bis an ihr gehandelt wurde, oder mußte sich verteidigen, wenn ein Vorstoß ihr nicht paßte. Der Mann – teilweise aus der Erkenntnis, daß Meinungen nicht unumstößlich sind – lernte, das Nein einer Frau nicht ernst zu nehmen und weiter zu »werben«. Hineingezwungen in die passive, abwägende, zensierende und abwehrende Position, haben manche Frauen regelrechte Sexualfeindschaft entwickelt. Die Bürde der Neinsagerrolle machte die Sexualität selbst zur Bürde. Der Mann andererseits, unfähig, ein Nein zu interpretieren, sich bedroht fühlend von scheinbarer Ablehnung seiner ganzen Person, was ja nicht unbedingt gemeint ist, kann in seinen Forderungen unangebrachte Hartnäckigkeit entwickeln. Zum Glück, meine ich, ist diese starre Polarisierung im Schwinden begriffen, wenn auch in den Anfangsstadien sexueller Beziehungen die alte Rollenverteilung noch oft befolgt wird. Einfühlsame gegenseitige Verführung schafft diese Probleme weitgehend aus dem Weg; aber dazu gehören zwei, und auch dann noch wird es Augenblicke geben, wo mal ein Nein am Platz ist.

Zunehmend sieht sich auch der Mann heute in der passiveren, abwägenderen, verteidigenden Rolle. Damit kennt er sich nicht gut aus, sie macht ihm Schwierigkeiten. Umgekehrt kann eine Frau, die die Initiative ergriffen hat und ein »Nein« erlebt, dies als besonders deprimierend empfinden, ist sie doch im Glauben an den Mythos erzogen worden, der Mann könne und wolle immer. Kann und will der Mann nun mal nicht, muß sie zu dem Schluß kommen, daß mit ihr selbst etwas nicht stimmt. Das Sexmuffel-Verhalten der Frau und des Casanova-Gebaren des Mannes kommen zum großen Teil direkt aus den stereotypen Rollen, die wir zu spielen hatten. Die Frau wird als Sexmuffel erlebt, weil sie fortwährend in Lagen versetzt wird, wo sie ja oder nein zu sagen hat, aber nicht »jetzt«. Männer werden als »wollender« erlebt, weil sie beim Einleiten sexueller Beziehungen öfter aus ihren eigenen Bedürfnissen und Gefühlen heraus handeln. Diese Rollen ändern sich, und mit ihnen werden sich die Klischeebilder ändern. Mehr Frauen beginnen, »jetzt« zu sagen, und mehr Männer werden ja oder nein sagen müssen.

Hält man sich an die Grundsätze klarer Kommunikation und der schrittweisen gegenseitigen Verführung, ist es nahezu unmöglich, noch in schwierige Neinsage-Situationen zu kommen. Der Prozeß der allmählichen gegenseitigen Verführung macht es dem Initiator möglich, Frühwarnsignale zu lesen und das Gesicht zu wahren, und dem passiveren Partner rechtzeitig, ehe sich die Lage »zuspitzt«, Signale zu geben und nein zu sagen.

Wenn Sie an einen Punkt kommen, wo ein Nein geboten ist: Sagen Sie es deutlich, sagen Sie es, wenn möglich, schon sehr frühzeitig, sagen Sie es behutsam und rücksichtsvoll, wenn Sie können, sagen Sie es mehrfach, wenn es sein muß, aber sagen Sie es. Machen Sie klar, was Ihr Nein bedeutet und was nicht. Ist die Wahrheit für den Partner ich-schonend, um so besser. Wenn Sie das Nein nicht als grundsätzliche Ablehnung oder Abbruch aller Kontakte verstanden wissen wollen, sagen Sie es; wenn das Nein bedeutet, daß Sie mit einer bestimmten Seite der Beziehung nicht einverstanden sind, sagen Sie es; wenn es bedeutet, daß Sie an sich gern mit ihm (ihr) schlafen würden, aber einfach zu müde dazu sind, sagen Sie es; wenn es bedeutet, daß Sie sich mit dem (der) anderen generell nicht auf eine Sexual- oder Liebesbeziehung einlassen wollen, sagen Sie es, schonend und rücksichtsvoll. Ein Nein statt eines erwarteten Ja ist frustrierend, aber längst nicht so frustrierend wie eine unklare, verwirrende Antwort, an der man nicht erkennt, woran man ist. Und: Wer versäumt, sein Nein zu erläutern, läuft sehr leicht Gefahr, daß man ihn mißversteht; so liegt es meist im eigenen Interesse, zur Entscheidung auch eine Begründung mitzuliefern. Keine unklaren Botschaften senden, wenn mit einer klaren Aussage allen viel besser gedient ist. Aber: Sich auf Diskussionen darüber einzulassen, rät sich im allgemeinen nicht, es sei denn, man ist sich seiner Entscheidung nicht sicher und will sie sich ausreden lassen. Dann soll man sie darstellen und begründen, aber nicht darüber debattieren; notfalls soll man sie auch wiederholen, sich aber auf keine Auseinandersetzung über einen Entschluß, der aus Ihren Gefühlen herkommt, einlassen.

Zwei Techniken aus dem in Mode gekommenen Selbstbehauptungstraining eignen sich besonders gut zum Umgang mit jenen, die noch nicht gelernt haben, Nein-Entscheidungen anderer zu respektieren. Techniken, die ein bißchen »von oben herab« wirken, aber in solchen Fällen muß eben oft zu elementaren Mitteln gegriffen werden. Die erste Technik, bildhaft »Sprung in der Schallplatte« (»broken record«, im folgenden kurz »Schallplatte«) genannt: Man wiederholt einfach seine Entscheidung immer wieder, bis sie hinreichend zur Kenntnis genommen wird.

Man läßt sich auf keinerlei Diskussion oder Rechtfertigung seines Standpunktes ein. Über die mögliche Sexualbeziehung selbst und darüber, was sie bedeuten und nicht bedeuten kann, zu reden, das kann sinnvoll sein; aber Ihr jetziges Wollen oder Nichtwollen zum Streitgegenstand zu erheben, dafür gibt es keinen Grund. Wenn der andere darüber zu debattieren anfängt, brauchen Sie nicht mitzumachen. Sie können einfach Ihre Entscheidung »bis zum Erbrechen« wiederholen, bis der andere merkt, daß Ihr Entschluß feststeht und Sie darüber nicht diskutieren wollen.

Die zweite Technik, gut zu koppeln mit der »Schallplatten«-Strategie: Bestätigen der Einwände bzw. Argumente des anderen. Das zeigt, daß Sie ihm zuhören und zur Kenntnis nehmen, was er sagt, ohne freilich von Ihrem Standpunkt abzugehen. Es folgt ein erdachtes Gespräch, das diese beiden Techniken des »nachdrücklichen Neinsagens« veranschaulicht und auch Beispiele gibt, wie man einen Standpunkt erklärt (ohne ihn zu rechtfertigen).

Chris: Wir sind nun schon dreimal zusammen aus gewesen. Ellen, wir kennen uns schon ganz gut, und ich sehe keinen Grund, warum wir nicht zusammen schlafen sollen.

Ellen: Ja, sicher, geht man danach, wie es viele Leute machen, könnten wir eigentlich intimer werden (Einwand bestätigt), aber ich möchte es noch nicht (Schallplatte).

Chris: Ich habe noch nie eine Frau so sehr gemocht oder bin so lange mit ihr zusammengewesen, ohne mit ihr zu schlafen. Ich versteh' das nicht.

Ellen: Ich weiß, vielleicht bin ich anders als die Frauen, die du gekannt hast, und das muß verwirrend und frustrierend für dich sein (Einwand bestätigt), aber ich möchte es jetzt noch nicht machen, verstehst du (Schallplatte).

Chris: Da sitzen wir schon eine halbe Stunde und schmusen. Du hast den Eindruck gemacht, als wolltest du, und jetzt läßt du mich auf dem trockenen sitzen. Es muß dir Spaß machen, mich zu quälen.

Ellen: Tut mir leid, ich wollte keinen falschen Eindruck erwekken (Einwand bestätigt); ich habe es einfach gern gehabt, daß du mit mir schmust (Standpunkt erklärt), aber siehst du, ich möchte im Augenblick noch nicht weitergehen (Schallplatte).

Chris: Wenn du nicht mit mir schlafen willst, heißt das, daß du dir nichts aus mir machst. Sonst würdest du mich nicht so behandeln.

Ellen: Tut mir leid, daß du glaubst, ich machte mir nichts aus dir; das stimmt überhaupt nicht (Einwand bestätigt, Standpunkt erklärt). Aber mit dir schlafen, das möchte ich eben noch nicht (Schallplatte).

Chris: Aber ich fühle mich dir so nahe und mag dich so sehr und will diese Nähe »ganz«.

Ellen: Ich bin froh, daß du mich magst, und es tut mir so leid, wenn du enttäuscht bist (Einwand bestätigt, Standpunkt erklärt). Ich bin einfach noch nicht soweit (Schallplatte).

Chris: Ich habe immer noch das Gefühl, du magst mich nicht. Wie ist es, kannst du mir das sagen?

Ellen: Darüber wollen wir sprechen.

Jederzeit in diesem Dialog hätte Ellen polemisch werden und ihren Standpunkt rechtfertigen und verteidigen können. Sie hätte ihre Entscheidung näher begründen, sie hätte Chris angreifen können, er verstehe ihr Verhalten ganz falsch und erwarte von ihr, daß sie nach seinem Gefühls- und Gefühlsäußerungs-»Fahrplan« handele und nicht nach ihrem eigenen. Dadurch aber, daß sie seine Einwände bestätigte, ihren Standpunkt klärte und immer wieder ihre Entscheidung wiederholte, konnte sie das Gespräch schließlich auf ein wichtigeres Thema kommen lassen, nämlich ihre Gefühle gegenüber Chris und die Bedeutung, die ihr Neinsagen im Rahmen der Beziehung hatte. In frühen wie auch in späteren Stadien einer Beziehung können sexuelle Konflikte zum wichtigen Auslöser für allgemein offenere Verständigung werden. Ein gewisses Maß an sexuellen Konflikten ist immer zu erwarten, und hoffentlich habe ich deutlich machen können, daß es am besten ist, daß beide Seiten von Anfang an ihre sexuellen Wünsche verständlich machen und gegenseitig respektieren – wenn möglich. Nachdrückliches Neinsagen – das ist gerade in diesem Zusammenhang wichtig – muß nicht schwierig, verletzend oder gleichbedeutend mit völliger Ablehnung sein. Es gehört zur Lebenskunst dazu und erfordert, zugegeben, manchmal ein bißchen Extra-»Übung«. Wenn man unbefangen und effektiv nein sagen kann, gewinnt man neue Handlungsfreiheit, ohne Angst, irgendwohin gestoßen zu werden, wohin man nicht will. Und auch ein »Ja« bedeutet dann viel mehr. Wenn man passiv bleibt, wie soll dann unser Gegenüber wissen, was man will?

Stellenwert des Sexuellen

Es ist unvermeidlich, daß der Alleinstehende sich fragt, wann »kann«, wann »darf«, wann »soll« man miteinander ins Bett gehen. Er überlegt sich den Stellenwert, den das Sexuelle für ihn haben sollte. Er fragt nach der Bedeutung, die es haben muß, um »gut« zu sein. Wichtige Fragen; aber Fragen, die kein Mensch für einen anderen beantworten kann. Sexualität, wie das Leben, hat nur die Bedeutung, die man ihr selber unterlegt. Sie kann zu verschiedenen Zeiten verschiedene Bedeutung haben, entweder mit verschiedenen Partnern oder mit einem. Manchmal mag man sie nur als »gut« empfinden im Rahmen einer echten monogamen Liebesbindung, einer Beziehung mit viel »Engagement«. Dann wieder, vielleicht mit einem anderen Partner, wird man sie eher spielerisch sehen (was nicht oberflächlich heißt), rein sinnlich, als den puren vielzitierten Lustgewinn. Zwischen diesen Polen – »verbindlich« und »unverbindlich« – kann sich ihre Bedeutung bewegen, auch in Mischformen. Alle diese Bedeutungen sind »akzeptabel«, solange sie für Sie selbst akzeptabel sind. Jedoch, und das ist wichtig: Im allgemeinen sollte man hier von den eigenen Kriterien auf keinen Fall abgehen, mit welchem Partner und unter welchen Umständen auch immer. Das heißt: Wenn Sie sich unter diesen und jenen Umständen nicht auf Sex einlassen wollen – wenn es nicht »richtig« erscheint –, lassen Sie sich nicht dazu drängen. Folgen Sie in Sachen Sex Ihrem Gefühl, auch wenn Sie es rational nicht hundertprozentig aufschlüsseln können. Wenn Sie Lust auf Sex haben und es – mehr oder minder –

unbeschwert tun können, nur zu. Wenn nicht, dann ist es besser, auf ein anderes Mal zu warten.

Fast jeder hegt gewisse Ängste hinsichtlich seiner sexuellen Anziehungskraft und Potenz. Besonders bei Erstkontakten haben Männer und Frauen Angst, ob ihre »Leistung« den Maßstäben des Partners und auch ihren eigenen, durch die sexuelle Revolution suggerierten Maßstäben vollen sinnlichen Erlebens gerecht wird. Gerade diese Ängste sind oft die Quelle unnötiger Probleme, und mit das Sinnlichste, Befreiendste und Klügste, was Sie für sich und Ihren Sexualpartner tun können, ist: Abbau schematisierter Erwartungshaltungen. Man ist nicht »weniger wert«, wenn man den Orgasmus zu früh, zu spät, zu selten oder überhaupt nicht bekommt. Potenz ist kein Wertmaß, Sex kein Leistungstest. Im großen Plan der Dinge nimmt sexuelle Befriedigung oder Frustration einen ziemlich untergeordneten Rang ein. Einzelne »Mißerfolge« dürfen nicht verallgemeinert werden. Akzeptieren Sie das für sich und können Sie es dem Partner gegenüber zum Ausdruck bringen, tun Sie viel für Ihre Beziehung.

Wenn Sie als Mann unter Potenzängsten leiden (vorzeitige Ejakulation, keine oder ungenügend lange Erektion), dann denken Sie daran, daß Penis-Vagina-Verkehr ja nur eine von vielen Möglichkeiten ist, sich gegenseitig zu erregen und zu befriedigen. Denken Sie vor allem daran, daß Sie zwei gute Hände mit zehn langen, stets erigiblen Fingern haben, die streicheln, eindringen und oft besser befriedigen können als der Penis. Auch anderweitig hat man noch genug sexuelles »Instrumentarium«, Sie und der Partner, man braucht es nur zu benutzen, ganz unabhängig davon, was Ihr Penis »bringt« oder nicht.

Wenn Sie als Frau gelegentlich, häufig oder immer mit Frigidität zu kämpfen haben, sollten Sie sich zunächst einmal freimachen vom Orgasmuszwang. Sex macht, banal gesagt, »auch so« Spaß; ganz dabeizusein, nur das ist nötig, um sich und dem Partner sinnliche Freude zu verschaffen. Kommen Sie zum Orgasmus, gut; wenn nicht, auch gut. Außerdem stehen – dem Interessierten sei es gesagt – für Mann wie Frau heute gute Therapiemöglichkeiten zur Verfügung, mit denen sich sexuelle Störungen lindern und oft beseitigen lassen.

Die vielbeschworene sexuelle Revolution hat statt wahrer Befreiung – Freiheit, sich im Sexuellen ganz nach eigenen Bedürfnissen zu geben – neue Zwänge gebracht, Leistungszwänge, Mythen, hochgeschraubte Erwartungen. Diesen »Normen« nicht gerecht zu werden, ist zur neuen Quelle von Unzulänglichkeits- und Schuldgefühlen geworden. Dazu gilt es sich unbedingt klarzumachen: Wert oder Unwert eines Menschen bestimmen sich niemals aus seinem Sinnlichkeitspotential, hängen niemals ab von seinem sexuellen Vermögen und schon gar nicht von einzelnen »Mißerfolgen«. Man trenne seinen Persönlichkeitswert total von seiner Fähigkeit, sinnlich, orgasmisch, erigiert oder feucht, schnell, langsam oder ausdauernd zu sein; gerade das steigert den sexuellen Genuß, den eigenen wie den des Partners.

Zur Bekämpfung solcher Ängste – besonders vor Erstkontakten mit neuen Partnern – habe ich es in vielen Fällen nützlich gefunden, vorzuschlagen, daß man vor dem Verkehr diese Ängste dem Partner offen eingesteht. Ein Mann zum Beispiel kann andeuten, daß er bei einer neuen, attraktiven Partnerin vielleicht sehr erregt wird und zu schnell zum Samenerguß kommt. Eine Frau kann andeuten, daß das erste Zusammensein sie nervös und unter Umständen orgasmusunfähig macht. Signalisiert man dies dem Partner, wirkt das befreiend und angstlösend. Und nicht nur das: mit der Angst verschwindet nicht selten auch die Ursache. Man kann sich voll dem sexuellen Erleben hingeben und stellt meist fest, daß die Befürchtung grundlos war.

Hochwichtig in Sexualbeziehungen ist Bejahung – Selbstbejahung und Bejahung des Partners, Bejahung der eigenen und der fremden Wünsche, Schwierigkeiten, Empfindlichkeiten. Sie wirkt entkrampfend und läßt uns die Musik der Sinnlichkeit genießen, ohne daß jeder Ton starr nach einer festgelegten Partitur gespielt werden muß. Eingeschränkt nur durch allgemeine Rücksichtnahme auf Empfindlichkeiten und »Grundrechte« des anderen, ist dann alles, was sexuell geschieht, akzeptabel und schön, wenn man selbst und der Partner es nur so sehen kann. Es kann einen befreien zum sinnlichen Erleben, zum Experimentieren mit der Sexualität, zum gegenseitigen Kennenlernen und Entdecken.

Es besser machen

Leben ohne Musik wäre ein Fehler, meint Nietzsche, und er hat recht. Noch schöner ist das Leben, wenn die Musik gut komponiert und kunstvoll gespielt wird. Nach dem Ansturm der Sinnlichkeitsbücher und dem Entstehen der Sex-Kliniken vor ein paar Jahren wurde es Mode, die Sinnlichkeitsbewegung als oberflächlich und irrelevant abzutun. Es ist immer noch Mode, aber es ist falsch. Als Kliniker habe ich genug Leute kennengelernt, deren Leben durch bemerkenswert leicht zu behebende Sexualstörungen schwer beeinträchtigt wurde. Man litt und leidet weiterhin an unaufgeklärten, engstirnigen, angstschwangeren und moralinsauren Sexualansichten, die sich in unserer Kultur gehalten haben. Die Sexualforscher, Therapeuten und verantwortungsvollen Sexualpublizisten haben den »noch nicht ganz Aufgeklärten« eine Menge nützlicher Dinge zu sagen. Nun stimmt es, manch einem geht die Sinnlichkeitsbewegung heute schon ein bißchen weit, und man droht hier und da wohl doch die Perspektive zu verlieren, seit Sinnlichkeit »in« wurde. In einer Trendgesellschaft wie der unsrigen war das freilich eine zu erwartende Reaktion, und das neue Bewußtsein, die neue Offenheit in Sachen Sex, angestoßen von der Sinnlichkeitsbewegung, ist damit nicht zu teuer erkauft.

Im Rest des Kapitels will ich zusammenfassen, was von den Sexualforschern, den Sex-Therapeuten und der »Sinnlichkeits«-Literatur gelernt werden kann, und Vorschläge machen aus der Summe meiner Erfahrung. Der Leser berücksichtige bitte, daß es allgemeingültige Rezepte nicht gibt, und genieße, was ich und andere zu sagen haben, mit Vorsicht. Fast alle modernen Sexualbücher machen zum Beispiel den Fehler und stellen Leistungsnormen auf. Wirksamkeit oder Erwünschtheit gewisser Lieblingsvorschläge zur Erhöhung der Sinnlichkeit, zum »besseren Sex«, werden unzulässig verallgemeinert. Fassen Sie, was Sie hier und anderswo lesen, nur als Vorschlag auf. Die Diktatur der sexuellen Unterdrückung soll nicht durch eine neue Diktatur der Normen ersetzt werden.

Wenn Sie Ihre Sexualbeziehungen verbessern wollen, stehen

die Chancen gut, daß Sie es auch können. Bei schweren Problemen, spezifischen Störungen, die der Therapie bedürfen: Seien Sie versichert, daß die Erfolgsquoten gutgeschulter Sexualtherapeuten recht hoch sind. Besonders bei der Behandlung vorzeitigen Samenergusses und mangelnder Erektionsfähigkeit bei Männern und Orgasmusunfähigkeit bei Frauen sind erstaunliche Erfolge erzielt worden. Begründetermaßen kann ausgenommen werden, daß auch andere, seltener auftretende Störungen durch Direkttherapie behoben werden können.

Zwar braucht es Zeit, bis sich diese Techniken bei den Ausübenden der helfenden Berufe herumgesprochen haben, doch in vielen Großstädten findet man heute schon Kliniken und Zentren für Sexualtherapie. Bei leichteren Störungen hilft vielleicht schon die Teilnahme an Gruppentherapie, wo unter fachlicher Leitung das Sexualrepertoire aufgebessert, Beziehungsschwierigkeiten behoben, eine schon gute Sexualbeziehung noch besser gemacht werden kann. Und schließlich gibt es eine Vielzahl von Sexual- und Aufklärungsbüchern, manche davon empfehlenswert, allerdings immer mit zwei Einschränkungen. Erstens: Sie enthalten Vorschläge, keine narrensicheren Rezepte. Techniken, die bei anderen wirken, versagen bei Ihnen vielleicht, und womöglich gibt es andere, die sich für Ihren Fall viel besser eignen und im betreffenden Buch gar nicht abgehandelt werden. Zweitens: Manche der empfohlenen Therapien und Übungen schauen sehr simpel aus und können, unter fachlicher Anleitung, zum Erfolg führen, bleiben aber, im stillen Kämmerlein angewandt, unter Umständen wirkungslos. Allerdings schaden sie meist auch nicht, wenn man sie allein probiert. Leiden Sie an einer schweren Störung und Ihr Selbsthilfeprogramm versagt, dann heißt das nicht, daß Ihnen nicht geholfen werden kann. Die Technik von Masters und Johnson gegen vorzeitigen Samenerguß zum Beispiel ist höchst einfach zu erklären und anzuwenden, aber die entsprechende Therapie ist oft weit langwieriger und komplizierter, als die simple Beschreibung des Verfahrens vermuten ließe. Wenn Sie eine gegebene Technik ausprobieren und es klappt nicht: nicht aufgeben. Vielleicht eignet sie sich eben nicht für Ihren Fall oder wirkt nur unter fachlicher Beratung oder Anleitung.

Es gibt einige ganz wesentliche Voraussetzungen für die erotisch-sexuelle Erlebnisfähigkeit, die ich unter den Kategorien *Sinnlichkeit, Spielfreude* und *Kommunikation* zusammenfasse. Wesentlich, aber nicht unabdingbar; auch ohne diese drei Komponenten kann ein Sexualakt »gut« sein. Dennoch, man verschenkt vieles, wenn man in der Liebe unsinnlich bleibt, keinen Sinn für das Spielerische entwickelt, verständigungsunfähig bleibt *im* Sexuellen und *über* das Sexuelle. Nur ein geringer Teil der neuen Sexualtherapien vermittelt »technische« Fertigkeiten; zum größten Teil zielen sie darauf ab, die Sinnlichkeit, Spiel- und Kommunikationsfähigkeit eines Paares zu steigern.

Sinnlichkeit: Das ist das Vermögen, auf sinnliches Empfinden und Erleben »einzusteigen« und sich – zumindest gelegentlich – davon fortreißen zu lassen. Befreites Sich-Hingeben ans Sinnliche gehört zum Schönsten in der Sexualität; die Sexualität ist eines der wenigen Gebiete, auf denen der Erwachsene sein Sinnlichkeitspotential voll entfalten kann (bzw. darf). Wichtiger Bestandteil der Behandlung von Sexualstörungen sind angeleitete Übungen – entweder allein oder mit einem Partner –, die einzig und allein darauf abzielen, die Fähigkeit zu erhöhen, sich auf Lustempfindungen zu konzentrieren und ihnen nachzugeben. Bei Einzelsitzungen: Erforschung des eigenen Körpers, Experimentieren mit den verschiedenen Arten der Masturbation, Konzentration auf die sinnliche Empfänglichkeit des Körpers, also Selbsterfahrung. Bei Paar-Sitzungen: gegenseitiges Streicheln und andere Stimulation, ohne daß anschließender Geschlechtsverkehr gefordert oder erwartet wird.

Solche Sitzungen – oft »Sinnlichkeitskonzentrations«- oder »Lust«-Übungen *(pleasuring sessions)* genannt – lehren, sinnliche Befriedigung um ihrer selbst willen zu akzeptieren, weisen eine unendliche Vielfalt an Sinnesempfindungen als potentiell lustvoll auf. Dem Lernbedürftigen zeigen sie das Vor»spiel« als sinnliche, spielerische, kommunikative, lustvolle Sache mit Eigenberechtigung und Eigenwert statt nur als Vorstufe zum Geschlechtsverkehr und zum Orgasmus. Bei solchen Sitzungen wird abwechselnd vorgegangen, etwa so, daß zuerst der Mann alle Körperregionen der Frau streichelt, küßt etc., ganz wie er will.

Die Frau bleibt passiv und sagt ihm höchstens, wo sie es gern hat und wo nicht. Dann (in derselben oder einer späteren Sitzung) werden die Rollen getauscht. Nicht nur »technisch« wird hier geschult, sondern Erkenntnishilfe gegeben, daß es gut und in der Tat wünschenswert ist, daß ein Partner sinnliche Zuwendung annimmt, ohne sich sofort und immer zur Erwiderung verpflichtet zu fühlen. Das ist wichtig, denn dadurch kann der empfangene Partner sich voll dem sinnlichen Erleben hingeben.

Spielfreude: Das heißt fähig sein, sich neuen sexuellen Ausdrucksformen zu öffnen, einfach aus Spaß an der Freud'; und das, was bei einer sexuellen Begegnung vor sich geht, nicht tierisch ernst zu nehmen. Was vielen die Sache vergällt, ist die Ansicht, Sex stelle eine Art Bewährungsprobe dar – für Männlichkeit, Weiblichkeit, Sinnlichkeit, Selbstwert, Potenz, Sexualwissen oder was weiß ich. Solcher Erwartungs- und Leistungsdruck zeugt Angst, und Angst kann nicht nur den sexuellen Genuß, sondern auch das Vermögen total kaputtmachen. Oft tut man gut daran, sein eingespieltes Repertoire zu vergessen und mit neuen, spontanen, spielerischen Aktivitäten zu experimentieren. Nicht immer wird das gut ausgehen, nicht immer wird es überhaupt sexuell »klappen« zwischen den Partnern. Das ist ziemlich belanglos, solange Humor, guter Wille und Vertrauen vorhanden sind. Sex kann gut für uns sein, zum Teil deshalb, weil er uns wieder Raum für das Kindlich-Verspielte gibt. Und wo läßt sich besser spielen als in den Armen des Geliebten?

Kommunikation (Verständigung): Im guten Falle ist Sexualität zwischen Liebenden sowohl Kommunikationsträger als auch Kommunikationsgegenstand. Sexuelle Interaktion ermöglicht starke Gefühlsäußerung: Bejahung, Freude, Hingezogensein, Empfänglichkeit, aber auch Gleichgültigkeit, Unwille, Egoismus, Gefühllosigkeit und Enttäuschung können sich mitteilen. Botschaften werden ausgesandt und empfangen, die – vor allem weil wir so wenig über unser Sexualverhalten sprechen – allerdings auch besonders leicht mißdeutet werden können. Es kann sein, daß wir die guten Dinge fühlen, ungewollt aber die schlechten senden. Oft deuten wir das Sexualverhalten anderer nach unseren eigenen idiosynkratischen Maßstäben, eine sehr heikle

Sache. Beispiel: Eric und Georgia schlafen miteinander und kommen beide zum Höhepunkt. Eric dreht sich dann gleich um und schläft ein. Georgia ist niedergeschmettert; für sie ist das die Zeit zärtlicher Worte und Gesten, Ausdruck der ganzen Beziehung zwischen ihnen. Der Sexualakt selbst verflacht und entwertet sich für sie, wenn das, was sie als unabdingbar zugehörig empfindet, fehlt. Die ganze Beziehung stellt sich für sie in Frage. Sie sieht in Erics Verhalten ein Zeichen dafür, daß er sie nicht liebt; dabei stimmt das nicht, er liebt sie, wenn auch im Augenblick nur in seinen süßen Träumen. Georgias Gefühle für ihn beginnen sich abzukühlen, und sexuell und anderweitig hat die Beziehung einen »Knacks«, der vielleicht nie wieder heilt.

Zweites Beispiel: Don und Carol haben ein sexuelles Erlebnis, bei dem Don sehr aktiv und »ausdrucksstark« wird, während Carol passiv und still bleibt und mit keinem Zeichen erkennen läßt, daß sie den Höhepunkt erreicht. Don vermutet daher, daß Carol sexuell nichts an ihm liegt, und seine Enttäuschung greift auf andere Bereiche der Beziehung über. Sein abweisendes Gebaren erstickt schließlich Carols aufkeimende Gefühle für ihn.

In beiden Fällen schafft ein simples Mißverständnis – einer sexuellen Verhaltensweise wird eine verkehrte »Aussage« unterlegt – Enttäuschung und Wut; es entstehen Schwierigkeiten, die die ganze Beziehung durchdringen und zu zerstören drohen. Wieviel besser, wenn man sich in sexuellen Dingen verständigen kann!

Von theoretischer Darstellung zur praktischen Anwendung: auf die sexuellen Schwierigkeiten, die zwischen Ihnen und dem Partner eventuell bestehen. Beispiel Sinnlichkeit, die erste der beschriebenen Komponenten. Können Sie sich beim Sex nie »bremsen« und einfach die Zärtlichkeiten und Liebkosungen mit dem Partner auskosten? Müssen Sie ständig daran denken, was Sie als nächstes tun werden, oder gehen Ihnen immerfort andere Dinge im Kopf herum, berufliche Sorgen etwa? Haben Sie es eilig mit dem Orgasmus, drängen zum Ziel, ist nur der Höhepunkt lustvoll, nicht das Liebesspiel? Reagieren Sie auf Berührungen des Partners verkrampft oder empfindungslos? Haben Sie nie Zeit für Sex? Trifft irgend etwas davon zu, dann haben Sie (schreckliches Wort) ein Sinnlichkeitsdefizit, das Sie die Körperlichkeit des Sexuellen nicht voll auskosten läßt. Deshalb brauchen Sie sich nicht minderwertig vorzukommen, auf keinen Fall; Ihre Selbstachtung und Wertschätzung durch andere muß nicht darunter leiden. Sie haben ein Defizit, das ist alles. Sie können es beheben oder nicht. Behebbar ist es mit großer Wahrscheinlichkeit.

Ähnliche Ent-Sinnlichung kann auch bei längerdauernden Beziehungen, wo sich gefühlstötende Routine eingeschlichen hat, auftreten und (gewöhnlich) ebenso behoben werden, wenn die Partner das wollen. Und Sinnlichkeit allein ist ja auch nicht der höchste Maßstab: Eine Beziehung kann sehr positiv und schön sein, auch wenn sinnlich nicht mehr unbedingt »Hochspannung« herrscht.

Wenn Sie also in diesem Punkt Schwierigkeiten haben, die Sie beheben wollen: Es gibt, wie gesagt, Übungen zur Steigerung der sinnlich-sexuellen Erlebnisfähigkeit, die sich vielleicht anraten. Dazu gibt es Literatur (siehe Anhang). Zu den besten Büchern in dieser Hinsicht zähle ich Alex Comforts »Freude am Sex«. Hinnehmen würde ich die Sinnlichkeitsübungen in »Die sinnliche Frau«. Hat Ihr Partner Schwierigkeiten: Tun Sie, was Sie können, um ihn zu diesen sinnlichen Erfahrungen hinzuleiten. Man kann zum Beispiel eine private »Therapiesitzung« abhalten: es ihm vorher erklären, ihm Literatur dazu geben oder – oft schöner – ganz spontan damit anfangen. Frauen haben oft Sorge, den Selbststolz des Mannes zu verletzen, oder glauben, er werde ungut reagieren, wenn man ihn um Änderungen seines Sexualverhaltens bittet. Viele Männer haben unangebrachte Leistungsängste und -unsicherheiten, die man ihnen nehmen muß. Sie dahingehend zu »therapieren«, ist manchmal durchaus angebracht. Man kann auch – das gilt für Männer und Frauen gleichermaßen – den Partner zu beeinflussen suchen, daß er seine sexuelle »Leistung« und Attraktivität nicht allzu ernst nimmt. Welchen Weg man auch einschlägt: Wichtig ist, daß man die psychologischen Probleme und »Macken« des Partners, sofern vorhanden, kennt, berücksichtigt und einfühlsam behandelt. Es liegt ja auch im eigenen Interesse, daß wir das tun. Als Mann wird man es meist leichter haben, die Partnerin zu sinnlicherem Erleben zu bringen, denn man hat im Sexualbereich die kulturell sanktionierte Führungsrolle; »führt« man die Partnerin behutsam, wird sie oft willig »folgen«.

Dem Bemühen, die Sinnlichkeit eines anderen Menschen zu steigern, sind freilich Grenzen gesetzt. Auch die besten Lehrversuche können – aus Gründen, die mit dem Lehrenden nichts zu tun haben – verpuffen. In dem Fall kann man kaum noch etwas machen. Daher muß auf den Lernprozeß des Partners gewartet werden, auf eine neue Gelegenheit, einen neuen Sexualpartner, vielleicht auch auf therapeutische Hilfe. Tun Sie einfach Ihr Bestes, um Ihre eigene Sinnlichkeit zu steigern und – wenn Sie wollen – die des Partners. Reicht Ihr »Bestes« nicht aus, dann ziehen Sie anderweitig Hilfe heran oder geben Sie auf. Und bitte bloß keine Selbstvorwürfe, wenn Sie als Lehrer in Sinnlichkeit nicht der perfekteste waren.

Spielfreude, die zweite Komponente: Die Fähigkeit, verspielt zu sein, hängt eng zusammen mit der Fähigkeit, sinnlich zu sein. Ich weiß da ehrlich keine genaue Grenze. Unterschiede bestehen aber doch: Man kann ein sinnlicher Mensch sein und doch nicht verspielt, wenn man den Sex zu ernst nimmt. Sind Sie unfähig, im Bett zu lachen, Spaß zu machen bei der Liebe? Haben Sie Angst, es nicht gut genug zu machen? Sind Sie unfähig, mit neuen Sexualpraktiken zu experimentieren? Deprimiert es Sie zutiefst, wenn es einmal nicht »klappt«? Wenn ja, dann heißt Ihr Defizit – ein sehr menschliches Defizit – Mangel an Verspieltheit. Dem zu begegnen, gibt es drei Grundstrategien. Erstens: Verspieltheit einüben. Ja, einüben. Experimentieren mit neuen, spielerischen Wegen, sexy zu sein, auch wenn es ungewohnt ist. Es mag ein bißchen Überwindung kosten; trotzdem experimentieren. Zweitens: die sexuelle »Kompetenz« verbessern, sich sozusagen technisch schulen, dann beansprucht die technische Seite nicht mehr soviel Kraft und Aufmerksamkeit, man kann sich mehr »der Sache selbst« widmen. Drittens: die innere Einstellung ändern, so daß man Sexualität in der richtigen Perspektive zu sehen beginnt – weniger als persönlichen Kompetenz- bzw. Leistungstest, mehr als Ausdrucksmedium und als Mittel, Spaß zu haben.

Zur zweiten und dritten Strategie: Sich technisch kompetenter zu machen ist oft leichter als die innere Einstellung zur Sexualität zu ändern. Verfrühter Samenerguß zum Beispiel ist, wie man weithin meint, leistungsangstbedingt. Doch es gibt ein paar einfache, direkte Techniken, mit denen sich der Samenerguß hinauszögern läßt. Es ist nichts Ungewöhnliches, daß ein Mann zu einer solchen Technik greifen muß, für kurze Zeit nur, bis er merkt, daß er nicht unbedingt vorzeitig ejakulieren muß, daß sich die Sache steuern läßt, wenn er will. Ist das erkannt und die Angst abgebaut, verschwindet oft auch das Problem und damit die Notwendigkeit, die Bremstechnik anzuwenden. So ist es bei chronischen, schwer belastenden Sexualproblemen oft leichter, sich technisch kompetenter zu machen als die innere Einstellung zu ändern.

Man tut natürlich am besten, alle drei Wege gleichzeitig zu versuchen – Verspieltheit einüben, Kompetenz steigern und gleichzeitig Bewußtmachung, daß Kompetenz, das technische Können, nicht ein und alles beim Sex ist. Etwa: Sind Ejakulationsschwierigkeiten oder Orgasmusprobleme vorhanden, suchen Sie sich trotzdem zu entkrampfen, spielerischer zu werden, das Liebesspiel zu genießen. Natürlich sich auch mit Techniken vertraut machen, die das Problem beheben helfen können, aber immer daran denken, daß Ihre sexuellen Fähigkeiten lediglich ein Faktum, kein Bewertungsmaßstab sind. Sich andererseits – beim Spielenlernen – keine Vorwürfe machen, wenn das Spielen nicht leicht von der Hand gehen will. Und kann der Partner nicht so gut spielen, wie man möchte: ihm klarmachen, daß man das akzeptiert, und einfach die eigene Spielfreude zum Ausdruck bringen. Wenn das alles seine Zeit braucht: Geduld.

Kommunikation, die dritte Komponente: Haben Sie das Gefühl, daß Sie Neigungen und Abneigungen Ihres Partners im Sexuellen nicht gut kennen? Und daß er, umgekehrt, nicht genau weiß, was Sie gerne haben und wie Sie's gerne haben? Können Sie darüber nur schwer mit ihm sprechen? Sind Sie bei Zärtlichkeiten und beim sexuellen Kontakt unfähig, feine Signale auszusenden und zu empfangen? Bei Ja-Antwort in einem oder mehreren Punkten liegt ein Kommunikationsdefizit vor. Die Beziehung mag anderweitig gut sein und es bleiben, auch wenn dieses Problem nie behoben wird. Dennoch: Gerade ein Kommunikationsdefizit birgt Gefahren. Es kann Symptom sein für ein allgemeines Verständigungsdefizit in Ihrer Beziehung; es kann rasch zu neuen Schwierigkeiten führen, wie in den beiden oben erwähnten Fällen. Meistens ist es behebbar, wenn man daran arbeitet; leider geben die Sexbücher gerade hier, im wichtigsten Punkt von sexuellen Beziehungen, die wenigste Hilfe.

Überlegen Sie sich die Vorschläge, die ich hier für die Kommunikation im Sexuellen und über das Sexuelle zu machen habe. Wer bis hierher gelesen hat, ist mit den Grundmethoden bereits vertraut. Für die Kommunikation im Sexuellen gelten die gleichen Regeln wie für Kommunikation allgemein; nur ist das Thema (potentiell) heikler und daher vielleicht mehr Vorsicht geboten.

Zunächst hilft es, dem Partner zu signalisieren, daß man gegen Kommunikation über Sex nichts hat, daß sie gut und nützlich sein kann. Das zeigt ihm: Du kannst ruhig mit mir darüber sprechen. Ein guter Anfang wäre: beim Liebesspiel dem Partner zu erkennen geben, was einem an dem, was er tut, gefällt. Positive Rückmeldung, durch Worte oder andere Verständigungsmittel, ist oft die beste und »stärkendste« Kommunikationsform. Auf sexuellem Gebiet kann es gar nicht genug davon geben. Und die positive Rückmeldung und Stärkung muß sich nicht auf Liebesspiel und Liebesakt selbst beschränken. Auch der größte »Könner« unter den Sexualpartnern ist kein Gedankenleser; woher soll er wissen, was man gern hat, wenn man es ihm nicht sagt oder zeigt? Die positive Rückmeldung sagt dem Partner: Du bist ein *guter* Liebhaber. Wer einen (guten) Ruf hat, wird dem meist gerecht oder versucht es zumindest. Also liegt es nur im eigenen Interesse, den Partner wissen zu lassen, daß dies und jenes, was er tut, einem gefällt. Wie schlecht er als Liebhaber auch sein mag: irgend etwas wird er ja richtig machen. Das sollte herausgefunden und verstärkt werden. Schafft man dies auf einfühlsame Weise, dann kann allein schon diese simple positive Kommunikation eine sonst unbefriedigende Sexualbeziehung beleben und verbessern. Es kann sein, daß der Partner Hemmungen hat, seine eigenen Wünsche zu signalisieren, und daß erst der Anstoß von unserer Seite diese Hemmungen löst; positive Kommunikation ist der beste Anfang.

Auch hilft es, dem Partner zu signalisieren, daß Sex und die Kommunikation darüber *ungefährlich* sind. Dies wird dadurch erreicht, daß eigene Haltungen zur Sexualität – freie, offene Haltungen – direkt oder indirekt dem Partner zu erkennen gegeben werden, zum Beispiel:

Sex macht Spaß.

Sexuelle Fähigkeiten sind wie andere Fähigkeiten; man kann sie erlernen und verbessern.

Manchmal klappt es im Bett besser, manchmal schlechter; das ist ganz normal.

Ich beurteile andere Leute weder nach ihren theoretischen Kenntnissen noch nach ihrem praktischen Vermögen in Sachen Sex.

Ich weiß, daß ich sexuell hinzulernen muß, und will hinzulernen.

Negative Rückmeldung über mein Sexualverhalten wird mich nicht kaputtmachen.

Ich nehme Rücksicht auf Empfindlichkeiten meines Partners.

Sexuelles Experimentieren ist gut.

Sexuelle Befriedigung ist schön, aber es gibt Dinge, die wichtiger sind.

Bei mir kann man intim werden, sprechen, sich gefahrlos so geben, wie man ist.

Ich weiß, daß es dumme Zeitverschwendung ist, es jemandem übelzunehmen, daß er meinen Erwartungen nicht entspricht.

Wenn sexuelle Probleme auftreten, können wir sie gemeinsam zu lösen suchen.

Besonders die beiden letzten Punkte sind wichtig. Übelnehmerei führt auf gefährliches Pflaster. Enttäuschung; der Wunsch, daß die Dinge anders liefen; Unzufriedenheit über mangelnde sexuelle Erfüllung – das alles ist durchaus »ungefährliches« Pflaster. Erst Übelnehmerei unterbricht die Kommunikationsbrücke und setzt die Chancen, irgend etwas zu verbessern, erheblich herab. Haben Sie sich und dem Partner einmal gezeigt, daß Kommunikation über Sexualität gut, förderlich und ungefährlich sein kann, dann haben Sie eine weit bessere Ausgangsbasis, um mit »Korrekturen« zu beginnen – das heißt: konstruktiver Kritik, negativer Rückmeldung. Auch dann, freilich, ist Vorsicht geraten. Kritik, beim Sex geäußert, kann die Atmosphäre schlagartig zerstören und die Begegnung für beide recht unangenehm werden lassen. Wenn Sie es also angebracht finden, den Partner beim Liebesspiel um Verhaltenskorrekturen zu bitten, leichte Kritik zu üben, dann tun Sie es behutsam und schonungsvoll und gleichsam »verpackt« in viel positive Rückmeldung. Wenn das überrücksichtsvoll klingt, nun ja. Aber Rücksichtnahme gehört zu einer engeren Beziehung, und es liegt im eigenen Interesse, den Partner zu ermutigen statt zu entmutigen. Eine simple Technik dafür ist, »nein«, »nicht« und ähnlichen Negativ-Wortschatz zu vermeiden. Statt »nicht so heftig« kann man »etwas sanfter« sagen; statt »dort nicht streicheln« kann man die Hand an eine andere Stelle führen und sagen »dort«. Wo direktere negative Rückmeldung erforderlich ist, rät es sich oft, sie aufzusparen für hinterher, abseits der sexuellen Szene, und dann darüber zu sprechen. Es ist immer gut, den anderen wissen zu lassen, daß sein Wert nicht auf dem Spiel steht und daß die Verantwortung für jedes Problem und für seine Lösung gemeinsam getragen werden muß. Wie bei anderen Partnerproblemen kann man auch sexuelle Schwierigkeiten als Chance auffassen, gemeinsam Front gegen das Problem zu machen. Man kann sich dadurch näherkommen. Es muß nicht zum Keil werden, der die Beziehung auseinandertreibt.

Häufig kann man dem Partner Dinge, die er lernen muß, durch das eigene Vorbild nahebringen. Besonders, wenn die Defizite des Partners in mangelnder sinnlicher Empfänglichkeit oder in mangelnder Spielfreude liegen, kann Modell-Lernen helfen: man führt ihm die entsprechenden Eigenschaften selbst vor. Theoretische Instruktionen bleiben meist vollkommen wirkungslos. Den Partner aber sinnlicher Praxis auszusetzen, experimentierfreudig, die eigene Sinnlichkeit bejahend und demonstrierend, das kann wirken. Auch in Verspieltheit, Unbefangenheit, Anti-Leistungsdenken kann man ihn durch Modell-Lernen einführen. In allen drei Fähigkeitsbereichen ist das eigene Beispiel sehr oft die beste und am wenigsten »bedrohliche« Art und Weise, ihm etwas beizubringen.

Gute Kommunikation im Sex und über Sex wirkt fast immer positiv auf die Beziehung zurück. Doch Kommunikation kann auf die verschiedenste Weise erfolgen, und der direkte, verbale Weg ist nicht immer der beste. Auch in Sachen Sex ist der Mensch »weiterbildungsbedürftig«, und jede sexuelle Begegnung bietet Lernnotwendigkeiten und -möglichkeiten. Hält man sich offen für einfühlsame Zwei-Weg-Kommunikation beim Sex, dann wird ein fließendes Wechselspiel der Intimität möglich, was im beiderseitigen Interesse liegt.

Beziehung und Bindung

Nach Probelesen des ersten Buchentwurfs äußerten meine verheirateten Freunde und Kollegen die Befürchtung, ich sei (Mensch, sei helle, bleib Junggeselle) zu ehefeindlich und mein Buch male die Alleinstehenden-Existenz in freundlicheren Farben, als die Erfahrung rechtfertige. Junggesellen wiederum kritisierten, ich träte nicht genug für das Alleinleben ein und widmete heterosexuellen Bekanntschaften, Sex und der Zweierbeziehung zu breiten Raum. Solange sich beide Kritiken die Waage hielten, war ich beruhigt. Dieses Buch will dem Alleinstehenden in den Dilemmas helfen, denen er oft gegenübersteht – nämlich beim Alleinleben *und* beim Leben in Beziehungen. Meine These: Beherrschung der Kunst, allein zu leben, ist Voraussetzung sowohl für das Alleinleben selbst als auch für die glückliche Zweierbeziehung. Liebesbeziehungen dieser oder jener Art spielen im Leben der alleinstehenden Männer und Frauen eine große Rolle. Um als Alleinstehender zurechtzukommen, brauchen die meisten Menschen das Gefühl, daß sie auch die Fähigkeit beherrschen, Beziehungen einzugehen, daß sie es *können*, wenn die Gelegenheit kommt. Zum Aufbau einer guten Primärbeziehung – ewig bindungslos wollen die meisten nicht bleiben – ist mehr nötig als oberflächliches Bekanntsein, ein paarmal miteinander ausgehen, ein paarmal miteinander schlafen.

In diesem Kapitel will ich Prinzipien darstellen, die meinen Klienten geholfen haben, Probleme zu bewältigen, die in Liebesbeziehungen zwangsläufig auftreten. Anschließend kommen Vorschläge zur Partnerkommunikation. Vielleicht erhellen sie Ihr Verständnis von Beziehungsmechanismen – und helfen Ihnen, besser in Beziehungen zu leben.

Beziehungs-Unvermeidlichkeiten

Sich zu verlieben ist herrlich. Klar. Daß aber auch die schönste Liebesbeziehung nicht ohne Schmerzen und Probleme abgeht, ist ebenso klar. Manche dieser Widrigkeiten kommen zwangsläufig, andere sind vollkommen vermeidbar. Zu wissen, was in welche Kategorie fällt, kann eine große Hilfe dabei sein, das Unvermeidliche zu bewältigen und dem Vermeidlichen »vorzubeugen«.

Probleme bringt eine neue Primär-Liebesbeziehung immer mit sich, schon wegen der Lebensumstellung, die sie erfordert. Wie auch immer das Dasein vorher eingerichtet war: Das alte Arrangement wird Veränderungsdruck ausgesetzt. Gibt es zum Beispiel noch andere Liebhaber, ist das Problem schon da. Ist man allein und stark beziehungsbedürftig, besteht die Gefahr, in der Beziehung das »ein und alles« zu sehen und sich zu abhängig zu machen. Und wer sich gut im Alleinleben eingerichtet hat, dem wird die Umstellung aufs Zusammenleben Schwierigkeiten machen. Ähnliche Probleme hat auch der Partner, was rückwirkend wiederum unsere eigenen Schwierigkeiten verschärfen kann. Ist man sich bewußt, daß die neue Liebe ein gemischter Segen für beide Beteiligten ist, wird man besser gerüstet sein, das zu bewältigen, was kommt.

Nicht allein die erforderliche Lebensumstellung wird Probleme aufwerfen. Zwangsläufig wird auch die Intensität der Bindung zueinander bei beiden Partnern verschieden schnell wachsen. In jeder neuen Beziehung wird der eine schneller, der andere langsamer zum nächsthöheren Grad an Intimität, an Bindung übergehen wollen. Theoretisch gilt das ausnahmslos für jede Beziehung – ein Partner ist immer bindungsbegieriger, beziehungsbedürftiger, hat mehr Angst vor eventuellem Abbruch des Verhältnisses als der andere.

Außerdem wird früher oder später Ernüchterung eintreten. Zwangsläufig wird man »Mängel« am Partner feststellen und umgekehrt. Kein Mensch, wie begehrenswert auch immer, wird unseren romantischen Idealen und perfektionistischen Hoffnungen vollkommen gerecht werden, und wir nicht den seinen. Wie Sie und der Partner darauf reagieren, dürfte entscheidenden

Einfluß darauf haben, wie gut sich die Beziehung gestaltet und wie lange sie hält.

Das alles zählt zu den Unvermeidlichkeiten. Sie werden viel weniger problematisch, wenn man weiß, daß es sich um diese handelt, und im entscheidenden Augenblick daran denkt. Dann kann man seine Kräfte auf ihre Bewältigung und nicht auf ihre (vergebliche) Verhütung konzentrieren.

Die menschlichen Belastungen, die diese Unvermeidlichkeiten mit sich bringen, sind an sich so unvermeidlich nicht. Wir wollen drei Beziehungs-Unvermeidlichkeiten einmal genauer unter die Lupe nehmen und unterschiedliche Reaktionsmöglichkeiten aufzeigen.

Unvermeidlichkeit I: Unterschiedliche Bindungsstärke und unterschiedlich schnelles Sich-Binden

Dwayne und Mickie kannten sich etwa einen Monat, als sie mit mir zum erstenmal über ihre Beziehungsprobleme sprachen. Dwayne war ein intelligenter, kreativer Mensch, Experimentalpsychologe, neunundzwanzig Jahre alt, seit einem Jahr geschieden. Die Trennung war auf seinen Wunsch erfolgt. Ins Junggesellenleben eingefunden hatte er sich freilich nicht so recht. Die praktischen Aufgaben des Selbstversorgerlebens fand er noch ungeheuer anstrengend und fühlte sich in eigener Gesellschaft noch ziemlich unwohl. Seit seiner Trennung hatte er viel Kontakt zu Frauen gesucht, aber niemanden gefunden, der ihn ernsthaft interessiert hätte. Sein Bekanntenkreis war klein, und die meisten Partnerinnen hatte er in den »singles bars«, Lokalen für Alleinstehende, kennengelernt. Mit seiner Selbständigkeit haperte es in einigen Bereichen noch sehr. Doch Mickie schätzte ihn als freundlichen, großzügigen, lieben Menschen. Nur sei ihre Zuneigung, wie sie sagte, wieder im Schwinden begriffen, denn er suche sie in eine engere Bindung hineinzudrängen, als ihr (zunächst) lieb sei.

Mickie war fünfundzwanzig und noch alleinstehend. Im Gegensatz zu Dwayne fühlte sie sich als Junggesellin wohl und genoß ihre Selbständigkeit. Sie hatte einen breiten Freundeskreis, eine nette Mitmieterin und eine Primärbeziehung mit einem Mann, der im Augenblick in einer anderen Stadt wohnte. Sie studierte an einer anderen Universität Psychologie und war beruflich sehr ehrgeizig.

Dwayne umschrieb das Problem so: »Ich fühle mich wie ein verliebter Schuljunge; es ist herrlich. Seit meiner Zeit auf dem College ist mir das nicht mehr passiert. Meiner Frau gegenüber habe ich nie so empfunden. Alles, was ich will, ist, dies auszuleben, zusammen mit Mickie. Wenn es nach mir ginge, wären wir jeden Abend und jedes Wochenende zusammen, aber Mickie legt noch Wert auf mehr Distanz. Ich sage ihr so gern, daß ich sie liebe, aber wenn ich es sage, wird sie abweisend. Ein paarmal wollte ich schon Pläne machen fürs Weihnachtsfest, wenn es auch noch ein paar Monate hin ist, aber sie will darüber nicht sprechen. Meine Liebe stößt bei ihr nicht entfernt im gleichen Maße auf Gegenliebe, und das sollte doch nicht sein. Auf ihren Freund in San Diego bin ich unheimlich eifersüchtig; es bringt mich fast um, wenn er bei ihr anruft und ich zuhören muß. Ich glaube, daß ich Mickie später heiraten will, aber das hat noch Zeit; im Augenblick denke ich daran noch gar nicht. Das begreift sie anscheinend nicht. Im Augenblick will ich nur, daß wir öfter zusammen sind, daß ich meinen Gefühlen Ausdruck geben darf und daß sie für mich ungefähr soviel empfindet wie ich für sie. Davon abgesehen ist bisher alles zwischen uns sehr gut gelaufen, aber jetzt beginnt es sich auf die ganze Beziehung auszuwirken. Ich fürchte langsam, daß Mickie in Wirklichkeit gar nichts an mir liegt, auch wenn ich das Gegenteil weiß. Deshalb fühle ich mich schwach, ihr ausgeliefert. Manchmal werde ich grundlos wütend auf sie. Mir gefällt die Richtung nicht, die die Beziehung genommen hat, und ich merke, daß sie jederzeit zu Ende gehen kann, so gut sie auch ist.«

Mickie sagte mir in einer Einzelsitzung: »Dwayne ist ein guter Kerl, und ich mag ihn ja sehr. Vielleicht könnte ich ihn wirklich liebgewinnen, wenn er mir die Chance gäbe; aber er drängt mich, er macht mir die Hölle heiß. Ich habe noch andere Verpflichtungen – ältere Verpflichtungen. Ich brauche Zeit, um mir über diese Beziehung klarzuwerden und zu sehen, wie sie in mein übriges Leben hineinpaßt. Wenn Dwayne nur ein bißchen Zurückhaltung übte, wäre alles klar. Aber jeden Tag ruft er an, ob wir zusammen essen und den Abend miteinander verbringen wollen. Ich fürchte mich langsam vor diesen Anrufen, weil ich ihm ja auch nicht gern ›einen Korb‹ gebe. Er sagt, daß er mich liebt, und ich weiß nicht, was ich erwidern soll. Und immer setzt er mich irgendwie mit Zukunftsplänen unter Druck, wo ich doch noch gar nicht sicher bin, wie unsere Beziehung laufen wird. Ich weiß nicht, was ich mit Greg in San Diego machen soll. Wenn jemand einen liebt, wie Greg und Dwayne mich beide lieben, kann man ihnen wirklich weh tun. Aber ich halte es nicht aus, jemandem so weh zu tun. Ich bin für sie verantwortlich, weil sie sich beide in ziemlichem Maß an mich gebunden haben. Zu Dwayne fühle ich mich mehr hingezogen als zu allen anderen, die ich in den letzten zwei Jahren kennengelernt habe. Aber er macht mich fertig, und mir kommen jetzt echte Zweifel. Ich habe Angst vor seinen Anrufen; ich habe Angst, was er sagt, wenn wir uns treffen; ich habe Angst, ihm weh zu tun; ich habe Lust, ihm aus dem Weg zu gehen. Wie soll es jemals gut zwischen uns werden, wenn ich so fühle? Mir kommen Zweifel an meinen Empfindungen für Dwayne. Oft denke ich daran, einfach Schluß zu machen. Es ist so belastend für mich.«

Die Unterschiede im Bindungs-»Timing« – er hat sich viel schneller und stärker engagiert als sie – sind unvermeidlich; die Querelen, die daraus entstehen, jedoch nicht. Beide Parteien unterlegen dem eigenen wie dem fremden Empfinden und Verhalten eine Interpretation, die ungenau ist und unnötig quält. Beide tun Dinge, die überflüssigen Schmerz verursachen, und unterlassen solche, die diesem Schmerz vorbeugen könnten.

Bei Dwayne kommt seine relative Unselbständigkeit hinzu. Auf die eben erst aufkeimende Beziehung setzt er – fast zwangsläufig – zuviel, macht sich zu stark davon abhängig, weil trotz seiner mannigfachen Talente in seinem Leben »nicht viel läuft«, von seiner Arbeit abgesehen. Obwohl er sich dunkel bewußt ist, daß er Mickie zuviel abverlangt, setzt er weiter alles auf diese Karte und sieht sich auch nicht nach anderen sozialen »Ventilen« um. Daß seine Liebesbeteuerungen, sein fortwährendes Bitten um Zusammensein, sein Pläneschmieden Mickie nervös machen, weiß er; dennoch bremst er sich nicht. Daß sie sich nicht ebenso verhält, interpretiert er als Mangel an Zuneigung. Er quält sich herum mit seiner relativen »Machtlosigkeit« in dieser Beziehung und versucht wiederholt auf dumme und wirkungslose Weise, mehr Macht zu gewinnen. All das tut er im Namen der Liebe.

Man kann es ihm ja unschwer nachfühlen. Sein liebeskrankes Verhalten ist »gängig« und überdies gesellschaftlich sanktioniert. Denn in der Liebe, so die Konvention, verliert man immer ein bißchen den Kopf; man darf, ja muß in Irrationalität schwelgen, es gilt als äußeres Zeichen des Verliebtseins. Natürlich: Dwayne hat jedes Recht dazu, und es ist durchaus verständlich im Hinblick auf die Umstände und auf die gesellschaftlichen Einflüsse, die ihn geprägt haben. Nur treibt er durch seine Kopflosigkeit einen Keil zwischen sich und Mickie. Mit jemandem, der sein Engagement sofort in gleichem Maße hätte erwidern können, hätte er es leichter gehabt. Dann wäre er aber auch einer guten Gelegenheit verlustig gegangen, zu lernen, daß sich Gefühlsgleichklang niemals erzwingen oder diktieren läßt. Lernt er das nicht in der Beziehung mit Mickie, wird er vermutlich – in der nächsten Beziehung – auf dieselben Schwierigkeiten, dieselbe Lernnotwendigkeit stoßen.

Mickie ihrerseits, von Dwaynes Aufmerksamkeiten eingekreist, spürt sozusagen Platzangst und »bremst«. Natürlich ist es sehr belastend, fortwährend Einladungen eines Freundes abweisen zu müssen, den man gern hat. Plänemachen abzublocken und Liebesbeteuerungen zu dämpfen ist schwer, wenn man sich selber seiner Gefühle nicht sicher ist. Aber mehr ist es auch nicht – eine Schwierigkeit, eine Un-Stimmigkeit, ein Kommunikationsproblem, nichts Unlösbares. Daß sie sich den beiden Männern gegenüber so verantwortlich fühlt, ist völlig überflüssig. Sie kann ruhig gestatten, daß Dwayne seiner Liebe zu ihr Ausdruck gibt, ohne sich dabei Verantwortung aufzulasten. Es sind seine Gefühle, er ist dafür verantwortlich. Indem sie die Äußerung straft, straft sie auch das Gefühl, was sie – auf lange Sicht – ja vielleicht gar nicht will. Sie reagiert – wie Dwayne – zu empfindlich auf den Unterschied im Bindungs-»Timing« und mißt ihm zuviel Gewicht bei. Die Differenz zwischen ihren und Dwaynes

Gefühlsäußerungen läßt sie allmählich selber glauben, daß sie ihn nicht genug mag, vielen gegenteiligen Anzeichen zum Trotz. Ein simpler Timing-Unterschied ihrer Gefühle (er möchte sich schneller binden, sie langsamer), der unvermeidlich ist, droht hier die ganze Beziehung kaputtzumachen. Vermeidbarerweise.

Beide müssen zunächst einsehen: Der Unterschied im Bindungs-Timing stellt den »Normalfall« dar. Mehr oder weniger stark wird er in jeder Partnerschaft auftreten. Er läßt sich nicht umgehen, und es ist kaum vorauszusehen, auf welcher Seite, der »schnelleren« oder der »langsameren«, man in einer neuen Beziehung stehen wird. Beide können aber den »gegnerischen« Standpunkt verstehen lernen und diese Situation viel besser bewältigen. Hat Dwayne einmal begriffen, daß das Problem in *allen* Liebesbeziehungen auftritt, kann er aufhören zu beklagen, daß seine Beziehung »nicht so ist, wie sie sein sollte«, und statt dessen an die Entschärfung des Konflikts gehen. Ich riet ihm bei der Konsultation, sich mehr mit anderen Menschen zu beschäftigen und neue Aktivitäten aufzunehmen, um das übermäßige Angewiesensein auf Mickie abzubauen. Ich schlug vor, vielleicht auch Kontakte zu anderen Frauen zu suchen, sich für Dinge wie Musik und Theater zu interessieren; Mickies Rat zu befolgen und ein bißchen zurückhaltender zu sein – weniger Liebesbeteuerungen, kein Pläneschmieden mehr.

Mickie beriet ich hinsichtlich ihres übertriebenen Verantwortungsgefühls für Dwayne. Sie sollte ihn doch als eigenverantwortlich für seine Gefühle betrachten, ruhig erlauben, daß er diesen Gefühlen Ausdruck gab, und ihn nicht dafür strafen. Ich suchte ihr klarzumachen, daß seine Gefühle sie nur soweit »einengen« konnten, wie sie es selbst zuließ.

Beiden schlug ich dann ein Programm vor, das ich in vielen Fällen dieser Art angewandt habe: Einigung auf eine Kontaktaufnahme, die immer nur abwechselnd erfolgt. So durfte Dwayne Mickie nur ein einziges Mal anrufen, zum Beispiel um sich mit ihr zu verabreden oder etwas zu planen; Folgeanrufe von ihm, zu welchem Zweck auch immer, mußten dann unterbleiben, der nächste Anruf mußte von Mickie kommen. Die Kontaktaufnahme – sei es, um irgend etwas zu verabreden, sei es, um nur am

Telefon miteinander zu sprechen – wechselte schematisch ab. Das linderte den Druck auf Mickie und reduzierte die Zahl der »Körbe«, die sie ihm geben mußte. Ferner gab es Dwayne Signale, wie schnell oder langsam er vorgehen konnte. Und schließlich gab es Mickie Gelegenheit zu Eigeninitiativen, mit denen sie zeigen konnte, daß ihr die Beziehung nicht gleichgültig war. Das Manöver – von beiden Parteien begeistert begrüßt – brachte mehr Gleichgewicht in die Beziehung, entlastete Mickie, gab gleichzeitig Dwayne Sicherheit. Theoretische Einsicht und praktische Einstellung auf das Problem »Bindungs-Timing« hat ihnen ballastfreieres Erleben und Beurteilen ihrer Beziehung ermöglicht.

Grundsätzlich wieder: Gemeinsames Arbeiten an einem Problem macht die Differenzen zur Gemeinschaftsaufgabe, die die Beziehung dann eher stärkt als spaltet. Gemeinsame Bewältigung von Schwierigkeiten ist oft der deutlichste Gradmesser für das Engagement der Partner in der Beziehung und für die Reife, die nötig ist, soll die Beziehung gutgehen. Ohne Probleme geht es nie ab, und jedes Problem ist ein Prüfstein für die »Funktionsfähigkeit«, die Tragfähigkeit der Beziehung.

Unvermeidlichkeit II: Ernüchterung

Etwas, das meiner Erfahrung nach noch mehr Schwierigkeiten verursachen kann als der unterschiedliche Bindungsgrad: beiderseitige Ernüchterung. Auch sie kommt zwangsläufig. Jeder Mensch hat, gemessen an den Idealen, Erwartungen, Hoffnungen und Träumen eines anderen, Unzulänglichkeiten. Jeder, den ich kennenlerne, ist irgendwie – meist auf einem wichtigen Gebiet – unvollkommen. Und ich bin es auch. Für ihn. Erfolg oder Mißerfolg der Beziehung kann ganz wesentlich davon abhängen, ob man das grundsätzlich akzeptiert und damit glücklich zu leben vermag oder ob man dagegen anwütet und sich um den vollen Lebens- und Liebesgenuß bringt. Wenn man damit nicht fertig wird, selbstquälerisch darüber grübelt, sich betrogen fühlt, den Partner dafür verantwortlich macht, ihm vorenthält, was man sonst geben würde, dann zerstört man sich alles. Sehr wahrscheinlich reagiert der Partner dann genauso »unaufgeklärt«, aber allzumenschlich: fängt seinerseits damit an, vorzuenthalten, übelzunehmen, zu attackieren. Gegenseitiges Aufschaukeln. Am Ende haben beide *keine Lust mehr,* dem anderen etwas zu geben; der Teufelskreis des Übelnehmens und Vorenthaltens dreht sich weiter ins Uferlose. Man muß sich dann mit um so größerer Enttäuschung abfinden oder überhaupt die Flinte ins Korn werfen – was viele leider tun.

Beispiel: Sam und Betty, ein unverheiratetes Paar, das sich schon lange kannte. Schon auf dem College waren sie fest befreundet gewesen, waren dann ein Jahr auseinandergegangen, während Sam auf eine kaufmännische Schule ging, hatten dann zwei Jahre zusammengelebt, waren wieder auseinandergegangen und lebten jetzt erneut zusammen. Als sie zu mir in die Beratung kamen, standen sie kurz davor, sich zu trennen. In den Gesprächen schälte sich ihr Kernproblem bald überdeutlich heraus. Ihre Beziehung war im halben hängengeblieben: Sie hatten sich nie ganz daraus gelöst, waren aber auch nie ganz »eingestiegen«. Einzel- und Gemeinschaftsgespräche ergaben bei beiden ein Bild, das sich erstaunlich glich und nur in Einzelheiten differierte. Obschon einander in ihrer College-Liebe sehr nahestehend, wollten sie sich hinterher doch nicht gemeinsam niederlassen und gingen getrennte Wege. Nach einem Jahr zogen sie dann doch zusammen.

Zwei Jahre darauf mußte Sam aus beruflichen Gründen in meine Heimatstadt umziehen. Er war mit Betty glücklich gewesen und wollte, daß sie nachkam. Sie weigerte sich, teils, weil es nicht in ihre beruflichen Pläne paßte, vor allem aber, wie sie später sagte, weil sie sich nicht voll für die Beziehung hatte engagieren können. Unter anderem hatte sie das Gefühl, daß Sam nicht offen und gut mit ihr sprach und daß er ihr nicht den seelischen Halt gab, den sie zu brauchen glaubte. Sam war erschüttert über Bettys Entscheidung, ließ sich aber nichts anmerken. Er begann sein neues Leben allein. Trotz des Bruchs blieben sie in engem Kontakt miteinander. Sie versuchten es beide mit anderen Beziehungen, blieben aber, wie gehabt, einander die »besten Freunde«, bei denen sie ihr Grundbedürfnis nach Zuwendung und Geborgenheit stillten. Nach einem Jahr schließlich zog Betty doch zu Sam, und jetzt hatten sie rund anderthalb Jahre miteinander gelebt.

In diese letzte Wiedervereinigung war Betty mit dem Vorsatz gegangen, sich diesmal so stark wie möglich für die Beziehung zu engagieren. Sam aber hatte die Abweisung von damals nicht vergessen. Das alte Vertrauen, das alte Bindungsgefühl stellte sich bei ihm nicht wieder ein. Er machte sie für die Trennung verantwortlich und nahm es ihr immer noch übel. Diesen Ärger spürte er. Und verschloß sich – vor allem in Sachen Gefühlskommunikation, obwohl er die Kommunikation jetzt viel besser beherrschte als früher. Diese Verschlossenheit bereitete Betty schon seit geraumer Zeit Sorgen. Im Einzelgespräch vertraute sie mir an, sie beginne sich Sam körperlich und sexuell zu verweigern, weil sie einfach *keine Lust mehr* habe. Keine Lust aufgrund seiner Zurückhaltung. Er wiederum spürte das und wurde – jetzt auch auf anderen Gebieten – noch zurückhaltender. Beide hoben sozusagen von ihrem Gemeinschaftskonto immer mehr ab. Noch ein, zwei Abhebungen, dann würde es überzogen sein, gelöscht.

Sams und Bettys Problem ist das Beziehungsproblem par excellence. Ein Partner nimmt dem anderen seine unausbleiblichen Fehler übel und straft ihn mit Liebesentzug. Der andere reagiert ähnlich. Eskalation. Die Abhebungen nehmen zu. Am Ende – wenn fast nichts mehr auf dem Konto ist – wird unter Umständen ein Investmentberater aufgesucht. Simpler, oberflächlicher Lösungsvorschlag: Zahlt einfach wieder mehr ein, gebt mehr. Besserer, grundsätzlicherer Vorschlag: Lernt, die Fehler und Schwächen des Partners anders zu sehen und anders darauf zu reagieren. Beiden gilt es die Dummheit, Kurzsichtigkeit und Destruktivität dieses Mechanismus – Enttäuschung, Übelnehmen, Liebesentzug – vor Augen zu führen. Beide müssen begreifen, daß der andere, wie lieblos er sich verhalten mag, keine »moralische Schuld« trägt. Diese Einsicht muß zur Richtschnur ihres Handelns werden.

Beide können lernen, mit sich selbst und anderen besser zurechtzukommen, wenn sie von der Voraussetzung ausgehen: Grundsätzlich tut jeder immer, was er tun muß – jeder versucht sein Bestes zu geben; für seine Fehler kann er ebensowenig wie für seine Augenfarbe. Später Verhaltensänderungen bei ihm zu bewirken, gut, das kann man versuchen; im Augenblick aber ist er, wie er ist.

Sam stehen in diesem Fall (die berühmten) zwei Möglichkeiten offen. Entweder er ringt sich dazu durch, jemanden zu akzeptieren und zu lieben, der ihn enttäuscht hat, der ihn immer noch enttäuscht und, wie jeder andere, auch in Zukunft enttäuschen wird; oder er muß Schluß machen und seine Energien anderweitig investieren. Das gleiche muß Betty tun. Jeder muß entscheiden, ob er sich mit den Defiziten des anderen nicht »wohl oder übel«, sondern glücklich abfinden kann oder nicht. Jede Beziehung hat ihren Preis; jeder Mensch hat seine ganz eigenen Probleme; jede Alternative trägt Bitteres und Süßes in sich. Es sozusagen »pur«, von allem Negativen gereinigt, zu wollen ist sehr menschlich und verständlich; aber zu erwarten, daß man es tatsächlich bekommt, ist dumm, und dem Partner übelzunehmen, daß er es uns nicht gibt, ist der Gipfel der Dummheit. Am besten wird das in Sams Haltung sichtbar: wie er Betty ständig etwas übelnimmt, das zweieinhalb Jahre zurückliegt. Es ist längst »verjährt«, und welch hochdestruktive Wirkung seine Reaktion hat, ist unschwer erkenntlich. Und das gilt für jedes »Abheben« vom Gemeinschaftskonto. Jeder hat das Beste getan, was er gerade tun konnte. Sam und Betty haben das gleiche Problem: Sie müssen sich entscheiden, was sie wollen, und es dann tun. Wollen sie die Beziehung aufrechterhalten, wird sie nur dann fruchtbar sein (oder werden), wenn jeder die Defizite des anderen als gegeben, wenn auch vielleicht nicht unabänderlich hinnimmt, wie sehr sie ihn auch stören, wie sehr er sie auch wegwünscht. Beide werden aus der Beziehung das Beste machen, wenn sie alles geben, was sie haben, den »Rückzügen« und »Abhebungen« des anderen zum Trotz. Popsänger James Taylor: »Shower the people you love with love. Show them the way that you feel. Things are gonna be much better if you only will.« Zu deutsch: In der Liebe soll man klotzen, nicht kleckern.

Unvermeidlichkeit III: Sättigung

Jeder Reiz verflacht sich nach gewisser Zeit. Ist der Rausch der ersten Bekanntschaft verflogen, tritt Gewöhnung an das ein, was der Partner einem gibt. Wie die anderen Unvermeidlichkeiten kann auch diese schwächer oder stärker sein. Unvermeidlich ist sie auf jeden Fall.

Zum nicht geringen Teil kommt die Faszination der Liebe aus der Neuheit dessen, was ein neuer Partner zu geben vermag, und dem rauschhaften Tempo, mit dem es gegeben werden kann. Wenn zwei sich kennenlernen, entdecken sie normalerweise ziemlich rasch die Hauptbedürfnisse des anderen und die wichtigsten Wege, sie zu befriedigen. Dieser Lernprozeß geht am Anfang sehr schnell vor sich und findet zu einer Zeit statt, da der Partner noch vom Reiz der Neuheit umgeben ist. Dann flacht die Kurve ab: neue Wege, Partnerbedürfnisse zu befriedigen, finden sich immer seltener. Ein krisenträchtiger Punkt, an dem schon manch aufblühende Beziehung k. o. gegangen ist – oftmals zum Glück, wenn nämlich die Anziehung *nur* im Reiz des Neuen bestand. Aber auch in der besten, »haltbarsten« Beziehung tritt Sättigung ein, zwangsläufig. Um mit dieser Unvermeidlichkeit fertig zu werden, die so viele Paare ins Unglück stürzt, müssen grundsätzlich zumindest zwei Dinge getan werden: anerkennen, daß es sich um eine Unvermeidlichkeit handelt, und aktiv versuchen, ihr entgegenzuarbeiten, sie zu lindern.

Ich spiele nicht gern die Rolle des Pessimisten. Wenn ich es hier tue, dann, weil ich es für notwendig halte. Romantische Hochgespanntheit macht die Beziehung oft nicht romantisch, sondern kaputt. Denkt man stets an die Grenzen, an die Beziehungen naturgemäß stoßen, bewahrt man sich vor Katastrophenmache und erhält nicht nur die Beziehung selbst, sondern auch den Spaß an ihr. Und umgekehrt nützt es, sich die natürlichen Positiva von Primärbeziehungen vor Augen zu halten. Die unumgänglichen Verluste und die realisierbaren Gewinne zu durchdenken kann eine Beziehung nur verbessern – und unsere Einstellung zu ihr.

Sättigung ist »heil«barer, umgehbarer, manipulierbarer als die anderen Unvermeidlichkeiten. Andererseits ist sie ein so beherrschendes Problem und hat so viele Gegenrezepte auf den Plan gerufen, daß es zahlreiche Bücher gibt, die Auswege aus diesem Dilemma weisen. Ich beschränke mich hier auf einige Grundrezepte daraus und verweise im übrigen auf die einschlägige Literatur im Anhang.

Erstens soll die Primärbeziehung nicht von der Außenwelt und den »außenstehenden« Freunden und Aktivitäten, die sie stärken und bereichern können, isoliert werden. Verfallen Sie bitte nicht der »Trautes Heim, Glück allein«-Ideologie unserer urbanen Kultur, in der man ein Pärchen bildet, sich in seine vier Wände zurückzieht, dem Weltgetriebe Lebewohl sagt und seine Bedürfnisse nur noch im Rahmen der Zweierbindung zu stillen sucht. In diese Isolation darf man sich – will man ein ganzer Mensch bleiben und sucht eine dynamische Beziehung – nicht begeben. Sie wird, wie gesagt, durch unsere urbane Unkultur gefördert und macht uns und unsere Partnerbeziehung krank, wenn man sie nicht strikt vermeidet. Erhalt Ihrer selbst, Ihrer Beziehungen, ja auch Ihrer Kultur, hängt – glaube ich – entscheidend davon ab, daß Sie nicht in diese Falle tappen.

Eine Primärbeziehung kann nur gelingen, wenn man ihr nichts Unmögliches abverlangt. Erst wenn Primärbeziehungen in einen sinnvollen Rahmen anderer Beziehungen – in eine Außengemeinschaft – gestellt werden, können sie sich auch »nach innen« wirklich entfalten. Erst dann, denke ich, werden sie haltbar und befriedigend. Meine echte Skepsis gegenüber der klassischen Zweierbeziehung rührt zum Teil aus meiner Skepsis her, ob sich gesamtgesellschaftlich etwas wird ändern lassen. Wenn nicht: Individuell kann man immerhin schon einiges tun. Wer verlangt, daß seine Beziehung allem offen sein soll, was eine Gemeinschaft ihren Mitgliedern geben kann, und daß sie gleichzeitig von dieser Gemeinschaft umgeben und mitgetragen werden soll, kann diesen Wunsch auch in die Tat umsetzen.

Das zweite Grundkonzept gegen Sättigung ist Weiterentwicklung und Abwechslungsreichtum, im individuellen wie gemeinsamen Tun. Wir leben in einer Zeit, da um uns herum vieles im Fluß ist, und folgen ausgerechnet in unseren Primär-Liebesbeziehungen oft einem destruktiven Hang zur starren Festlegung mit eingefrorenen Rollen. Solche Starrheit – zumal wenn eingebettet in rapide sich vollziehenden Wandel »draußen« – wirkt auf die Dauer erstickend und frustrierend. Ich befürworte – man wird es gemerkt haben – Mann-Frau-Beziehungen, deren Hauptcharakteristikum es ist, daß sie im Fluß bleiben, wandelbar, offen für Werte- und Rollenumverteilung. Eine solche Beziehung läßt sich am besten führen von zwei mutigen Menschen, die autonom sind und reif, mitgetragen und nicht isoliert von der Außenwelt, unbelastet von wirklichkeitsfremden Erwartungen. Solche Paare mögen rar sein; Langeweile wird bei ihnen nicht aufkommen.

Unpolemische Kommunikation

Ich lege hier ein Beziehungsideal zugrunde, gekennzeichnet von Toleranz und Nicht-Übelnehmerei, das davon ausgeht, daß unsere eigenen Bedürfnisse niemals diktieren können, was ein anderer tun *sollte* oder *muß*. Wenn sich Bedürfnisgleichklang ergibt, wunderbar; wenn nicht, ist keiner »schuld«. Diese Beziehungs- und Lebenssicht, die, wie das moderne Eherecht, auf das Schuldprinzip verzichtet, bildet eine der Grundthesen dieses Buches. Und hier gewinnt ein weiteres Ideal, das ich *unpolemische Kommunikation (no-fault communication)* nenne, höchste Bedeutung. In allen engen zwischenmenschlichen Beziehungen kommt es unumgänglich zu Konflikten. Die Bedürfnisse zweier Menschen decken sich nie ganz. Die unpolemische – d.h. auf Anschuldigungen möglichst verzichtende – Kommunikation sucht die Differenzen klärend genau auszuleuchten und schafft die Voraussetzungen, das Problem zu »verhandeln« und gemeinsam dagegen Front zu machen. Hierzu folgen Vorschläge: wie sich Bejahung der eigenen Bedürfnisse und Bejahung der Partnerbedürfnisse kommunikativ ausdrücken läßt.

Ich-Botschaften, Du-Botschaften

Immer wenn sich Ihr Beziehungspartner nicht so verhält, wie Sie wollen, ist ein Problem gegeben. Oft liegt es einzig in der Art und Weise, wie Sie reagieren. Wie unfair und schlimm das Handeln des Partners auch war – es ist immer noch Ihr Problem. Beispiel: Louise. Drei Monate hatte sie mit Lance in einer Primärbeziehung gelebt. Lance war ein »Mann zum Verlieben«. Leider nicht nur in ihren Augen, sondern auch in den Augen diverser anderer Frauen. In dieser Hahn-im-Korb-Rolle schien er sich wohl zu fühlen. Er widmete sich seinen Freundinnen ausgiebig und sparte meist nicht mit Zärtlichkeiten, wenn er mit ihnen zusammenkam. Es kam vor, daß er mit Louise auf eine Party ging, sie dort stehenließ und sich anderen Frauen widmete. Louises Freundinnen meinten alle: Wenn jemand Grund zu Zorn und Eifersucht hatte, dann sie.

Als ich mit ihr darüber sprach, waren wir uns einig: Sie stand vor einem Problem. Eigentlich zwei: Denn sie erkannte anfangs nicht, daß ihre Aufgebrachtheit im Grunde ihr eigenes Problem war. Es hatte, was ja verständlich ist, auf ihre Kommunikation mit Lance abgefärbt, ja, sie geprägt. Als ich mit Lance sprechen durfte, gewann ich ein genaueres Bild davon. Nach der letzten Party, auf der sich Lance besonders intensiv mit einer anderen Frau beschäftigt hatte, hatte sie so reagiert:

»Du Schuft! Wie kannst du mich mitnehmen und dich dann um alle anderen kümmern, nur um mich nicht! Das machst du jedesmal, wenn wir ausgehen. Rücksichtnahme auf mich und ein bißchen Zartgefühl, das kennst du nicht. Erst den ganzen Abend mit anderen Frauen flirten und dann mit mir schlafen wollen. Ich hab's satt.«

Sie sah das Problem allein auf Lances Seite, griff ihn an und verlangte, daß er sich ändern sollte. Bei ihren Angriffen und Forderungen legte sie die eigenen Bedürfnisse als alleinigen Maßstab guten, normalen und richtigen Verhaltens für Lance zugrunde. Lance reagierte wie zu erwarten: abwehrend. Bei ihrer letzten Konfrontation hatte er überhaupt bestritten, daß ein Problem bestand, und wollte nicht darüber sprechen. Die *Du-Botschaften*, in die Louise sich faßte, waren Ausdruck ihrer »verkehrten Optik« und ihrer Anklage gegen Lance, daß er sich nicht ihren Bedürfnissen entsprechend verhielt.

Ich versuchte Louise klarzumachen, daß in erster Linie ihre eigenen Reaktionen – ihre negativen Gefühle – das Problem schufen, zuerst für sie, dann vielleicht für Lance. Ich legte ihr nahe, daher über die eigenen Gefühle zu sprechen, die eigene Reaktion auf Lances Verhalten in den Mittelpunkt zu stellen. Nach einiger Diskussion darüber war sie in der Lage, zu Lance zu gehen und ihre Beschwerde in *Ich-Botschaften* darzustellen. Das hörte sich dann so an:

»Ich habe Angst, wenn du dich auf Partys so sehr mit anderen Frauen beschäftigst. Ich mache mir Gedanken, daß ich nicht reizvoll genug oder intelligent genug für dich bin. Ich habe Angst, daß du die anderen Frauen dort attraktiver findest als mich; daß du, wenn du mir nicht wenigstens ein bißchen Aufmerksamkeit widmest, mich überhaupt nicht respektierst. Ich fühle mich herabgesetzt, eine unter vielen. Ich denke mir, daß du das, was ich zu bieten habe, vielleicht gar nicht willst und mich abweist, und dann denke ich daran, dich zu verlassen.«

In dieser Darstellungsform legt Louise endlich ihre Gefühle bloß. Man merkt ganz deutlich, daß das Problem aus ihrer Reaktion auf Lances Verhalten bzw. aus ihrer Interpretation seines Verhaltens herkommt. Die Betonung liegt auf ihren Gefühlen, nicht seinem Verhalten. Die Ich-Botschaften machen – im Gegensatz zu den Du-Botschaften – Lance auf keine Weise das Recht streitig, zu tun, was er tut. Sie heben vielmehr den schlimmen Effekt seines Verhaltens auf Louise hervor. Die negativen Reaktionen werden dann – in dem Grade, in dem ihm an Louise gelegen ist und er die Beziehung verbessern will – zu Lances Problem.

Ein Problem in Ich-Botschaften darzustellen erfordert stets mehr Mut, denn es handelt sich um wirklich offene Kommunikation, die eigenen Gefühle werden aufgedeckt. Ich-Botschaften umreißen ein gegebenes Problem wesentlich präziser und bereiten einer Lösung den Weg. Wichtiger noch: Es ist ein Kommunikationsstil, der zu Offenheit, Kooperation, Lösungsversuchen einlädt, nicht so sehr Abwehr herausfordert. Die Ich-Botschaft sagt: »Das und das tut mir weh.« Die Du-Botschaft sagt: »Du bist schäbig.« Welche von beiden die helfendere Reaktion provoziert, dürfte klar sein.

Möglichkeiten für Lance, zur Problemlösung beizutragen: Er

kann seine Party-Flirts aufgeben; er kann Louise mehr Aufmerksamkeit widmen; er kann sie auch in seine Geselligkeiten mit einbeziehen. Es hilft ihm, sein Verhalten bzw. seine Motive kritisch zu betrachten und sich klarzuwerden über seine Gefühle Louise gegenüber, ihrer Beziehung gegenüber, seinen anderen Freundinnen gegenüber. Die Lösung – was auch immer herauskommt – kann jedenfalls in direktem Bezug zum Ausgangsproblem stehen: Louises Gefühlen und Bedürfnissen. Ist das Problem richtig erkannt, kann das Paar gemeinsam darangehen, Lösungen zu entdecken, und zwar der verschiedensten Art. Einige davon werden wohl besser sein als die in den polemischen Du-Botschaften geforderten simplen Änderungen. Wie auch immer: Unpolemische Kommunikation fördert ein gutes Ergebnis, sie wirkt eher verständigend als spaltend. *Wenn wir anerkennen, daß unsere Bedürfnisse niemals einem anderen vorschreiben können, wie er sich zu verhalten hat, kommen wir zwangsläufig besser mit ihm aus.* Die Sprache der Ich-Botschaften drückt dieses Anerkennen aus. Sie gestattet – ja verlangt sogar –, daß der andere für die Folgen, für die Wirkung seines Handelns Verantwortung übernimmt, läßt aber seine Freiheit unangetastet. Du-Botschaften dagegen tendieren dazu, richtig und falsch in mehr oder weniger absolutem Sinn vorzuschreiben und dem anderen das Selbstbestimmungsrecht über sein Verhalten zu nehmen.

Schließlich: Gegen Ich-Botschaften läßt sich kaum anargumentieren. Sie sind Gefühls-Statements. Da jeder Mensch der einzige echte »Mitwisser« seiner Gefühle ist, läßt sich über sie nicht streiten. Kritik und Beeinflussen-Wollen der Gefühle anderer ist nicht legitim. Gefühle sind da, Punktum. Wenn einem das Verhalten eines anderen »aufs Gefühl« geht und man ihm das sagt, dann liegt es bei ihm, zu entscheiden, was er tun will. Benutzt man Ich-Botschaften statt anklagender Du-Botschaften, stehen die Chancen gut, daß er etwas Konstruktives tut.

Nun, da Sie den Unterschied zwischen Ich- und Du-Botschaften kennen, können Sie zweierlei Gebrauch davon machen: die Kommunikation mit dem Partner verbessern oder auch den Partner »überfahren«. Das heißt: seinen häufigen Gebrauch von Du-Botschaften kritisieren, seine Klagen sowohl inhaltlich als auch in der Form korrigieren, sich selbst im Streit immer häufiger zum »Sieger« machen, kurz, die Kommunikation vollständig abwürgen. Nur sollten Sie sich in Sachen Kommunikation grundsätzlich bewußt sein: Die Gefühle des (der) Beziehungspartners – ob gut oder schlecht – genau zu kennen liegt fast immer im eigenen Interesse.

Aktives Zuhören

In meiner klinischen Praxis habe ich Gelegenheit gehabt, viele Paar-Konflikte zu beobachten. Gemeinsamer Nenner bei anhaltenden Konflikten: Die Partner hören einander nicht zu. Daß Konflikte, die bewältigt werden können, unbewältigt bleiben oder – wenn unlösbar – nicht als unlösbar erkannt werden, liegt zum Teil daran, daß das Problem den Beteiligten überhaupt nicht richtig »zu Ohren kommt«. Menschen, die sich in anhaltendem Konflikt befinden, sind meist so schnell und heftig mit Selbstverteidigung und Gegenvorwürfen bei der Hand, daß sie die »Story« hinter der Unzufriedenheit ihres Gegenübers gar nicht richtig mitbekommen. Irgend jemand, so setzen sie voraus, muß »schuld« sein, und sie gehen sofort daran zu beweisen, daß sie es nicht sind. Das wohl Nützlichste, was der Berater hier tun kann, ist, zunächst den Abwehr- und Gegenbeschuldigungsreflex zu unterbrechen – bei beiden Partnern –, damit sich jeder erst einmal die Nöte des anderen anhören kann. Inhaltliches wird hör- und spürbar, kann durchdringen und aufgenommen werden. Fast zwangsläufig nehmen die Vorwürfe ab und werden durch Ich-Botschaften persönlicher Sorgen ersetzt. Die beste Art, dem Partner Ich-Botschaften zu entlocken, ist also nicht etwa didaktische Schulung in Kommunikation – besonders nicht, wenn der Partner aufgeregt ist –, sondern rücksichtsvolles, aktives Anhören seiner Beschwerden, egal, wie sie formuliert sind.

Grundprinzip des aktiven Zuhörens: irgendwie zu erkennen geben, daß man hört, was der andere sagt. In Konfliktsituationen muß man seinen Abwehr-Anschuldigungsdrang bewußt unterdrücken, schweigen, zuhören, einfache Bestätigungen geben, daß man bei der Sache ist, durch Kopfnicken oder Einwürfe wie »Aha«, »Und?«, »Sprich weiter«, »Was noch?« Dies ist nicht so einfältig, wie es aussieht. Blockieren der Abwehr-Anschuldigungsreaktion kann durchschlagende Wirkung haben. Kontinuierliches, empfängliches Zuhören – besonders in Konfliktlagen – ist so selten, daß man kaum mehr zu tun braucht als Aufmerksamkeit zu zeigen, um eine überraschend positive Wirkung auf den Partner zu erzielen.

Die erste der Techniken des aktiven Zuhörens, die ich hier vorstellen will, ist das *Echo;* man wiederholt einfach wörtlich, was der andere gesagt hat. Bei wiederholtem Gebrauch kann es irritierend wirken; dennoch gehört es zum Instrumentarium der guten Methoden, dem anderen zu bestätigen, daß man begriffen hat, und ihn zum Weiterreden zu ermutigen. Eine andere Technik, die mehr Geschick und besseres Hinhören verlangt: das *Umschreiben* (Paraphrase), wobei man das Gesagte in anderen, eigenen Worten wiedergibt. Eine dritte Technik: *Interpretation,* der Deutungsversuch. Sie erfordert das meiste zuhörerische »Können« und die genaueste Kenntnis des Gegenübers. Ein simples Beispiel für diese verschiedenen, aber miteinander verwandten Methoden der »Empfangsbestätigung«:

Äußerung: »Mann, bin ich froh, wenn diese Woche vorbei ist.«

Echo: »Du bist froh, wenn diese Woche vorbei ist.«

Umschreibung: »Du wirst aufatmen, wenn du diese Woche hinter dir hast.«

Interpretation: »Du hast sicher diese Woche viel Arbeitsstreß.«

Leicht gesagt, schwer getan; die meisten neigen eben doch mehr zum Reden als zum Zuhören, und wenn wir angegriffen werden, ist unser Impuls: Verteidigung, Gegenattacke. Psychotherapeuten in der Ausbildung und Ehepaare in der Therapie werden oft intensiv in diesen Zuhör-Künsten geschult. Ich habe beide Gruppen unterrichtet, und glauben Sie mir, oft dauert es Ewigkeiten, bis man die Leute soweit hat, daß sie gute aktive Zuhörer werden. Zum Teil rührt die Schwierigkeit daher, daß man sich hartnäckig dagegen sträubt, sich die »Niemand ist schuld«-Philosophie zu eigen zu machen, die hinter den Techniken steht, zum Teil auch daher, daß solches Zuhören etablierten Gewohnheiten des Nicht-Zuhörens zuwiderläuft. Wer ein guter aktiver Zuhörer werden will, wird wahrscheinlich auch die einfachsten Techniken zunächst in neutralen Situationen üben müssen, ehe er sie in Konfliktsituationen mit dem Partner anwendet. Übungsgelegenheit gibt es genug, denn gute Zuhörer sind überall beliebt, und die Techniken eignen sich generell für alle sozialen Situationen. Dann, im Konfliktfall, kann man die Kenntnis der verschiedenen Arten des aktiven Zuhörens benutzen, um seine Reaktionen zu ordnen, und sich erinnern an diese einfachen »Schachzüge« eines Zuhörens, das auf Verteidigung (zunächst) bewußt verzichtet. Wenn man Verteidigungsbedürfnis spürt: schweigen, nicken oder nur mit Echo antworten. Ist aber das Verteidigungsbedürfnis abgeklungen, die schwierigeren Aufgaben probieren: Umschreiben, Interpretieren.

Es gibt noch eine weitere, speziell in Konfliktsituationen nützliche Technik des aktiven Zuhörens, die sogenannte *Negativ-Frage*. Man erkundigt sich dabei, welche Kritik der Partner, über die genannte hinaus, noch anzubringen hat. Da es – wie gesagt – meist im eigenen Interesse liegt, alle Unzufriedenheiten des Beziehungspartners zu kennen, rät sich die Frage: »Was gibt es noch, was dir an mir nicht gefällt?«

Nun, da Sie die Prinzipien kennen, eine Veranschaulichung im Zwiegespräch:

Walter: Entschuldige, daß ich zu spät komme, Valerie. In letzter Minute kam noch eine Menge Arbeit herein, am Schluß noch ein Ferngespräch über einen wichtigen Fall. Ich konnte einfach nicht eher weg.

Valerie: Langsam habe ich es satt mit dir. Anderthalb Stunden kommst du heute zu spät. Nie kann man sich auf dich verlassen. Ich habe die Nase voll von dir. (Du-Aussagen)

Walter: Na! Damit habe ich nicht gerechnet. Ich muß sagen, es überrascht mich. (Ich-Aussagen) Du bist in Rage. (Umschreibung)

Valerie: Aber wie, das kann ich dir sagen. Dauernd ist es was. Warum kannst du nicht mal an mich denken? (Du-Botschaft)

Walter: Du meinst, ich denke nicht an dich? (Echo)

Valerie: Genau das. Du bist egoistisch bis zum Geht-nicht-mehr. Du behandelst mich rücksichtslos, als wäre es das Natürlichste von der Welt. Es ist ja nicht das erstemal. (Du-Botschaften)

Walter: Es ist nicht das erstemal, daß ich egoistisch bin und rücksichtslos? (Echo)

Valerie: Genau. Willst du andere Beispiele? Letzten Donnerstag hatte ich dich zum Essen eingeladen, und du bist eine geschlagene Stunde zu spät gekommen. Und am selben Abend sagst du mir, daß du Freitag mit Jane ausgehst. Vor einer Woche, Sonntag, hast du mich ausgeschlossen, indem du mit deinen Freunden Billard spielen gegangen bist, den ganzen Nachmittag bis in den Abend hinein. Du willst mich nur um dich haben, wenn es dir gerade in den Kram paßt. (Du-Aussagen)

Walter: Das erschreckt mich alles und überrascht mich. Ich habe nicht gewußt, daß dich das so belastet. (Ich-Aussagen) Hast du noch mehr Klagen über Dinge, die ich getan habe in der letzten Zeit? (Negativ-Frage)

Valerie: Kleine Dinge, es kommt eines zum anderen. Daß du mit Jane ausgehst, gefällt mir nicht, aber das kann ich verkraften. (Ich-Aussage) Warum zeigst du nur, bei aller Eigenständigkeit, nicht ein bißchen mehr Rücksicht auf meine Gefühle? (Du-Aussage)

Walter: Das klingt, als seiest du dir unsicher, was ich für dich empfinde. (Interpretation)

Valerie: Ja, aber das ist nicht alles. Du willst mich nur bei dir haben, wenn es dir gerade paßt, so sieht es aus. (Du-Aussage) Ich fühle mich zurückgesetzt, weil ich sonst niemanden habe und weil ich viel in die Freundschaft mit dir investiert habe. (Ich-Aussagen)

Walter: Das tut mir leid, Valerie, denn du bedeutest mir sehr viel. (Ich-Aussage) Gibt es sonst noch etwas, wodurch du dich zurückgesetzt oder vernachlässigt fühlst? (Negativ-Frage)

Valerie: Ja, ich fühle mich vernachlässigt und zurückgesetzt, wenn du und Jerry über Juristerei und Jurastudium sprechen. Ich komme mir vor wie das fünfte Rad am Wagen. (Ich-Aussagen)

Walter: Also wenn ich dich richtig verstanden habe: Dir gefällt nicht, wenn ich mich verspäte, wenn ich dir sage, daß ich mich mit Jane treffe, wenn ich mich meinen anderen Freunden widme und ich lieber bei dir sein soll, und wenn ich mit Jerry über Jura rede. Stimmt das? (Zusammenfassende Umschreibung)

Valerie: Stimmt.

Walter: Gut, dann wollen wir versuchen, zu Lösungen zu kommen. Ich will doch, daß die Dinge stimmen zwischen uns. (Ich-Aussage)

Ich habe dies Zwiegespräch erfunden und Walter darin die »positivere« Rolle zugewiesen. Abgesehen davon, daß es untypisch »glatt« verläuft, ist es recht charakteristisch für das, was geschehen kann, wenn eine Konfliktpartei sich mit Ich-Botschaften und aktivem Zuhören auskennt und sie »steuernd« einsetzen kann. Zuerst redete Walter überwiegend in Ich-Botschaften (Reaktion auf Valeries Überraschungsangriff) und in Echos, der einfacheren Technik des aktiven Zuhörens. Dann ging er – je nachdem, was angemessen schien – zu Umschreibung, Interpretation und Negativ-Fragen über, um Valerie zum Weiterreden und pauschalen »Ausschüttung« ihrer Klage zu bewegen. Man beachte, daß er sich jeder Polemik enthielt. Durch sein Beispiel ermutigt und durch sein einfaches Zuhören befreit, begann Valerie ihrerseits Ich-Botschaften zu formulieren und die Gründe ihres Mißmuts bloßzulegen. Walter faßte es dann in Umschreibungen zusammen und schuf die Grundlage für das Aushandeln von Lösungen. Im Zuge des Gesprächs konnte er sehen, wie sein aktives Zuhören wirkte: er bekam bestätigende Rückmeldungen, und Valerie redete weiter und gab ihm »sachdienlichen« Einblick in ihre Sorgen.

Man kann – ob in Konflikt- oder sonstigen Situationen – die Wirksamkeit des aktiven Zuhörens daran ablesen, wie der Partner reagiert. Redet er weiter und stimmt den Umschreibungen und Interpretationen, die man gibt, zu, so fährt man auf dem »richtigen Gleis«. Zögert er, redet er nicht weiter oder korrigiert die Umschreibungen und Interpretationen mehrfach als unrichtig, muß man genauer zuhören. Gelegentliches Fehlinterpretieren soll einen jedoch nicht stören. Es kann sogar nützlich sein: Der andere korrigiert und klärt damit – auch für sich selbst – seinen Standpunkt noch genauer. Der ehrliche Versuch, zuzuhören und zu verstehen, reicht vollkommen. Das Wichtigste bei Konflikten ist, daß die Bedürfnisse aller Beteiligten klar ausgedrückt werden; damit wird die Grundlage geschaffen für das Durchdiskutieren des Problems, den Lösungsversuch. Das ist der nächste Schritt.

Verhandlung

Für gutes Verhandeln gibt es nur ein einziges Grundprinzip: eine Lösung anstreben, die den Bedürfnissen beider Konfliktpartner gerecht wird, oder besser: entgegenkommt. Manchmal ist dies nicht möglich; aber genaue Kenntnis des Problems – aus der einen wie aus der anderen Sicht – erhöht die Wahrscheinlichkeit, daß sich eine Lösung finden läßt. Zur Veranschaulichung noch einmal der Valerie-Walter-Dialog (Fortsetzung):

Walter: Also eines nach dem anderen. Meine Verspätung: Ich mußte heute zu spät kommen, es ging nicht anders. Und das kann immer wieder vorkommen. Mein Beruf hat eben keine festen Bürostunden.

Valerie: Weiß ich. Ich will ja auch nur, daß du mich dann anrufst und mir sagst, wann ich ungefähr mit dir rechnen kann. Ich will nicht, daß du es für selbstverständlich hältst, daß ich ewig auf dich warte. Zeig ein bißchen Rücksicht.

Walter: Gut, gut, das kann ich machen. Wenn ich – sagen wir, mehr als eine halbe Stunde – zu spät komme, rufe ich an. Wie ist das?

Valerie: Das ginge.

Walter: Gut. Aber mit Jane möchte ich mich auch weiterhin treffen, weißt du.

Valerie: Ja, ich weiß. Da will ich dir auch nicht hineinreden, das mußt du selber entscheiden. Aber, verdammt, ich will nicht jedesmal alle Einzelheiten erzählt bekommen, was ihr macht und so. Du brauchst es mir nicht unter die Nase zu reiben.

Walter: Das will ich auch gar nicht, andererseits will ich aber auch nicht dauernd das, was ich sage, zensieren müssen. Manchmal rede ich eben gern über die Dinge, die ich tue, also auch Dinge, die ich mit Jane tue. Es ist keine besondere Absicht.

Valerie: Das kann ja sein, aber es ärgert mich. Vielleicht kommen wir hier zu keiner Lösung.

Walter: Vielleicht nicht. Aber ich will versuchen, es auf einem Minimum zu halten und nicht über Erlebnisse mit Jane zu sprechen, es sei denn, ich bezweckte etwas Besonderes damit. Was meinst du?

Valerie: Na ja, einen besseren Kompromiß finden wir da wohl nicht. Es ist für keinen leicht. Was nun deine Fachgespräche mit Jerry betrifft, wo ich immer so rumsitze: Ich weiß nicht, was wir daran machen können.

Walter: Ja, das ist schwierig. Jerry und ich rutschen da immer so rein. Es fiele uns sehr schwer, damit aufzuhören.

Valerie: Eigentlich habe ich auch nicht immer etwas dagegen. Wenn jemand da ist, mit dem ich mich unterhalten kann, oder wenn es nicht lange dauert, ist es nicht schlimm. Nur wenn es sich hinzieht und ich dabeisitzen muß und ihr nichts als Fachchinesisch redet, dann komme ich mir überflüssig vor und langweile mich.

Walter: Könntest du mir ein Zeichen geben, wenn es anfängt, dir auf die Nerven zu gehen?

Valerie: Das ginge. Helfen würde auch, wenn du ab und zu von dir aus rückfragst, ob es mir lästig fällt.

Walter: Also gut. Wenn ich merke, daß wir fachsimpeln, wenn du dabei bist, frage ich, ob du etwas dagegen hast. Wenn du es dann leid bist, kannst du es uns sagen.

Valerie: Gut, einverstanden.

Walter: Und dann, daß ich meine Freunde am Wochenende treffe: Das tue ich seit Jahren, ich kann nicht einfach Schluß damit machen.

Valerie: Mich stört einfach, daß ich meine Wochenenden für dich aufspare und du dann kommst und sagst: Ich habe etwas anderes vor.

Walter: Ich muß zugeben, daß ich es gern habe, daß du das tust, andererseits will ich aber auch die Freiheit, mir andere Dinge vorzunehmen, wenn ich Lust habe. Wahrscheinlich ein bißchen egoistisch, nicht?

Valerie: Ja, das glaube ich auch. Hast du Vorschläge?

Walter: Wenn ich jedes dritte Wochenende für andere Dinge reservierte und die übrigen uns vorbehielte, so nach dem Muster wie bisher?

Valerie: Schlecht möglich. Man kann da keinen schematischen Plan aufstellen. Zwei von deinen Freunden sind viel auf Reisen und nicht auf Abruf verfügbar. Das geht nicht.

Walter: Da hast du recht.

Valerie: Vielleicht sollten wir es nicht mehr so machen, daß ich automatisch auf dich warte, sondern daß wir uns verabreden. Entweder du lädst mich für das ganze Wochenende oder einen Teil des Wochenendes ein, oder ich lade dich ein, dann ist das von vornherein klar.

Walter: Na gut. Anders wird es wohl nicht gehen. Bin einverstanden.

Valerie: Ich glaube, ich bin einfach zu abhängig von dir geworden, von dir und deinen Plänen. Ich muß anfangen, selbständiger zu planen.

Walter: Paßt es dir dieses Wochenende, daß wir zusammen sind?

Valerie: Freitag abend und Samstag ja, aber Sonntag möchte ich etwas machen, und ich werde es tun.

Walter: Also, ich finde deine Selbständigkeit ein bißchen beängstigend, aber ich weiß, du hast recht. Einverstanden. Laß uns in zwei Wochen noch einmal darüber sprechen und sehen, wie es sich einspielt

Valerie: Gut. Vertragen wir uns wieder.

Es ist möglich, Probleme rational anzugehen, wenn man ein bißchen Distanz zwischen sich und das Problem legt und gemeinsam dagegen Front macht. Die Einzelheiten der Kompromißlösung sind nicht wichtig, wohl aber der Weg, auf dem sie erreicht wird. Wenn irgend möglich, sollte sie den Bedürfnissen beider Parteien Rechnung tragen. Das geht natürlich nicht immer; in dem Fall heißt es überlegen, ob man mit dem – unbewältigten – Konflikt wird leben können oder nicht. Eine unbequeme Entscheidung. Aber es ist besser, sie rational und »mit kühlem Kopf« zu treffen.

Dosierte Ehrlichkeit und chronische Belastung

Zwei weitere Prinzipien gibt es, die ich im Bereich zwischenmenschlicher Beziehungen für wichtig halte. Bei beiden geht es darum, wann man dem Partner Dinge mitteilt, die für ihn unangenehm oder schwer zu verarbeiten sind. In dieser Frage – wie ehrlich kann, soll, darf ich sein – wählen viele einen extremen Standpunkt, einen minimalen oder einen maximalen. Der minimale: äußerste Zurückhaltung und Schonung, nichts Negatives oder fast nichts Negatives, darf dem Partner mitgeteilt werden, es sei denn, das Problem nimmt katastrophale Formen an. Aus Angst, die Gefühle des anderen zu verletzen, aus Angst vor Konflikten und womöglich Zerbrechen der Beziehung wird alles Belastende systematisch unterdrückt und kommt oft nur in Haßausbrüchen, dann aber »pauschal«, zum Vorschein. Bei Menschen, die sich so verhalten, handelt es sich häufig um diejenigen, die, nach jahrelangem anscheinendem »Beziehungsfrieden«, urplötzlich in einer Entladung angestauter Wut die Beziehung verlassen (Talsperren-Effekt). Das andere Extrem (das maximale): der Kult der unbedingten Ehrlichkeit. Alles, was wahr ist, »muß« auch gesagt werden, sozusagen ohne Rücksicht auf Verluste. Beziehungspartner dieses Schlages sind auf ihre Aufrichtigkeit oft sehr stolz, aber meiner Erfahrung nach sind gerade solche Beziehungen die destruktivsten. Beide Extreme sind meiner Meinung nach für die meisten Beziehungen ungesund.

Als Kommunikations-Leitlinien möchte ich die Prinzipien »dosierte Ehrlichkeit« und »chronische Belastung« aufstellen. Für die Mitteilung negativer Dinge schreibt der Grundsatz »dosierte Ehrlichkeit« vor: Sage nur, was *wahr*, was *angebracht* und was *notwendig* ist. Drei Fragen also gilt es sich zu stellen, wenn man Negatives mitzuteilen hat. *Ist es wahr?* Blankes Lügen, um die Gefühle seines Gegenübers zu schonen, ist meist nicht erforderlich und allgemein keine gute Idee. Man muß nicht alles sagen, was wahr ist; aber was man sagt, sollte wahr sein. *Ist es angebracht?* Eignen sich Zeit und Umstände für die Diskussion des Problems? Es mag sein, daß der Partner unfair ist, was das Teilen der Geldausgaben betrifft, es mag sein, daß der Punkt unbedingt diskutiert werden muß, aber die Diskussion dann anzufangen, wenn man mit Freunden im Restaurant sitzt, ist sicher unangebracht.

Ist es notwendig? Frage drei ist gewöhnlich die heikelste. Kommunikation negativer oder schwieriger Information wäre zum Beispiel vonnöten, wenn es sich um Grundsätzliches handelt, das der Partner wissen muß, um eine Entscheidung über die Beziehung zu treffen: etwa, daß einer der beiden Partner noch eine wichtige »Außenbeziehung« unterhält. Ähnlich rät es sich meist, dem Partner Bescheid zu sagen über Charakteristiken und Verhaltensweisen, die uns an ihm nicht gefallen und geändert werden können; solche Kommunikation kann zu einer Aufbesserung der Beziehung führen.

Das »chronische Belastung« genannte Prinzip, das ebenfalls entscheiden hilft, wann man negative Information mitteilt, wurde von Carl Rogers in seinem Buch »Becoming Partners« folgendermaßen eingeführt: »In längerdauernden Beziehungen sollte jedem anhaltenden Gefühl Ausdruck gegeben werden.« Wird ein negatives Gefühl zur chronischen Belastung, dann sollte, dann muß ihm Ausdruck gegeben werden. Selbst wenn das chronisch belastende Problem sich nicht lösen läßt: es zu äußern, auszusprechen, ans Licht zu bringen, macht es oft schon erträglicher, so daß man leichter damit leben kann. Bei der Frage, wann Negatives mitzuteilen ist, vergegenwärtige man sich also grundsätzlich: Nicht alles, was wahr ist, muß gesagt werden. Wenn man aber Negatives mitteilen zu müssen glaubt, dann am besten der Wahrheit entsprechend und zur rechten Zeit. Stellt es eine chronische Belastung dar, dann ist es wahrscheinlich eine Wahrheit, die ohnehin früher oder später ausgesprochen werden muß, wenn die Beziehung überleben soll.

Die Kommunikationsebene beachten

Ein letztes Prinzip, das ausgesprochen einfach zu verstehen und anzuwenden ist und das jedem Paar zu reibungsloserer, »gewinnbringenderer« Kommunikation verhelfen kann. Veranschaulicht sei es in folgendem Kurzgespräch, das Ron und Cathy, ein jungverheiratetes Paar, mir geschildert haben. Sie war Medizinstudentin und er Student der klinischen Psychologie, fortgeschrittenes Semester.

Ron (zu Cathy, die aus der Uni nach Hause kommt): Sieht aus, als hättest du einen schweren Tag gehabt.

Cathy: Thompson macht mich wieder fertig. Das alte Lied, heute wieder. Auf der Visite fragt er mich alles, was ich nicht weiß, und ignoriert mich, wenn ich etwas weiß. Bei jeder Gelegenheit hackt er auf mir herum. All seine Gehässigkeit von oben herab hat er mich wieder spüren lassen – als hätte er eine Blutrache gegen mich.

Ron: Du solltest mal versuchen, mit ihm darüber zu sprechen.

Cathy: Es regt mich so auf, ich kann überhaupt nicht mit ihm sprechen.

Ron: Die Situation wird aber nie anders werden, wenn du nicht mit ihm sprichst.

Cathy: Da hast du wohl recht, aber ich kann nicht.

Ron: Oh doch, du kannst. Machen wir's im Rollenspiel. Ich bin Thompson, du kommst herein und sprichst mich an.

Cathy: Ich will nicht.

Ron: Aber laß dir doch helfen. Hier, ich habe ein Buch über Selbstbehauptungstraining, das solltest du mal lesen.

Cathy: Verdammt, das kenne ich doch alles. Du hältst dich wohl für den größten Experten. Laß mich doch in Ruhe.

Ron: Ich wollte nur helfen. Ein paar nützliche Dinge weiß ich ja auch, siehst du.

Cathy: Geh und hilf anderen Leuten. Manchmal bist du zum Speien.

Ron: Du läßt nur deinen Haß auf Thompson an mir aus. Du projizierst.

Cathy: Du kannst mich mal ...

Das Gespräch ist völlig aneinander vorbeigelaufen. Grund: Cathy wollte auf rein *beschreibender Ebene* kommunizieren. Müde, sauer und abgekämpft, wollte sie lediglich ein bißchen Unterstützung, wollte sich bei Ron nur über ihre Situation beklagen. Die Lösungen, die Ron vorschlug, kannte sie alle und hätte sie zu gegebener Zeit vielleicht gern diskutiert und ausprobiert, aber jetzt nicht. Jetzt wollte sie nur ein bißchen ihr Herz ausschütten und wollte liebevollen Trost. Das hat Ron nicht verstanden. Er sah – wie viele – nur, daß da etwas »reparaturbedürftig« war, und beeilte sich, es »reparieren« zu helfen. Er stieg auf der *Problemlöse-Ebene* ein. Cathy fand Rons Vorschläge frustrierend, »zum Speien«, und sagte ihm das – wiederum auf beschreibender Ebene.

Im Lauf seiner Ausbildung lernte Ron das Konzept der *Beachtung der Kommunikationsebene* kennen und wandte es später bei ähnlichen Gelegenheiten an. Wenn Cathy Klage führte, versuchte er daran zu denken, daß er sie fragte, ob sie nur über das Problem sprechen, es sich vom Herzen reden wollte, oder ob sie wollte, daß er mit ihr auf Lösungssuche ging. Lösungsvorschläge machte er erst mit Cathys Erlaubnis. Diese simple Veränderung verbesserte – wie beide mir sagten – ihre Beziehung erheblich. Ab und zu fiel Ron noch »aus der Rolle«, weil sein Reflex eben doch auf Problemlösung ging. Mit der Zeit und mit wachsender Erfahrung als Kliniker jedoch lernte er immer mehr den Wert des Prinzips schätzen, Rat nur »gefragt« zu geben; lernte, wie ungeheuer wichtig es ist, einfach zuzuhören, wenn Menschen sich beklagen – daß die meisten die Lösung ihrer Probleme (zunächst) selber suchen wollen.

Diese »Beachtung der Kommunikationsebene« empfehle ich Ihnen sehr, besonders für die Kommunikation in Primärbeziehungen. Stellen Sie fest, auf welcher Ebene der Partner ein Problem anspricht, und reden Sie auf gleicher Ebene mit ihm. Und lassen Sie ihn – umgekehrt – wissen, ob Sie, wenn Sie ein Problem anschneiden, auf der beschreibenden Ebene sprechen und nur einen guten Zuhörer wollen oder ob Sie Hilfe suchen bei der Lösung des Problems. Wenn zwei Menschen die gleiche Sprache sprechen, verstehen sie sich auch besser.

Wert und Unwert der Kommunikation

In zwischenmenschlichen Beziehungen ist heute nichts mehr selbstverständlich, nichts kann mehr vorausgesetzt werden. In zunehmendem Maße laufen Beziehungen nur noch nach eigenen, individuell ausgehandelten Bedingungen. Erwartungen, Rollen, Verpflichtungen werden offener, und sie können sich von einer Beziehung zur nächsten radikal unterscheiden. Und auch innerhalb ein und derselben Beziehung müssen die »Vertragsbedingungen« offen bleiben für Veränderung, je nachdem, wie sich die Gesellschaft verändert und die Bedürfnisse der Partner sich entwickeln. Man kann heute kaum noch eine langfristige Beziehung eingehen mit einer stillschweigend vorausgesetzten Arbeitsbeschreibung, an die man sich »in Treue fest« ein Leben lang zu halten gedenkt. Vielmehr muß jeweils neu entdeckt werden, wie in einer gegebenen Beziehung eine gute Arbeitsbeschreibung aussehen würde, und dann muß man entscheiden, ob man sich danach richten will oder nicht. Und zur Arbeitsbeschreibung in vielen modernen Beziehungen wird gehören, daß man, bei Weiterentwicklung der Beziehung, mögliche Änderungen der Arbeitsbeschreibung selbst akzeptiert, sie also nicht für starr und unabänderlich hält.

Dies alles geht nicht, wenn die Kommunikation technisch nicht beherrscht wird. Von Benimm-Schwierigkeiten bei der Erstbegegnung bis zur Entscheidung, ob man Kinder will: Man muß seine Wünsche und Bedürfnisse zum Ausdruck bringen können und die des Partners anhören können, auf offene, unpolemische Weise. Gute Kommunikation ist sicher nicht »alles« in einer Beziehung, aber schlechte Kommunikation kann die beste Beziehung kaputtmachen, soviel steht fest.

Allerdings ist es heute Mode geworden, das Enden von Beziehungen allein, oder hauptsächlich, Kommunikationsschwierigkeiten zuzuschreiben. Das ist fast immer unzulässig vereinfacht; der tiefere Grund ist, daß die Beziehung den Bedürfnissen der Beteiligten nicht (mehr) gerecht wird – hier setzen die echten Konflikte ein. Ist eine Beziehung auseinandergegangen, wird meist erst aus der Distanz erkennbar, daß die Gründe für die Schwierigkeiten, die man als Paar hatte, weit vielschichtiger waren als vermutet – daß es schwere, chronische Konflikte gab, die unbewältigt blieben und die Beziehung langsam unterhöhlten. Oft stellt sich erst im Nachhinein heraus, daß die Zeichen fortschreitenden Verfalls nicht gesehen wurden und nur noch der Tod der Beziehung konstatiert werden mußte, als es für eine Wiederbelebung zu spät war. Gute Kommunikation hätte die Dinge zum Besseren wenden können: entweder durch Rettung der Beziehung oder durch »konstruktives Schlußmachen« zur rechten Zeit.

Dennoch muß man sehen, daß Kommunikationsstörungen nicht immer am mangelnden Know-how liegen. Oft können die Partner kommunizieren, wollen aber nicht – aus Angst, zuzuhören, aus Angst, Beschwerden vorzubringen. Was immer die Ursache: Wo ein Kommunikationsbruch ist, da setzt auch ein Beziehungsbruch ein – ein Bruch, den gute Kommunikation entweder beseitigen oder stärker sichtbar machen würde. Bei Kommunikation über Konflikte riskieren wir die Erkenntnis, daß der Konflikt unlösbar ist und die Beziehung keine gegenseitige Bedürfnisbefriedigung bieten kann; eine Erkenntnis, die manchmal das Ende der Beziehung bedeutet. Aber – wie ich von Anfang an argumentiert habe – ein solches Ende ist ungleich besser als das langsame, qualvolle Sich-Lösen aus einer längst toten Beziehung, in der es keine Kommunikation – und damit keinen echten Bezug – mehr gibt und der nur noch die offizielle Todesbestätigung fehlt.

Voraussetzung für eine optimale Beziehung ist (so paradox es klingt) die stete Bereitschaft, die Beziehung aufzugeben, wenn es sein muß. Alle Kommunikationskunst der Welt nützt nichts, fehlt die Bereitschaft, sie einzusetzen. Und ich glaube, dazu ist man nur bereit, wenn man weiß, daß Verlust eines anderen nicht auch Selbstverlust bedeutet. Die unpolemische Kommunikation wird am besten ein selbständiger Erwachsener meistern, der einer Lebensanschauung folgt, die auf das Schuldprinzip, wie beschrieben, verzichtet. Ein solcher Mensch hat kaum noch etwas zu fürchten, was auch kommt. Ein Seinszustand, der sich wahrscheinlich nie voll realisieren läßt, der aber als Ideal – so meine ich – wert ist, angestrebt zu werden.

Schlußwort

Feststehende Normen für unsere persönliche Lebensgestaltung, einen kulturell vorgeschriebenen und vorgelebten »richtigen Weg«, gibt es heute nicht mehr. Zumindest sind die Normen in Auflösung begriffen. Die monogame Ehe hat sich für die meisten, die es damit versucht haben, in unserer Kultur wahrlich nicht als Ideallösung erwiesen, aller Anläufe zum Trotz, sie zum »Funktionieren« zu bringen. Denn wer sich dieser Lebensweise – Liebe, Ehe, Familie – verschreibt, hier Lebenssinn und Erfüllung sucht, der wirft nicht so schnell die Flinte ins Korn. Er wünscht dem Rezept vollen Erfolg und tut sicher sein Bestes, ihm zum Erfolg zu verhelfen. Trotzdem schlägt es immer wieder fehl. Ob wir das Rezept persönlich ausprobiert haben oder nicht, dieser soziale Sachverhalt sollte uns zu denken geben. Er läßt – im Einklang mit vielen anderen Entwicklungen in unserer Kultur – vermuten, daß wir doch ziemlich auf uns allein angewiesen sind, daß wir *wählen* müssen unter den zur Verfügung stehenden Lebensstilen, suchen, probieren.

Wenn wir das tun, wird das Leben zum Experiment, ein jeder wird in einem »sozialen Forschungsprojekt« von höchster Bedeutung und Priorität Versuchsleiter und Versuchsperson zugleich. Wir sind alle »Soziologen«, wählen ein Lebensexperiment und leben es, so gut wir können. Nun gibt es Gurus und Gruppen, Leitfäden und Lebenshilfebücher genug, die behaupten, *das* Rezept gefunden zu haben, das für alle gilt. Der Haken: Man hat immer noch die Qual der Wahl. Eben das macht viele so ratlos und verzweifelt: impliziert es doch, daß wir – gleichgültig, was wir wählen – unseren Lebenssinn, tastend, suchend, immer noch selbst bestimmen müssen. Diese Erkenntnis kann so beängstigend sein, daß sie viele auf die Suche nach einem sicheren Ort treibt, wo ihnen solche Entscheidungen erspart bleiben. Aber diesen Ort gibt es nicht. Indem man dauernd versucht, ihn zu konstruieren, geht man vorbei am Strom des Lebens, der Vitalität neuer Erfahrungen, der Freude des individuellen Entdeckens. Ob es uns gefällt oder nicht, wir müssen unsere Lebensinhalte selber bestimmen und damit experimentieren.

Bei Alleinstehenden tritt diese Konfrontation mit sich selbst meist schärfer in Erscheinung, weil sie häufiger solche persönlichen Entscheidungen zu treffen haben und sich meist auch freier fühlen, unter bestehenden Alternativen zu wählen. Was Beziehungen betrifft, kommt zunächst die Grundsatzentscheidung: Will ich allein bleiben oder eine Primärbeziehung eingehen. Wird letzteres gewählt, kommen die Entscheidungen: monogam oder nicht? Sollen wir zusammenleben oder nicht? Heiraten? Kinder bekommen? Die Entscheidungen fangen hier erst an und werden noch viel schwieriger dadurch, daß nun zwei Lebensexperimente »unter einem Hut« zu bringen sind.

Niemand kann diese Entscheidung für Sie treffen. Sie müssen in der Tat Ihre Lebensinhalte selber bestimmen. Insofern stehen Sie allein. Halten Sie sich bei Ihren Entscheidungsprozessen die Lebensweisheit aus Carlos Castenadas »Lehren des Don Juan« vor Augen:

Sieh dir ... (jeden) Weg genau und aufmerksam an. Versuche ihn, so oft es dir notwendig erscheint. Dann stell dir, und nur dir selbst, eine Frage ... Ist es ein Weg mit Herz? Wenn er es ist, ist der Weg gut; wenn er es nicht ist, ist er nutzlos ... Auf einem ist die Reise voller Freude, und solange du ihm folgst, bist du eins mit ihm. Der andere wird dich dein Leben verfluchen lassen. Der eine macht dich stark, der andere schwächt dich.

Auch wenn Sie jedes einzelne Problem, das in diesem Buch dargestellt wurde, lösen könnten: Ihr »Weg mit Herz« ist dann noch nicht unbedingt sichtbar. Wo er für Sie liegt, muß hier, am Ende des Buches, unbeantwortet bleiben. Aber Lösung der

»technischen« Lebensprobleme – kurz: autonomes Erwachsenwerden – wird Sie frei machen, Ihren Weg zu suchen, und Ihnen
erlauben, ihn zu gehen, weil er für Sie der richtige ist. Dann, wie
Ram Dass sagt: »Immer, wenn du reif bist, wirst du die nächste
Botschaft hören.«

ANHANG

Quellen und Literatur

Einleitung

Seite

13   »Von 1962 bis 1974 etwa stieg die Scheidungsziffer«: Center for Health Statistics, Department of Health, Education, and Welfare. Zitiert im *Christian Science Monitor,* März 1975

13   »In der Bundesrepublik Deutschland ...« Diese Angaben basieren auf der Auskunft des *Statistischen Bundesamtes Wiesbaden,* vom 28. 11. 1980

1. Wie man lebewohl sagt

34   »How Can I Miss You When You Won't Go Away?«, ein Titel von Dan Hicks

42   »Viele moderne Ehen, so schätzt man«: Nach neuen Schätzungen lebt jedes vierte bis siebente Paar in unglücklicher Ehe. Siehe N. M. Bradburn und D. Caplovitz, *Reports on Happiness* (Chicago: Aldine Publishing Co., 1965); J. T. Landis, »Social Correlates of Divorce or Nondivorce Among the Unhappy Married«, *Marriage and Family Living,* Mai 1963, S. 178–180; K. S. Renee, »Correlates of Dissatisfaction in Marriage«, *Journal of Marriage and the Family,* 32 (1970), S. 54–66; B. C. Rollins and H. Feldman, »Marital Satisfaction Over the Family Life Cycle«, *Journal of Marriage and the Family,* 2 (1970), S. 20–28

Die seelische Seite der Trennung: Tohuwabohu der Gefühle

46   »Neue Forschungsergebnisse zeigen«: T. H. Holmes und R. H. Rahe, »The Social Adjustment Rating Scale«, *Journal of Psychosomatic Research,* 11 (1967), S. 213–218

Autonomes Erwachsensein: Eine Arbeitsbeschreibung für den Alleinstehenden

75 »70 Prozent der Amerikaner sind«: Zahlen des Statistischen Bundesamtes der USA, aus *Statistical Abstract of the United States,* 1974

75 »Der Alleinstehende, der sich aus einer Zweierbeziehung gelöst hat, der Geschiedene, der Verwitwete«: Rund fünf Sechstel der geschiedenen Männer und drei Viertel der geschiedenen Frauen heiraten irgendwann wieder. Nach Paul C. Glick, Vortrag vor dem Seminar on the Single Parent, Center for Policy Research, Cambridge, Massachusetts, April 1974

76 »Die jüngste Roper-Umfrage«: Nach einem Bericht in der *Los Angeles Times,* 6. 10. 1974

77 »... alleinstehende, geschiedene und verwitwete Männer«: W. R. Gove, »The Relationship Between Sex Roles, Marital Status, and Mental Illness«, *Social Focus,* 51 (1972), S. 34–44; W. R. Gove, »Sex, Marital Status, and Suicide«, *Journal of Health and Social Behavior,* 13 (1972), S. 204–213; S. M. Johnson, A. Zeiss und R. Zeiss, *After Divorce: A Study of Readjustment,* in Vorbereitung

78 »Mirages of Marriage««: W. Lederer und D. Jackson, *The Mirages of Marriage* (New York: W. W. Norton & Co., Inc., 1968), deutsch: *Ehe als Lernprozeß. Wie Partnerschaft gelingt* (Pfeiffer, Reihe »Leben lernen«, 5, 1976)

Umstellungshilfen

102 Roland Gööcks, *Großes Universalkochbuch* (Heyne-Kochbuch 4251, Heyne-Verlag 1978); Gunhild v.d. Recke/Annette Wolter, *Unser Kochbuch Nr. 1,* (Gräfe & Unzer); Barbara Rütting, *Mein Kochbuch* (Goldmann Ratgeber, 1980); *Dr. Oetker Schulkochbuch* (Ceres Verlag); *Frohe Parties – kleine Feste* (Moewig); Hedwig Stuber, *Ich helf dir Kochen* (26. Aufl., 1979, BLV); Annette Wolter, *Das Kochbuch für 1 Person* (Gräfe & Unzer); Annette Wolter, *Gesunde Küche für jeden Tag* (rororo-Kochbücher 6422); Helma Danner, *Biologisch kochen und backen* (ECON Verlag); Bernd Käsch, *Heimwerker-Handbuch,* Basteln und Bauen mit elektrischen Heimwerkzeugen (Falken-Bücherei 243, Falken-Verlag); Margot Schubert, *Im Garten zu Hause* (6. überarb. Aufl., BLV); Martin Stangl, *Mein Hobby – der Garten* (4. Aufl., BLV); Rebecca Greer, *How to Live Rich When You're Not* (New York: Grosset & Dunlap), deutsch: *Besser leben mit wenig Geld (ECON Verlag); Dieter Korp, Jetzt helfe ich mir*

selbst ... (Motorbuch Verlag) – In diesem Verlag sind bisher rund 80 Bücher erschienen – für ebenso viele Autotypen.

Zusammenfinden

181 »Unsere eigenen Forschungen zeigen«: S. M. Johnson, A. Zeiss und R. Zeiss, *After Divorce: A Study of Readjustment,* in Vorbereitung

Sinnlichkeit und Intimität

237 »Und schließlich gibt es eine Unmenge an Sexual- und Aufklärungsbüchern«: A. Comfort, *The Joy of Sex* (New York: Crown Publishers, Inc., 1974), deutsch: *Freude am Sex* (Ullstein, 1976); J ..., *The Sensuous Woman* (New York: Duell Publishing Co., Inc., 1971), deutsch: *Die sinnliche Frau* (Hoffmann und Campe, 1971); W. Masters und V. Johnson, *The Pleasure Bond* (Boston: Little, Brown & Co., 1975), deutsch: *Spaß an der Ehe* (Molden, 1976)

Beziehung und Bindung

260 »... einschlägige Literatur im Anhang«: Siehe Lederer und Jackson, *Ehe als Lernprozeß* (a. a. O.); N. und G. O'Neill, *Open Marriage* (New York: M. Evans & Co., 1972), deutsch: *Die offene Ehe. Konzept für einen neuen Typus der Monogamie* (Scherz-Verlag 1972; Rowohlt-Taschenbuch 1975)

261 »Ich-Botschaften, Du-Botschaften«: Wie viele in diesem Kapitel vorgestellte Kommunikationsprinzipien gibt es auch dieses Grundkonzept schon lange; wann es aufkam, ist schwierig festzustellen. In vorliegender Form eingeführt hat es Thomas Gordon in seinem Buch *Parent Effectiveness Training* (New York: Peter H. Wyden, Inc., 1970), deutsch: *Familienkonferenz* (Hoffmann und Campe, 1972)

273 »Dosierte Ehrlichkeit«: Der Begriff *(measured honesty)* stammt aus dem Buch *How to Improve a Marriage* von R. Stewart und W. Lederer (New York: W. W. Norton, Inc., in Vorbereitung)

Schlußwort

280 Zitiert aus: Carlos Casteneda, »Die Lehren des Don Juan. Ein Yaqui-Weg des Wissens«, Fischer-Taschenbuch, 1973, S. 88